ROMANCE COM PESSOAS

José Luiz Passos
ROMANCE COM PESSOAS
A imaginação em Machado de Assis

2ª edição
revista e ampliada pelo autor

ALFAGUARA

Copyright © 2007, 2014 by José Luiz Passos

Todos os direitos desta edição reservados à
Editora Objetiva Ltda.
Rua Cosme Velho, 103
Rio de Janeiro — RJ — Cep: 22241-090
Tel.: (21) 2199-7824 — Fax: (21) 2199-7825
www.objetiva.com.br

Título da 1ª edição
Machado de Assis: o romance com pessoas
São Paulo: Edusp; Nankin Editorial, 2007

Capa
Thiago Lacaz

Imagem de capa
Gilberto Santeiro/Acervo Cinemateca do Museu de Arte Moderna do Rio de Janeiro

Imagem de miolo
Marc Ferrez/Coleção Gilberto Ferrez/Acervo Instituto Moreira Salles

Revisão
Rita Godoy
Cristiane Pacanowski
Eduardo Rosal

Editoração eletrônica
Abreu's System Ltda.

PRISA EDIÇÕES

CIP-BRASIL. CATALOGAÇÃO-NA-FONTE
SINDICATO NACIONAL DOS EDITORES DE LIVROS, RJ
P319r

    Passos, José Luiz
        Romance com pessoas: a imaginação em Machado de Assis / José Luiz Passos. – 2. ed. revista e ampliada pelo autor. – Rio de Janeiro: Objetiva, 2014.

        399p.   ISBN 978-85-7962-279-3

        1. Assis, Machado de, 1839-1908. 2. Ensaio I. Título.

13-07707   CDD: 869.94
                                                        CDU: 821.134.3(81)-4

ROMANCE COM PESSOAS

*Para Antonio, Cecília e Raquel,
em memória de Benedito Nunes*

Nós inventamos as palavras e nos perdemos dentro delas.
Augusto Meyer

Vadiação é bom costume.
Machado de Assis

Sumário

O personagem em ação,
por Pedro Meira Monteiro — 13

1. A vantagem do engano — 21
2. Razão por emoção — 69
3. O problema da autonomia — 121
4. Êxtase, malícia e metamorfose — 179
5. Os fins da imaginação — 263

Uma cronologia de Shakespeare
na obra de Machado de Assis — 335

Notas — 359

Bibliografia — 387

O personagem em ação

por Pedro Meira Monteiro
Princeton University

Não será de todo exagerado imaginar que os estudos sobre Machado de Assis conformam um grande cenário, no qual as principais tendências da crítica literária brasileira se desenrolam e se dramatizam. Como se, nos debates que hoje envolvem os nomes mais notáveis da crítica machadiana, se atualizasse aquela efervescência que marcou a recepção coeva da obra madura de Machado, e que se estampa tão bem nas divergências entre Sílvio Romero e José Veríssimo. Para além do juízo negativo ou positivo, ou do suposto erro crítico de Romero, o que estava — e talvez ainda esteja — em questão eram as relações do autor com seu tempo e a opção por compreendê-lo a partir de elementos que ora apontam para o entorno social e para as especificidades brasileiras de sua obra, ora nos dirigem às inspirações literárias mais remotas que, tomadas isoladamente, acabariam por afastar o autor do Brasil, convertendo-o, na imaginação de muitos, em um autor mais universal.

Tais categorias são insuficientes, se não simplesmente falsas. Mas vale a pena observar com cuidado, talvez mesmo com alguma simpatia, o sentido profundo dessa contraposição tão simples, que a nossa boa consciência crítica manda relativizar, ou então recusar. Na tensão inaugurada por seus contemporâneos, estarão porventura traçados os rumos que ainda hoje os estudiosos de Machado de Assis seguimos, mesmo quando procuramos driblar os artifícios da dualidade.

Este livro de José Luiz Passos, agora em segunda edição, revista e ampliada, instala-se repleto de questões e provocações no seio da crítica machadiana. Há o que celebrar, seja pela qualidade da escrita, seja pela novidade da abordagem, e pela maneira como ela reflete várias tendências críticas.

Não se trata contudo de novidade absoluta ou momentosa. Este livro é antes o resultado de uma escuta paciente da voz dos grandes leitores de Machado, num diálogo muitas vezes implícito com as matrizes que nos ajudam a compreendê-lo. Mas é também verdade que, ao mergulhar na constituição da pessoa moral no romance machadiano, o autor está, em certo grau, dando novas formas a argumentos que estão em Augusto Meyer e, mais recentemente, em Alfredo Bosi. Argumentos que reclamam, enfim, uma atenção especial e um investimento crítico forte naquilo exatamente que tornaria Machado nosso contemporâneo, não aliás por conta de alguma qualidade extraordinária que o faça pairar para além de seu tempo ou espaço, mas pelo "tratamento que deu às motivações humanas, pela minuciosa composição de heróis que refazem suas histórias na medida em que são alvos da mirada alheia".

Sabe-se que a discussão das máscaras em Machado de Assis aponta, já na crítica de Meyer, mas sobretudo em Bosi, para uma série ilustre de fontes em que se destaca a matriz moralista: do Eclesiastes aos grandes pessimistas do século XIX, passando pelos primeiros pensadores modernos da política e da economia e, especialmente, pelos moralistas dos séculos XVII e XVIII. Ao contemplar o espaço muitas vezes abismal que separa o ser do parecer, e que, no plano social, distingue a intenção declarada das ações daquilo que é seu real efeito, José Luiz Passos atenta para a formação do juízo moral, numa análise detalhada dos intermináveis labirintos que compõem a pessoa moral nos textos de ficção. Aqui, os leitores reconhecerão, no crítico, a face do ficcionista, e lembrarão os personagens que se desenham aos poucos, mas com mão firme, tanto no belo *Nosso grão mais fino*, de 2009, quanto no extraordinário *O sonâmbulo amador*, publicado mais recentemente, em 2012.

Reduzindo muito seu argumento, a hipótese que fornece eixo a este livro programadamente fragmentário — que, aliás, flerta com a forma de um tratado de moral — é a ideia de que os personagens machadianos possuem verdadeira dimensão moral, isto é, uma densidade propriamente humana, que não se encontraria nem no andamento romântico das estórias de Alencar, nem na composição do romance naturalista, uma vez que ambos — personagens românticos e naturalistas — são guiados por algo que está fora deles mesmos, seja o projeto moralizador do escritor, que os torna portadores de virtudes e vícios inequívocos em diversos romances de Alencar, seja o peso do meio que inelutavelmente determina a ação do indivíduo, como no drama naturalista estampado nos romances de Aluísio Azevedo.

Tal dimensão moral, que explica a grande novidade de Machado na literatura brasileira e latino-americana no século XIX, abre a cortina ao problema da *representação*, levando o crítico a sondar os mecanismos e os debates que terão permitido a Machado construir personagens que até hoje nos parecem reais, dotados de autonomia e graça próprias, isto é, sujeitos que se movem moralmente, que aprendem diante da ação e da mirada dos outros e que podem, portanto, nos surpreender. São personagens que se transformam ao longo da narrativa, tornando-se, a rigor, diferentes do que foram; no limite, tornando-se diferentes de si mesmos. Mas o que os move estará sempre dentro, jamais fora do sujeito.

Há ação e há *sentido* da ação nos personagens machadianos, o que aliás explica a inspiração weberiana que desponta em certas passagens da análise. Há também uma densidade crescente em tais personagens — das mulheres mais ou menos dissimuladas dos primeiros romances aos narradores pouco confiáveis dos romances posteriores —, o que traz à tona o tema da memória e dos fantasmas que compõem a subjetividade, detectáveis através de um tom confessional cujas origens mais profundas remontam a Santo Agostinho, referência fundamental para Machado e para José Luiz Passos. Em suma, trata-se, no caso do personagem machadiano, de um sujeito cuja ação se converte em enigma, o que aliás o posiciona na onda do tempo: "a psicanálise, a sociologia e o romance realista e naturalista comungam da mesma fascinação pela questão que a partir daquele momento entrava em voga: como e por que as pessoas agem da maneira que agem?"

Os desvãos que habitam o sujeito fazem, não poucas vezes, com que o indivíduo se lance a um projeto reparador, expresso ora no esforço ingente dos personagens por parecerem ser o que não são, ora no denodo dos narradores por dar sentido à rede de desconfiança com que seu olhar apanha a ação do outro. Em ambos os casos, a máscara é ainda e sempre o elemento *através* do qual Machado opera sua ficção. Seus personagens ganham teor e densidade exatamente por conta desse desencontro que se entranha no eu, e que este estudo compreende por meio de uma mirada abrangente, capaz de contemplar tanto a literatura europeia contemporânea a Machado — literatura que encontraria nele o seu tradutor, algumas vezes literalmente —, quanto os modelos luso-brasileiros que ele refuta ou modifica.

O espectro da análise é amplo, justificando-se num livro cheio de idas e vindas, e de diálogos entrecruzados. Convém lembrar, antes de entrar nos meandros da análise, que a economia dramática que converte os personagens em pessoas verossímeis leva o crítico a privilegiar o *teatro* na formação de um senso machadiano do drama. Não é tanto o teatro do próprio Machado que estará então em pauta, mas sim a crítica teatral e a influência que ela sofreu da intensa atividade dramatúrgica no Rio de Janeiro do século XIX, em especial com o *Otelo* que João Caetano levaria ao palco a partir da leitura de Jean-François Ducis, adicionando-lhe entretanto um "tenso gestual romântico", que devolvia a Shakespeare algo que a leitura neoclássica francesa havia atenuado. Teria sido sobretudo a partir dos embates entre o teatro romântico de João Caetano e a dramaturgia realista do Teatro Ginásio Dramático que Machado educou-se esteticamente, como aprendemos aqui.

A centralidade de Shakespeare para a obra machadiana, e a fixação pelo *Otelo*, explica-se em grande parte pela importância da malícia de Iago, central para a análise aqui proposta, que não apenas dialoga com uma larga tradição da crítica, como amplia significativamente a compreensão do que seria fundamental no autor do *Dom Casmurro*: o tratamento da faculdade do engano.

Num livro que em grande medida recusa um único centro, é arriscado buscar um ponto nervoso em que se expressaria o principal de suas teses. Arrisco no entanto supor que é mesmo Shakespeare quem, da perspectiva deste ensaio, fornece a Machado sua educação literária, mediada, é claro, pela recepção do drama europeu no Rio de Janeiro, o que abre à crítica um verdadeiro universo de referências que atravessam o século XIX. Nesse contexto, aliás, Shakespeare se faz presente na reflexão machadiana sobre a arte, "inicialmente como aliado romântico a Victor Hugo na batalha contra as versões neoclássicas das tragédias shakespearianas de Ducis; em seguida como aliado realista na rejeição do gestual, das motivações e do vocabulário romântico de José de Alencar e de João Caetano; finalmente, Shakespeare surge como sinônimo do potencial humanista da arte no ataque de Machado ao naturalismo de Émile Zola, realizado em sua resenha de *O primo Basílio* de Eça de Queirós".

Outra contribuição fundamental é o estudo de como o adensamento dos personagens, que marcaria a novidade e a modernidade precoce de Machado, estaria já presente, como num laboratório, nos romances da chamada primeira fase. Assim, a análise colabora decisivamente em questionar a forma muitas vezes mecânica por que se conclui que os romances anteriores a *Memórias póstumas de Brás Cubas* seriam menores, ainda recendendo a um romantismo que o autor finalmente bateria em sua fase madura. Se é verdade que o par amoroso e a formação da família fornecem lenha para a fogueira da primeira ficção machadiana, não menos verdade seria que, "mesmo dentro desse contexto, os seus protagonistas são acometidos por uma falta original, por uma sensação de culpa, ou por um desejo espúrio que os distancia pouco a pouco dos personagens românticos. Eles procuram com insistência superar um estado primordial de humilhação por meio de uma trajetória calculada e ascendente socialmente". Tal percepção aguda mantém Alencar como o outro de Machado, espécie de *sparring partner* que desempenha o papel incômodo de ser, na nossa imaginação, tudo aquilo que Machado viria a superar. Eis aí terreno fértil para o debate, já que a suposição é a da *diferença* machadiana, que leva o crítico, num momento feliz de síntese, a concluir que o "romantismo havia criado um corpo para o Brasil. Machado lhe daria uma consciência".

Este é um livro sempre mais leve do que pode parecer à primeira vista. É possível lê-lo em sequência, ou abrindo-o ao acaso, já que as hipóteses de leitura vão e vêm, amarradas em diversas frentes, com as quais o leitor sempre apanhará uma nova nuance, um detalhe esclarecedor ou uma provocação inesperada. Destaque-se ainda a percepção das fontes da melancolia machadiana, que culmina na mirada do conselheiro Aires: um olhar fundo cuja desconfiança em relação ao progresso leva o crítico a encontrar uma fina linhagem em que se aproximam Euclides da Cunha e Joaquim Nabuco, e em que se encontra ainda o interesse pelo Império em Oliveira Lima e Rio Branco.

Romance com pessoas é movido por um desejo de demonstração que pode por vezes causar a impressão de que a retomada sucessiva de hipóteses seria simples repetição no corpo do livro. Mas não é este o caso. A repetição cumpre aqui outra função, já que as retomadas são sempre em níveis diversos, e os problemas, mesmo quando se repõem, organizam-se de acordo com uma mirada preocupada com os múltiplos aspectos da imaginação literária. Nas palavras precisas do crítico, "o que faz falta ao nosso entendimento do romance machadiano são paráfrases mais finas, descrições que sejam capazes de apanhar a sutileza dos motivos desses personagens. Eivados que são de enleio e duplas intenções, saber com clareza quem eles são, como se formaram e do que se compõem não é tarefa vã". Para esclarecer essa arte, nada será melhor que o exemplo e a indução. Por essas e outras razões, este livro passa a ser indispensável no quadro da crítica machadiana.

1. A vantagem do engano

O ser humano é o único que se falsifica. Um tigre há de ser tigre eternamente. Um leão há de preservar, até a morte, o seu nobilíssimo rugido. E assim o sapo nasce sapo e como tal envelhece e fenece. Nunca vi um marreco que virasse outra coisa. Mas o ser humano pode, sim, desumanizar-se. Ele se falsifica e, ao mesmo tempo, falsifica o mundo.

NELSON RODRIGUES

A imaginação

Não sei se Nelson Rodrigues, quando escreveu em 1967 a crônica que uso como epígrafe, tinha em mente o fato corriqueiro mas também espantoso de que a nossa consciência pode ter por objeto sua própria persistência no tempo; ou seja, de que é possível buscarmos, com esforço ou prazer, a unidade da nossa pessoa moral ao mesmo tempo que ensaiamos mudanças e nos imaginamos diferentes do que fomos. Falsificar-se supõe lançar novas posturas frente aos outros. O "óbvio ululante" presente na afirmação do dramaturgo parece sugerir que levar a vida como uma *vida humana* traz consigo a responsabilidade para com uma espécie cujos integrantes são capazes de conceber e forjar o que são. Mas apesar de seu inconfundível tom de profeta jocoso, não creio que o tema de Nelson Rodrigues seja a ideia, aliás enganosa, de que uma existência irrefletida necessariamente diminui o ser humano. O que parece estar implícito na passagem, ao contrário, é a crença de que a opção pelo refolho pode trazer resultados danosos à nossa concepção da liberdade do indivíduo. "O ser humano pode, sim, desumanizar-se. Ele se falsifica e, ao mesmo tempo, falsifica o mundo." A possibilidade da desigualdade consigo parece imiscuir-se na autonomia do eu; no fato de que somos capazes de dirigir nossas vidas. Falsificar-se, nesse sentido, é fazer escolhas que pela fraude ou pelo autoengano desviam a pessoa de si; e tal gesto é frequentemente levado a cabo com aparência de vantagem. A literatura disse muito a esse respeito, ainda que no Brasil a insistência em tomar os escritores como cronistas de identidades coletivas tenha feito com que a dimensão individual dessa indagação passasse ao largo da atenção e do valor que atribuímos à nossa relação com pessoas de ficção, em particular àquelas que enfrentaram a questão de como se deve viver uma vida como *pessoa* humana.

Joseph Brodsky, por exemplo, recuperando-se pela memória num ensaio escrito quase dez anos depois da crônica de Nelson Rodrigues, insiste no resgate do sujeito pela imaginação poética e pelo exame autobiográfico; insiste, também, num tema afim àquela falsificação voluntária da pessoa perante o mundo. "A verdadeira história da consciência começa com nossa primeira mentira", ele escreveu, a propósito de ter, aos 7 anos, mascarado sua identidade por causa de um sentimento de vergonha ainda difuso perante *yevrei*, a palavra russa para "judeu". Tal como Santo Agostinho, o poeta põe na linguagem as duas facetas fundamentais da relação que a consciência estabelece com o real: pelas palavras o sujeito recebe um mundo feito à sua revelia, mas através da manipulação delas a consciência toma posse desse universo e se transforma num problema. Quando o sujeito busca contrição ou reparo, é pela linguagem que o passado é revolvido, a fim de que a história da pessoa a torne inteligível para si e, eventualmente, possa apaziguá-la. A rememoração é o confronto do indivíduo com o encadeamento das suas próprias reformas. A conclusão de Brodsky — na verdade, a confissão do seu ponto de partida frente à relação entre poesia e memória — é sugestiva:

> Recordo essas coisas não porque pense que sejam as chaves para o subconsciente, ou certamente não por nostalgia da minha infância. Recordo-as porque nunca antes o tinha feito, porque quero que algumas dessas coisas permaneçam — ao menos no papel. Também porque olhar para trás é mais recompensador que o inverso. O amanhã é simplesmente menos atrativo que o ontem. Por alguma razão, o passado não irradia a mesma monotonia imensa do futuro. Por causa de sua vastidão, o futuro é propaganda. Mas também assim é o pasto.

É a reminiscência, e não a promessa do que há de vir, que consola o poeta da consciência de sua extinção. Mais adiante, voltarei à relação entre esse sentimento e seu tratamento em Agostinho. O consolo não pode ser alcançado prospectivamente, por promessa ou a crédito. Quando queremos saber quem somos, o primeiro impulso é olharmos para trás e buscarmos em atos e escolhas passadas o corpo da nossa pessoa moral. As expectativas que o indivíduo tem sobre seu futuro ainda não formam parte do que ele é, muito embora apontem para uma direção ansiada. O sujeito que se volta sobre si e indaga a razão das suas escolhas e o valor da sua vida é motivado pela suspeita da sua desigualdade consigo, revelando uma dissimetria com o projeto que ele próprio tinha para si. A imaginação retrospectiva se constitui através da linguagem, como linguagem, estando por isso mesmo dependente de seu ritmo e seus ardis. A desumanização mencionada por Nelson Rodrigues é uma parada no caminho da identidade plena do indivíduo como pessoa. *Pessoas guiam suas vidas*. A percepção de Brodsky sobre a tomada de consciência no instante do falseamento nos remete, também, de volta à ideia de que, apenas ao dar-se conta de si, pode uma pessoa dirigir sua vida imaginando modos de ser diferente, redefinindo-se frente aos demais. O que acontece quando fazemos disso matéria de ficção?

Pus logo de início essas hipóteses, sobre o questionamento do caráter moral como tarefa que envolve a articulação da linguagem em tempo pretérito, porque creio estar aqui — no autoexame disfarçado em prospecção e bonomia — a contribuição dos principais heróis e narradores compostos por Machado de Assis nos nove romances que publicou entre 1872 e 1908. Suas narrativas compartilham tanto da preocupação de Nelson Rodrigues com o falseamento humano, quanto da atenção de Joseph Brodsky à linguagem retrospectiva tomada como solda para as imagens que fazemos de nós mesmos. A despeito do que os separa, há nesses três escritores uma mescla de curiosidade e enfado com relação à formação e deformação do humano. O modo anacrônico de pôr à vista a matéria deste ensaio, reunindo Nelson Rodrigues e Joseph Brodsky como passagem a Machado, tem uma razão simples. Mais do que qualquer outro escritor de seu tempo, Machado é nosso contemporâneo no tratamento que deu às motivações humanas, pela minuciosa composição de heróis que refazem suas histórias na medida em que são alvos da mirada alheia. A atualidade desses romances provém da sua capacidade de esmiuçar motivações pela evolução e crise dos protagonistas, marcados que estão por uma qualidade que sobrevive às circunstâncias de seu tempo. Minha hipótese é a de que isso resulta da maneira como Machado concebeu a formação da pessoa humana e representou seus desvios. Meu objetivo é retornar a seus romances a partir de uma pergunta sobre nossa atitude frente a essas obras: tomar personagens de ficção como modo de se imaginar impasses na constituição da pessoa faz, ou não, parte do enlevo que experimentamos frente a essas narrativas? Ou seja: que relação há entre o sentido desses romances, como romances, e a imaginação do juízo moral?

Machado

Sem lançar mão de nenhum colorido efusivo, desapegado à norma em vigor durante grande parte do século, Machado estreou no romance com uma contribuição despretensiosa. *Ressurreição*, narrativa de 24 capítulos, foi impressa no Rio de Janeiro pelo editor B. L. Garnier no início de 1872, em uma tiragem de provavelmente não mais que mil exemplares. A satisfação de Machado foi grande e tomou forma na maior nota introdutória já escrita pelo autor, cuja feição mais típica foi o laconismo sobre sua própria produção e o desdém por prólogos de qualquer fôlego, fossem eles cabotinos ou falsamente modestos. Mas Machado dava mostras de estar satisfeito quando datou sua advertência de 17 de abril de 1872. Seu casamento com Carolina Augusta Xavier de Novais, portuguesa das ilhas e irmã do seu amigo, o poeta Faustino Xavier, tinha se realizado pouco tempo antes, em novembro de 1869. No ano anterior, ele havia sido condecorado com o título imperial de Cavaleiro da Ordem da Rosa. Data também da mesma época das suas núpcias um contrato com o editor francês, a quem ele prometia novos títulos. Machado parecia pôr fé na própria sanha criativa. Assinado no dia 30 de setembro de 1869, o contrato vendia a Garnier três livros ainda inéditos, por quatrocentos mil-réis cada um. A quarta cláusula do contrato continha a seguinte condição: "O autor entregará ao editor o manuscrito da 'Ressurreição' até meado de Novembro do corrente ano e 'O Manuscrito do Licenciado Gaspar' até meado de Março de 1870 e o das 'Histórias de meia--noite' até o fim do ano de 1870." *Ressurreição* foi publicado dois anos e meio depois da data prevista para a sua entrega e, tal como *Dom Casmurro*, parece ter tido uma maturação lenta; dos primeiros sete romances publicados pelo autor, apenas estes dois não foram serializados em periódicos da época. O contrato com Garnier era otimista e comprometia o autor com um gênero que ainda lhe era estranho. Quando afinal, em 1872, seu primeiro romance veio a público, Machado já contava com a autoria de outras seis obras publicadas em livro: *Desencantos*, 1861; *Teatro*, 1863; *Crisálidas*, 1864; *Os deuses de casaca*, 1866; além de *Falenas* e dos *Contos fluminenses*, ambos de 1870. Em seu conjunto, e somadas às traduções que realizara dos romances de Victor Hugo, em 1866, e Charles Dickens, em 1870, essas obras arriscavam o autor na comédia, na poesia lírica e na narrativa curta, bem como na prática da tradução, compondo, com grande variedade, um perfil autoral incomum entre os seus pares.

Há grande ambição num escritor que, na sequência dos primeiros livros, tenta todos os gêneros que a literatura de seu tempo lhe punha à disposição; inclusive um libreto de ópera que, aparentemente, não sobreviveu. Foi a boa recepção dos *Contos fluminenses* que, segundo a mesma advertência à primeira edição de *Ressurreição*, levou Machado a tentar o romance como novo gênero; como um "ensaio" que lhe permitisse compor personagens com mais vagar e esmiuçar-lhes a composição do caráter.

Destoando do principal veio contemporâneo praticado no Brasil — o romance de costumes —, Machado optou por retratar em *Ressurreição* o conflito íntimo entre dois protagonistas ameaçados pela sombra de experiências românticas frustradas. Sua primeira tentativa no gênero nos propõe um tema novo para o conjunto da narrativa brasileira: a justa visão do outro desmantelada pelo império do autoengano; um tema ousado para a pena de um estreante no romance. Mas, no caso de Machado, a ousadia foi quase sempre paga com a moeda da estima, e isso em parte se deve ao modo como suas inovações estiveram ancoradas numa confiança que o autor depositava na tradição às suas costas.

Ressurreição não deixa de ser um romance pálido, sem os arroubos típicos de nossa expressão romântica. E muito embora seu tema seja romântico, ou seja, o desengano amoroso arraigado no coração incrédulo do misantropo, sua consecução era alentada por um espírito novo; pela tentativa de infundir verossimilhança moral através da introspecção, afastando-se da norma corrente, cuja ênfase recaía em descrições do ambiente nacional e enredos de fabulação fantasiosa. O dr. Félix, no livro, resiste à possibilidade de superar sua desconfiança do humano — e, portanto, resiste ao amor porque toma a *possibilidade* da malícia da sua noiva, a jovem viúva Lívia, como *prova cabal* de sua conduta. Já em sua estreia no gênero, Machado faz verossimilhança e veracidade confluírem enganosamente, anunciando um tema que marcaria toda a sua produção romanesca a partir de então.

Félix é livresco e, ao final da narrativa, sem prurido nem comoção, descarta a possibilidade da inocência de Lívia por lhe parecer inverossímil. Nisto o herói copia obras de arte e se deixa contaminar pelos olhos, e por sugestões de um rival que, imitando Iago — o famoso vilão de *Otelo* —, induz sua imaginação a abraçar a dúvida. Sua incapacidade de avaliar o caráter da noiva posterga a opção por um segundo amor e condena ambos a um isolamento pejado de ilusões. Como ponto de partida para a obra, Machado apontou uma filiação incomum e fez uma rara declaração das suas intenções autorais na "Advertência da primeira edição":

> Minha ideia ao escrever este livro foi pôr em ação aquele pensamento de Shakespeare:
>
> > *Our doubts are traitors*
> > *And make us lose the good we oft might win*
> > *By fearing to attempt.*
>
> Não quis fazer romance de costumes; tentei o esboço de uma situação e o contraste de dous caracteres; com esses simples elementos busquei o interesse do livro. A crítica decidirá se a obra corresponde ao intuito, e sobretudo se o operário tem jeito para ela.
>
> É o que lhe peço com o coração nas mãos.

A citação de *Medida por medida* ancora o romance machadiano num filão que parece ter sido caro ao autor: obras que refletem sobre as consequências morais da obsessão amorosa e que engendram dramas caracterizados pelo contraponto, nem sempre nítido para o próprio herói, entre os ciúmes, o ressentimento e o remorso. É a partir daí que o tema da justiça ameaçada pela suspeita caracteriza a ruína de um protagonista que carece de autoconhecimento.

Félix

A feição maliciosa inaugurada por *Ressurreição* — traço que, antes, pouco havia marcado o fado do protagonista brasileiro — pode ser resumida pela questão da injustiça para com o outro; legado resultante, como se verá, da iniquidade do próprio eu consigo. Dessa forma, inicia-se o que poderíamos chamar de nosso realismo romântico de feição psicológica. Qual a origem de uma escolha tão estranha à recente tradição do romance nacional? A resposta pode vir do contraste entre a estreia e o apogeu do romancista; entre *Ressurreição* e *Dom Casmurro*, que analiso no quarto capítulo deste ensaio. O início de uma obra vasta como a de Machado é uma região delicada, sujeita aos influxos da mirada anacrônica. Tentando recompor seus passos e suas decisões como romancista, o maior perigo que corremos é inundar a leitura das primeiras obras, produtos de um hesitante — embora nem sempre imodesto — ensaio do autor, com as demandas e a envergadura das obras de maturidade. É natural tomar Félix como embrião de Bento Santiago, como já o fez — aliás, não sem razão — Helen Caldwell. Mas o mundo de *Dom Casmurro* não era uma opção em 1872, e achar fragmentos do autor de 1899, plenamente maduro, no romancista estreante não é dizer mais que o óbvio: que na prática da arte, algo dos dias de formação sobrevive ao apuro do ofício e nos faz ver como velhas preferências ganham novas tintas e acabam por insinuar, a despeito da maturação, certa unidade na imaginação artística.

Eis, então, como Machado compôs a abertura de seu primeiro romance, um momento de importância na vida de qualquer escritor:

> Naquele dia — já lá vão dez anos! — o dr. Félix levantou-se tarde, abriu a janela e cumprimentou o sol. O dia estava esplêndido; uma fresca bafagem do mar vinha quebrar um pouco os ardores do estio; algumas raras nuvenzinhas brancas, finas e transparentes, se destacavam no azul do céu. Chilreavam na chácara vizinha à casa do doutor algumas aves afeitas à vida semiurbana, semissilvestre que lhes pode oferecer uma chácara nas Laranjeiras. Parecia que toda a natureza colaborava na inauguração do ano. Aqueles para quem a idade já desfez o viço dos primeiros tempos não se terão esquecido do fervor com que esse dia é saudado na meninice e na adolescência. Tudo nos parece melhor e mais belo — fruto da nossa ilusão — e, alegres com vermos o ano que desponta, não reparamos que ele é também um passo para a morte.
>
> Teria esta última ideia entrado no espírito de Félix, ao contemplar a magnificência do céu e os esplendores da luz? Certo é que uma nuvem ligeira pareceu toldar-lhe a fronte. Félix embebeu os olhos no horizonte e ficou largo tempo imóvel e absorto, como se interrogasse o futuro ou

revolvesse o passado. Depois, fez um gesto de tédio, e parecendo envergonhado de se ter entregue à contemplação interior de alguma quimera, desceu rapidamente à prosa, acendeu um charuto, e esperou tranquilamente a hora do almoço.

O tom lamurioso e irônico, posto já no parágrafo inicial, anuncia uma característica peculiar ao que, anos depois, viria a ser identificado *grosso modo* com o estilo do escritor: a mistura do sério com o jocoso, a introspecção vaidosa do herói, o ambiente em redor como comentário ao mundo interior e, finalmente, um narrador irônico, de espírito conformado. São traços de um estilo que se firmou ao longo de trinta e seis anos e através de nove romances. No primeiro, como em geral é a norma, a imaturidade transparecia na sua ânsia em imprimir desengano imediato à matéria da obra, e fez com que o narrador borrasse a intensidade veranina, e quase pastoral, prometida na abertura, com as tintas de um fervor forçosamente obscuro. Não obstante a mão pesada do Machado estreante, então aos 33 anos, o tema que lhe serviria de motivo a tantas outras obras já ressalta, ainda que de modo brusco. A ruína, ou a perene queixa que se imiscui a qualquer tentativa de celebração ou recomeço, marca desde o início o mundo do nosso herói e reverte a atmosfera prenhe em restauração prometida pelas expectativas do dia de ano-novo; o capítulo, aliás, se intitula "No dia de ano bom". Mesclando sombra e sol, dissolução com regozijo, Machado abre um universo onde todo contentamento engendra sua desilusão. A leitura do romance confirma a hipótese, já que a possibilidade de "ressurreição" vem a ser de fato abortada, ratificando a prefiguração posta no fecho do primeiro parágrafo.

O tom humilde da advertência contrasta com a ousadia do tema. Rebento de um verso de Shakespeare, *Ressurreição* é um romance sobre a dúvida que devasta o coração do herói e vitima o objeto dos seus afetos. O leitor permaneça atento ao modo como o escritor usa, já nos parágrafos iniciais, a oposição entre o passado e o presente, entre o claro e o escuro, entre o rural e o urbano, todos sob a sintaxe de uma mesma frase. Assim também está urdido o caráter do herói, um espírito marcado por hesitações e contrastes incontornáveis. O segundo parágrafo, por exemplo, anuncia seu estado de surto introspectivo, que projeta a imaginação de Félix em direção ao passado e ao futuro. A "contemplação interior" é, na verdade, um ponto de vista para o escrutínio do outro, como se verá na sua relação com Lívia, ao mesmo tempo viúva e noiva.

Lívia

O olhar vago, intumescido pela sondagem interior, é a principal figuração da estreia de Machado no romance. *Ressurreição* conta a história de um homem cuja sensibilidade estava marcada pela contradição consigo e com o mundo. Como fazer crer que personagens possuem a dimensão complexa e contraditória de uma pessoa moral? A resposta foi encontrada em metáforas visuais; na relação sinuosa que os protagonistas mantêm com o fardo dos seus passados afetivos e, também, no uso que fazem da arte.

Ressurreição possui um enredo simples: apesar de sua volubilidade amorosa, Félix se apaixona pela bela Lívia, uma jovem viúva idealista e melancólica. Ela lhe corresponde os afetos e o par inicia um idílio marcado desde o início pela incerteza de Félix quanto à própria capacidade e disposição para amá-la. O enredo é adensado pela presença de três personagens que flutuam ao redor do médico e da viúva: Raquel, adolescente lânguida e apaixonada por Félix; Meneses, amigo do ex-médico e admirador de Lívia; e Luís Batista, um aventureiro leviano, que, apesar de casado, disputa a viúva com o herói. Por insistência do próprio Félix, a relação entre ambos é mantida em segredo e o casamento é retardado mais de uma vez. Entretanto, o ex-médico não é uma simples emanação da típica inconstância romântica. Uma de suas características é a capacidade que tem para a dissimulação, o que lhe possibilita amar Lívia e iludir a opinião pública, ao mesmo tempo que fortalece sua natureza possessiva e desconfiada.

Vimos que na abertura do romance Félix olha para o céu, quando na realidade sonda a própria pessoa. Está diante dos "esplendores da luz" e, no entanto, na página seguinte, ainda no primeiro capítulo, o narrador descreve sua fisionomia como "plácida e indiferente, mal alumiada por um olhar de ordinário frio, e não poucas vezes morto". No olhar de Félix se concentra aquele possível pensamento funesto que o próprio narrador especulava, ao espreitar o gesto enigmático do herói no parágrafo de abertura. Há dois motivos que repicam ao longo do livro: a profundeza da mirada e o caráter livresco e irresoluto das deliberações do protagonista. Entre ambos há uma conexão que Machado explorou em várias outras obras a partir de *Ressurreição*. O modo ingênuo e às vezes tosco com que o autor desfila, neste primeiro romance, preferências desenvolvidas em narrativas futuras permite que possamos arriscar uma genealogia para certos traços característicos de seu estilo. Vejamos, por exemplo, como as pessoas olham para dentro e para fora de si, no mundo de Félix e Lívia.

Num baile descrito no terceiro capítulo, Félix se encontra pela primeira vez com Lívia. O deslumbre da impressão inicial alonga a intrusão do narrador, que até então tinha se limitado a descrições curtas sobre os personagens e seus vínculos. Os dois valsam. Ao lado da viúva, o médico encontra-se "alheio aos comentários estranhos, todo entregue ao capricho do seu próprio pensamento".

> Todavia, escapou-lhe, no meio da conversa, não sei que frase de melancólico cepticismo que fez estremecer a moça. Lívia olhou para ele e depois para o chão, parecendo tão absorta que nem deu pelo silêncio que se seguiu ao seu gesto e às palavras de Félix. Este aproveitou a circunstância para examiná-la melhor.
>
> [...] Na testa lisa e larga [de Lívia], parecia que nunca se formara a ruga da reflexão; não obstante, quem examinasse naquele momento o rosto da moça veria que ela não era estranha às lutas interiores do pensamento: os olhos, que eram vivos, tinham instantes de languidez; naquela ocasião não eram vivos nem lânguidos; estavam parados.
>
> Sentia-se que ela olhava com o espírito.

Valsando, no sexto capítulo, Félix está entregue a si. Um comentário qualquer, de sua parte, desata em Lívia um fervor introspectivo, que aprofunda o silêncio entre ambos; silêncio do qual ela própria logo irá se envergonhar. É traço comum a este romance que os olhos, quando se baixam, permanecem atentos, "vendo"; e que a mudez revela mundos interiores mais amplos, movidos pela revisão de si e pelo escrutínio do outro. A introspecção imobiliza o olhar, vitrifica-o. É pelos olhos que o amor silencioso, entre Félix e Lívia, se explica e se expressa: o olhar se torna reflexivo, por exemplo, quando, em resposta à refreada e anticlimática declaração de amor de Félix, Lívia "embebeu nos olhos dele um longo olhar de agradecimento e felicidade". Tal como no instante da valsa, o olhar se alarga para significar toda a pessoa moral; em estados de crise ou concentração, o alheamento denuncia o mergulho em si e torna-se sondagem interior. Após a troca de juras de amor, o herói é descrito em silêncio, num solilóquio mudo, mesmo estando diante de outras pessoas, inclusive da própria amada. Sua alienação do mundo é ressaltada tão logo ele começa a refletir sobre a natureza de seu sentimento: Félix "ouvia-se a si mesmo"; "a comoção embargou-lhe a voz; a reflexão impôs-lhe o silêncio"; "alguma ideia vaga e remota lhe surgiu no espírito e o levou a uma longa excursão no campo da memória"; "então a fantasia começou a debuxar-lhe uma existência futura"; "quando Félix chegou a casa, estava convencido de que a afeição da viúva era uma mistura de vaidade, capricho e pendor sensual".

No espaço de poucas horas, a caminho de casa, após se declarar a Lívia, Félix muda radicalmente de opinião sobre a sinceridade da viúva, sem que nada houvesse concorrido para tanto. É neste instante que ele mergulha em seu mundo interior, e a evocação do passado — no qual se depara com o fardo de afetos desfeitos — desata seu antigo pendor para a desconfiança. Félix menospreza um amor sincero e abnegado pela incapacidade de crer na franqueza alheia. É sugestivo que ele, diante de Lívia, se envergonhe da própria inconstância: "Quando os olhos da viúva procuravam os do médico, este desviava os seus; mas olhava, digamo-lo, por baixo da pálpebra."

Olhar por baixo da pálpebra. Essa metáfora da visão moral, que denuncia o sujeito atento ao outro — enquanto ao mesmo tempo se perscruta —, define a consciência do herói machadiano desde o primeiro romance.

Estamos de volta ao juízo de valor que infunde ao olhar o peso de uma vergonha cismada. Tal como Lívia, também o ex-médico olhava com o espírito. "O amor de Félix era um gosto amargo, travado de dúvidas e suspeitas." O romance tem por plano o exame da possível regeneração — daí, o título — de dois corações marcados por frustrações amorosas. A volubilidade e o ceticismo hipócrita de Félix provêm de seu desengano sentimental. No confronto com Lívia, que se confessa sonhadora frustrada e exigente, ele responde que perdera muito mais do que um grande amor: "Minha querida Lívia, falta-me a primeira condição da paz interior: eu não creio na sinceridade dos outros." O ex-médico parece aplicar essa regra à própria viúva. A ideia de que a experiência de relações afetivas fracassadas transforma moralmente o caráter do indivíduo é sugerida em várias ocasiões. Se o autoconhecimento e a desconfiança irrestrita são um fardo no trato para com os outros, onde, então, o herói busca perspectivas para seus impasses frente aos demais? Como formar um juízo sobre eles?

Iago

Quando o romance começa, Félix rompe, "sem saudade nem pena", um relacionamento por causa do tédio e da falta de confiança no amor; mas o rompimento se explica "também porque Félix lera pouco antes um livro de Henri Murger, em que achara um personagem com o sestro destas catástrofes prematuras. A dama dos seus pensamentos, como diria um poeta, recebia assim um golpe mortal e literário". O herói encontra plena equivalência entre seu espírito e o do personagem de ficção. A verossimilhança lhe oferece reforço à decisão sobre sua relação com o outro. Félix imita o livro. De fato, no momento em que rompe com Cecília, ele a encontra sentada, lendo. Félix aproxima-se, tira-lhe o livro das mãos e se refere ao caso entre ambos, prestes a ser extinto, como um capítulo curto e acabado, e então parte para desvendar outro mundo fantasioso: o da jovem viúva que já lhe cativara a imaginação.

  Também Lívia, segundo Viana, seu próprio irmão, sofre de um mal semelhante: "é romanesca. Traz a cabeça cheia de caraminholas, fruto naturalmente da solidão em que viveu nestes dous anos, e dos livros que há de ter lido." Ambos são leitores imaturos. Em outra ocasião, Félix observa as reações de Lívia diante da encenação de um drama romântico que, aos olhos dele, a denuncia: "Ama, não há dúvida, continuou Félix a dizer entre si; basta ver como lhe brilham os olhos a cada frase do diálogo." Félix crê ler nos olhos de Lívia o avesso de uma emoção recôndita, forçada à superfície pelo arrebatamento do melodrama a que ambos assistiam. Os exemplos são numerosos. Há método aqui. Uma vez que o verdadeiro sentido das aparências é disfarçado pelo refolho e pela polidez, o mundo de Félix não pode prescindir da necessidade de interpretações. Mesmo os gestos e os toques, como o aperto de mão entre os protagonistas ao fim do baile, ainda no quarto capítulo, estão eivados de subterfúgios e precisam ser esclarecidos por observações, contrastes e comparações. O modo preferido de Félix é, com frequência, o do exegeta que busca em seu passado ou em obras de arte termos para elucidar intenções inconfessas; as suas e também as dos outros. Luís Batista, um vilão à Iago, sabe disso e desperta no herói seu pendor para a imaginação extravagante. A desconfiança misógina do ex-médico é alimentada pela malícia de seu oponente. O rival na corte de Lívia estava ciente desse traço de Félix e usa tal inclinação a fim de dissolver a relação do casal:

> Para alcançar esse resultado, era mister multiplicar as suspeitas do médico, cavar-lhe fundamente no coração a ferida do ciúme, torná-lo em suma instrumento de sua própria ruína. Não adotou o método de Iago, que lhe parecia arriscado e pueril; em vez de insinuar-lhe a suspeita pelo ouvido, meteu-lha pelos olhos.

O plano de Luís Batista vinga. Apesar das desconfianças de Félix, pressionado pelo interesse do outro pretendente, ele marca a data do casamento, que acaba não se realizando; outra vez Félix se retira de cena sem motivo aparente. O vilão enviara uma carta anônima ao noivo, afirmando que, tal como o primeiro marido, também ele haveria de ser vitimado pela alma inconstante de Lívia. Para dissipar as suspeitas sobre si, Luís Batista faz uma visita a Félix no momento em que este recebe a carta. A presença do rival tinha como pretexto a compra de uma gravura representando a lascívia e a traição, quando o rei Davi espreita a jovem Betsabé num banho. Na conversa entre ambos, a mesma metáfora da vida como uma ópera, desenvolvida em *Dom Casmurro*, é usada por Luís Batista para definir a situação de Félix, no capítulo 20. Com a imaginação fecundada pelos olhos, através da carta, da gravura e das figurações de seu rival, Félix se convence da culpa de Lívia. Apenas no final do romance Meneses parece persuadi-lo do contrário, quando, assolado pela dúvida, o ex-médico retorna e implora o perdão à viúva, que não o aceita mais. A ligação entre "ver" e "imaginar" neste romance é um modo de fazer os protagonistas adquirirem gravidade e profundeza de espírito; tal alargamento recorre a mundos de invenção para adensar a consciência e o drama dos protagonistas.

Próximo ao desenlace, nos últimos dois capítulos, o vocabulário moral do romance se intensifica. Meneses visita Félix para esclarecer a inocência de Lívia e lhe diz: "Venho porque era um dever da minha parte livrar-te da vergonha, e a ela da morte"; mais adiante, "Meneses concluiu apontando-lhe com as cores que o caso pedia a baixeza do seu procedimento, o desaire que recaía sobre a viúva, e o remorso que o havia de acompanhar a ele". O próprio narrador, que segue de perto a consciência de Félix e se deixa contaminar por ela, ecoando juízos sobre a impossibilidade da confiança, afinal aponta numa direção contrária: "O remédio [a inocência de Lívia] era antes veneno para a sua alma ulcerada; lembrava-lhe a felicidade que perdera." Machado usa a mesma imagem que José de Alencar usara em 1864, no romance *Diva*, para caracterizar a ideia de um personagem de espírito vexado pela dúvida e pela autocensura: "alma ulcerada".

Com seu ápice em Alencar, a narrativa romântica conquistara o público nacional desenvolvendo uma fórmula que aplicava tintas moralizantes à matéria local. Porém, Machado jamais chegou a compartilhar integralmente da regra romântica. Já em 1864, publicando sob o pseudônimo de Sileno, num jornal paulista, ele critica o excesso de moralização fácil presente nos romances *Lucíola* e *Diva*, de Alencar:

> *Diva* é a exaltação do pudor [...]; mas creio poder dizer que se Emília não descendo do pedestal de castidade em que o autor a coloca, todavia leva os seus sentimentos de pudor a um requinte pueril, a uma pieguice condenável. Longe de mim a ideia de condenar a exageração, isto é a interpretação na arte; o contrário disso é o realismo, e o autor de *Diva* não parece disposto a abandonar a escola sob cujos influxos escreveu a *Lucíola*. Mas, entre a interpretação dos sentimentos e dos fatos, e as preocupações pueris de Emília, há muita distância. *O fim da interpretação na arte é tornar os fatos e os sentimentos inteligíveis*; ora o que se observa em *Diva* não é de natureza a produzir este resultado.

Sob a proteção do pseudônimo, e publicando fora da Corte, Machado revela um juízo quase oposto à sua famosa resenha de *Iracema*, assinada de próprio punho no *Diário do Rio de Janeiro* apenas dois anos depois, em 1866. Em seu comentário a *Diva* e *Lucíola*, Machado repõe o valor da obra de arte na sua capacidade de representar tipos humanos, deslocando a atenção que o romantismo dera à particularidade de cenários e grupos sociais. O jovem Machado vê a arte como uma operação que organiza e nomeia a experiência a partir de eventos e sensações imaginadas. É neste ponto, segundo o crítico, que se encontra a importância do conceito da justa verossimilhança da ação, verdadeiro método da representação no romance. Mas o pudor da heroína de Alencar provinha de um princípio que, para Machado, se não era equivocado, ao menos era inútil: "o princípio da beleza moral no meio da perversão dos sentidos"; um princípio incapaz de "tornar os fatos e os sentimentos inteligíveis".

Em *Ressurreição*, não há redenção possível; e tal mundo infenso à virtude escapa aos protagonistas de Alencar, para quem a superação da ignorância ou do obstáculo alheio à vontade do casal leva o par amoroso à reunião. Porém, o conhecimento, no mundo machadiano, só exacerba a situação peculiar da humilhação ou o fardo do passado. Félix assim se explica a Meneses:

> A dúvida já era bastante para justificar o que fiz. Não foi só o receio do futuro que me impeliu, foi principalmente a lembrança do passado. A traição dela, se a houve, não deve doer nada ao marido que se foi; mas ao marido que vem, a ideia da perfídia anterior, destrói pela base toda a confiança, que é a condição da felicidade.

A conclusão do romance volta à peça de Shakespeare e reforça a relação entre a desconfiança do outro, o autoengano e a imaginação de possibilidades irrealizadas. Para Félix, tal como para Bento Santiago, a "verossimilhança [...] é muita vez toda a verdade" e é, também, embrião da malícia:

> O amor do médico teve dúvidas póstumas. A veracidade da carta que impedira o casamento, com o andar dos anos, não só lhe pareceu possível, mas até provável. Meneses disse-lhe um dia ter a prova cabal de que Luís Batista fora o autor da carta; Félix não recusou o testemunho nem lhe pediu a prova. O que ele interiormente pensava era que *suprimida a vilania de Luís Batista, não estava excluída a verossimilhança do fato, e bastava ela para lhe dar razão.*

Ressurreição não foge à denominação de romance romântico. Porém, ao contrário das narrativas da época, seu objeto é uma relação amorosa falhada por conta da obsessão do protagonista pela *possibilidade* da malícia.

Até a publicação deste romance, é possível encontrar quase cinquenta referências a Shakespeare ao longo da obra de Machado. É provável que ele conhecesse o dramaturgo inglês a princípio pelas traduções francesas. Os versos de *Medida por medida*, que abrem o romance, levaram Helen Caldwell a afirmar que o tema primordial da obra era a insegurança do eu, que, levado a seu limite, promove a suspeita irrestrita para com o outro. Descartada logo de início a possibilidade de um romance de costumes, *Ressurreição* explora, talvez pela primeira vez na ficção brasileira, o tema de uma consciência em desunião consigo; desunião causada pela sombra de eventos passados. O motivo da inconstância havia marcado vários dos primeiros contos de Machado, que herdara do romantismo o interesse na misantropia e em heróis fracassados pela inércia. Os tipos do misantropo, do estroina e do aventureiro amoroso, três ameaças à formação da família, são frequentes nos contos que Machado publicava no *Jornal das Famílias*, uma revista recreativa mensal publicada no Rio de Janeiro pelo editor B. L. Garnier. Machado contribuiu para a revista de 1864 a 1878. As figuras do misantropo e do estroina se destacam como tipos ideais para o exemplo moral, por causa de seus comportamentos desviantes, ora retirando-se do convívio social, ora abraçando-o pelo vício. A tais figuras cabem duas soluções: a conversão pelo casamento, como é o caso de Jorge, em "O caminho de Damasco", publicado em novembro de 1871; ou a solução do isolamento, como é expressa pelo suicídio de Luís Soares, no conto homônimo, publicado em outubro de 1864 e incluído posteriormente no volume *Contos fluminenses*, de 1870. Composto logo em seguida a esses exemplos, *Ressurreição* é um desenvolvimento psicologicamente aprofundado desses tipos. Mas, enquanto no primeiro Machado a inconstância é uma falta moral que a narrativa pune pelo isolamento ou pela ironia, na sua segunda fase tal característica passa a dominar a composição do enredo e o caráter do próprio narrador, oferecendo-lhe método e vantagem.

Para o leitor contemporâneo nosso, acostumado a penetrar no universo machadiano guiado por *Memórias póstumas de Brás Cubas*, *Quincas Borba* e *Dom Casmurro*, está claro que em *Ressurreição* o autor ensaia um tipo que voltaria a frequentar sua ficção. Félix é um protagonista que reúne em si a semente da volubilidade de Brás Cubas, o caráter moral franzino de Rubião e o ciúme tirânico de Bento Santiago. Em sua estreia no gênero, Machado torna Shakespeare presente quando identifica Luís Batista com um Iago que, pelos olhos do ex-médico, acirra a dúvida num coração já predisposto a suspeitar. Um dos resultados da interferência desse Iago fluminense é a constante insistência de Félix em julgar as prováveis atitudes da viúva baseando-se nas suas possíveis ações passadas. Num desses instantes de desconfiança velada, para certificar-se das dúvidas, Félix "recapitulou então todos os sucessos dos últimos dias; nunca lhe parecera mais evidente a traição da moça, nem mais cruel a situação do seu espírito", como faria Bento Santiago, em seu libelo.

Dom Casmurro — o romance mais celebrado de Machado — nasce aqui. Porém, ao contrário de Bento, Félix prefere a dúvida à acusação ou ao desdobramento do juízo em ato. O potencial trágico do primeiro romance é evadido porque o protagonista hesita em agir. Optando sistematicamente pela incerteza, Félix não toma nenhuma decisão capaz de comprometer os destinos de personagens inocentes: ele não ameaça Lívia, não desafia Luís Batista, não suspeita de Meneses e não abandona Raquel à própria sorte. Não comete nenhum engano cujas consequências funestas tornariam sua vida moral e socialmente impossível, de onde brotasse o terror e a piedade necessários à expurgação dos sentimentos e culpas. A rigor, nada leva Félix a obter a consciência da natureza medíocre de seu espírito indeciso. Essa iminência da visão trágica, evadida pela qualidade irônica de personagens moralmente fracos, torna-se uma característica de vários heróis machadianos. O protagonista de *Ressurreição*, talvez o primeiro vazado em moldes inspirados em Shakespeare, acaba resumindo em si qualidades que tornavam sua ficção dissonante dentro de um quadro nacional pouco acostumado a narrativas em que um herói bem-colocado na sociedade fosse apresentado como misantropo, cético, dissimulado e misógino; incapaz de formar uma família pela sua humilhante inconstância e pela debilidade da sua força de vontade.

E, a propósito, comparando *Ressurreição* aos seus contemporâneos, José Carlos Rodrigues, editor de *O Novo Mundo*, um periódico liberal publicado em Nova York na década de 1870, assim inicia sua resenha:

> Uma das melhores amostras de ficção em prosa que nos tem dado ultimamente o Rio de Janeiro é a *Ressurreição* do sr. Machado de Assis. Sem o gênio brilhante do sr. Alencar e sem a admirável fluência e naturalidade do sr. J. M. de Macedo, o sr. Machado de Assis, todavia, não se deixa sacrificar pelas extravagancias do primeiro, nem pela monotonia do segundo. Ele é mais *artista* do que qualquer deles, sem que contudo se possa dizer que seja de sua força.

Tal percepção de Machado como um autor "mais artista" que os concorrentes revela a diferença de objetivo e consecução entre suas primeiras narrativas e a prática então em voga. Machado ensaiava a abertura de um terceiro caminho. Parte disso se explica pela opção do autor por um modo distinto de compor personagens e justificar suas motivações. E muito embora *Ressurreição* ainda compartilhe com o romantismo uma caracterização estática da pessoa humana, nele abrem-se as portas para a imaginação de personalidades cambiantes, de pessoas em constante estado de revisão e suspeita; traço que irá se consolidar em 1878, com *Iaiá Garcia*.

Os heróis

Mas a impossibilidade de Félix ressurgir para um novo amor nos coloca diante de um tema que não deve ser evitado. Se o amor foi para o romance do século XIX uma das suas principais matérias, e se ele encontra nos escritores brasileiros tentativas de nacionalização, cumpre perguntar: como tal sentimento — que se dirige ao outro e também supõe o autoexame — se dá em Machado? Arrisco uma hipótese.

  O interesse de Machado na representação da relação amorosa pode ser esclarecido se levarmos em conta o fato de que, tal como apontou John Bayley, tanto a ideia da moral quanto a do amor voltam-se a aspectos da vida humana que só podem ser concebidos sob a forma narrativa. Precisamos contar uma história, criar situações que exijam escolhas a serem tomadas, valores em jogo, noções e atitudes de uma pessoa frente às demais, para que se possa tornar ambas as ideias — a da moral e a do amor — plenamente inteligíveis. A diferença entre o amor e o sexo, ou entre a ética e a economia política, por exemplo, reside no fato de que, nos dois primeiros termos de cada par, tanto no amor quanto no conceito da pessoa moral, o que nos ocupa é a singularidade do sujeito; é a particularidade da sua história e de sua situação. Portanto, o que vem à tona é a diferenciação do indivíduo para si e a partir do que ele deve aos outros.

Os amantes em Machado são de dois tipos: há aqueles que olham para fora do eu, buscando consolar-se da solidão, da vergonha ou de ambições privadas; e há os que tomam o amor como método de mergulho dentro de si. Para estes, o autoconhecimento, mesmo iludido, é um modo de estar removido do mundo, cativando ou acusando seus pares pela memória ou introspecção. Esse é o caso dos heróis de cepa desalentada — não raro, quase trágica — como Félix, Brás Cubas, Bento Santiago e o conselheiro Aires. Buscam a redenção dentro do eu, armando ou refazendo acordos com o que foram. E já que o passado habita o sujeito, esses heróis têm os olhos voltados para trás.

Há, por outro lado, um tipo de amor que marca protagonistas de tendência ou intenção cômica, na sua determinação em integrar-se ao mundo. Esses olham para adiante. São representados, em geral, pelos personagens femininos ou heroínas, para quem certa racionalização do amor lhes oferece a possibilidade de superar seu passado. É o caso de Lívia, Guiomar, Estela, Virgília, Sofia, Capitu e Fidélia. Mas também é o caso de Rubião, aberto ingenuamente a um novo mundo que o acaba vitimando. Vemos que o amor em Machado possui uma disjunção ao mesmo tempo cronológica e de gênero.

No seu primeiro século, o romance brasileiro ocupou-se, em geral, do contraponto entre o herói e os atributos da nação. São obras sobre o acordo ou o desacordo do eu com relação a seu ambiente natural e social. Joaquim Manuel de Macedo, por exemplo, escrevia romances para entreter uma população curiosa de se ver estampada a modo de folhetim, onde a peripécia licenciosa permitia que os corações de heróis galantes e ingênuos encontrassem uma justa resolução pelo riso ou pelo apuro do sentimento amoroso. Nessas obras, o leitor desfruta da sua paisagem e de tipos conhecidos, ao mesmo tempo que vê apontados e emendados os desvios do protagonista pela bulha arrazoada e pelo amor decoroso.

Por sua vez, José de Alencar decidiu ir mais fundo e além: seus romances exploram a aparente desavença do indivíduo com as normas da sociedade, ligadas à posição e ocupação sociais. Costumes e paisagens ressaltam o valor desses protagonistas, que se opõem e finalmente se integram a seu próprio meio pela fé no ideal restaurador do amor, da bravura e da conversão religiosa ou moralizante. Tais heróis não raro fingem os vícios que de fato não possuem; e aqui nasce um princípio de indignidade e exame de consciência que fecundou os primeiros romances de Machado, tal como veremos adiante.

Explorando o reverso do mundo de Alencar, após sua morte, Aluísio Azevedo compôs narrativas em coro, histórias de indivíduos cujas motivações são feitas de teses sociais e fisiológicas, ou grupos cujos movimentos expressam hipóteses acerca da degradação da vida moderna, tanto na província quanto na Corte. Seus melhores romances são mundos experimentais, a modo de Zola, onde o triunfo quase sempre requer a debilidade do caráter moral e a suspensão da autonomia do sujeito.

Acabado o século XIX, Mário de Andrade restaura o interesse dos românticos e naturalistas nos costumes e no hibridismo cultural da nação. Seus dois romances foram tecidos numa linguagem variada e oral; ambos retratam a formação da sensibilidade de heróis que precisam daquilo que é alheio para compor suas experiências: um é visitado pelo mundo estrangeiro, o outro viaja pelo vasto Brasil, fazendo da diferença e do impróprio uma feição a mais para o caráter plural do herói. A atenção à língua mista e às esquinas profundas do país frutificou na geração seguinte. Graciliano Ramos construiu mundos de redenção impossível, onde mesmo a parca capacidade que os heróis têm de expressar suas emoções e crenças está limitada pelo muro da linguagem ou pelo resultado minguado das suas próprias deliberações. Esses romances se afastam do interior em direção à cidade e também deixam de pôr ênfase na comunidade para retornarem à consciência tumultuosa que o herói tem de si; aqui Dostoievski se une a Eça de Queirós no Nordeste do Brasil. É também nesta região, e quase ao mesmo tempo, que José Lins do Rego explora, numa mirada para trás, o desdém pela modernização, a rememoração ansiosa que paira sobre a desarticulação da economia do açúcar, e produz heróis inertes, contemplativos, obcecados pelos escombros de uma linhagem, antes, audaz.

Em poucos parágrafos, estes são alguns dos mundos do romance brasileiro entre as décadas de 1840 e 1940. Há vários outros exemplos significativos, mas o essencial já está posto para que a caracterização da contribuição inconformada de Machado seja posta à vista. O romance nacional se consolidou entre as primeiras obras de Macedo e as últimas de José Lins. É certo que no século XX a variedade de temas e estilos condena qualquer tentativa de síntese à simplicidade. Algo de cada um dos escritores mencionados naturalmente escapa ao breve esboço que propus. No entanto, as linhas gerais se mantêm mesmo para certa porção importante da ficção contemporânea. O romance brasileiro foi marcado pelo apego à relação de representação — nem sempre imediata — do indivíduo frente à comunidade; uma relação que, em geral, se manteve aferrada à ideia da identidade nacional, mesmo, ou talvez principalmente, no período de maior experimentação do gênero, como, por exemplo, no Modernismo. Em todo caso, o romance nacional manteve como objeto o tema do contrato e da identificação do herói com a sociedade nacional.

O romance

Machado representa uma mudança dentro dessa tradição. Seus romances desenvolvem o tema do contrato do indivíduo consigo mesmo: são sobre o modo como os heróis se imaginam e se enfrentam às limitações da própria consciência que têm de si. O principal tema dessas obras é a formação e a deformação da capacidade de autoexame. Ao longo de nove romances, os protagonistas enfrentam seus desejos, criando alternativas para três impasses morais clássicos: conhecer o outro, conhecer-se e deixar-se conhecer. Aquilo que, à primeira vista, revelaria uma preocupação epistemológica com o acesso ao mundo converte-se, na sequência das narrativas, numa questão sobre como viver a vida em meio a outros. Sem quase exceção, esses heróis e heroínas têm nos seus respectivos passados a chave e o fardo do enigma que buscam desvendar. Em Machado, mais do que em qualquer outro escritor brasileiro, as ligaduras entre amor e morte ressaltam a limitação do sujeito ante suas próprias obsessões. O vigor da alma macerada pela dúvida, ou insuflada pelo arroubo da imagem pública, quase sempre arremata o fado desses protagonistas, que pelejam consigo, fazendo do amor-próprio a companhia constante de um segundo eu; um que, não raro, é infiel e inimigo. O resultado é que todos eles temem o espelho. E os que encontram conforto nele deixam-nos intuir a ironia que se lhes impõe sob a máscara nem sempre confortadora de um autoengano engenhosamente sutil. Em nenhum outro romance brasileiro, por exemplo, o entrelace da imaginação elusiva com a ruína se evidencia mais do que em *Dom Casmurro*, obra que amplia e desenvolve a temática da estreia de Machado no gênero.

    Ver com justeza, nos romances de Machado, é um circuito elusivo e muitas vezes impossível de se consumar: a imaginação do escritor não se enfada com a associação entre a autonomia do herói e sua consequente mirada maliciosa em face do outro. Seus protagonistas — sobretudo os que se narram — precisam de elementos tomados de empréstimo às artes ou a outras histórias, a fim de sondarem o poço ancho que são suas vidas interiores. O valor da vida nestas narrativas é medido pela capacidade que o sujeito tem de formar um juízo que possa conciliar a amplidão dos seus desejos com a impossibilidade da sua plena satisfação; e, às suas costas, o fardo de um passado de circunstâncias ou decisões nocivas ameaça o governo dos seus afetos e pode chegar a macular sua relação com o mundo. A distinção destes heróis frente a seus pares está na capacidade de se imaginarem diferentes do que são: quase sem exceção eles alcançam a liberdade pelo disfarce ou buscam consolo na elegância de fantasias reparadoras. O romance em Machado tem por objeto o modo intricado pelo qual alguém compõe, justifica e defende a noção, frequentemente equivocada, do seu próprio valor; um esforço que em muitos casos está fadado a falhar, trazendo à tona, pela conspurcação do humano, uma visão rica e atroz sobre nossa relação com a imagem que seres humanos podem ter de si mesmos.

A falsificação e a desigualdade, principalmente a do sujeito consigo, formam a espinha dorsal dos nove romances que Machado publicou entre 1872 e 1908. Pelo acompanhamento do fado desses heróis, essa contrafação voluntária do indivíduo pode nos levar à contemplação de situações ao mesmo tempo cheias de diversão e espanto, nas quais a ideia da justiça se acha ameaçada frente ao desmantelo do valor que atribuímos à autonomia do eu. O modo como os protagonistas de Machado lidam com a invenção das suas próprias diferenças e multiplicações — através de máscaras, sonhos, delírios, devaneios, dissimulações e outras obras de arte — resume, a meu ver, sua contribuição ao gênero. Nessas narrativas, a formação do juízo está associada à imaginação de possibilidades, realizáveis ou não, que em muitos casos não podem sequer ser verificadas, mas que talvez por isso mesmo perfaçam indivíduos de motivação oblíqua e mais complexa. Aqui jaz uma possível explicação para nossa impressão de que os heróis machadianos são psicologicamente mais densos, ou verossímeis, quando comparados a seus antecedentes e contemporâneos, ou mesmo a muitos dos seus sucessores. Mas o que significa dizer que certos personagens são mais *profundos* do que outros?

As pessoas

A ideia da profundidade invoca um modo particular de encontrarmos semelhanças entre *personagens* e *pessoas*. A noção da parecença com o humano traz consigo a verossimilhança na representação de fenômenos de ordem moral. Esses personagens possuem algumas, ou várias, das características que associamos a nós mesmos: (1) são centros de decisões, (2) suas vidas são inteligíveis como processos e, consequentemente, (3) a responsabilidade se coloca para eles como o resultado de suas próprias intenções. Nem todos os romancistas têm isto por alvo; e mesmo os que têm não alcançam uma visão convincente do modo como, modernamente, nos concebemos como pessoas. A resposta depende, então, de como articulamos um vocabulário para falarmos da profundidade da vida humana em geral. Não quero fazer nossa compreensão de personagens de ficção depender de nenhuma psicologia moral específica; mas duas ou três palavras são necessárias sobre o modo como a linguagem da intenção e do autoexame está ligada às nossas atitudes de avaliação moral; e essas atitudes estão por trás da nossa representação da complexidade da pessoa humana, seja tal pessoa eu, você, ou um personagem descrito por Machado de Assis.

Neste ensaio, meu interesse na definição da *pessoa* está restrito à sua aplicabilidade a personagens de ficção, cuja capacidade tanto para o autoexame como para a imaginação do engano em parte é resultante de sua semelhança conosco. Por isso, passo a examinar uma possibilidade que me parece estar no cerne da relação entre personagem e pessoa: a capacidade essencial que atribuímos a uma pessoa moral de dar-se conta de si, assumir seus próprios desígnios e imaginar-se diferente.

A assimetria disfarçada de ordem é a qualidade mais saliente dos mundos imaginados por Machado. Acintoso ou civil, embora nem sempre inerme, o conceito da pessoa humana que anima a composição de seus romances se expressa pela evolução, dentro do herói, da disparidade de perspectivas sobre como se deve viver a vida. Os romances de Machado não são guias ficcionais de bem-estar pessoal nem, menos ainda, ilustrações narrativas do desespero humano frente à morte. Seus romances são sobre nosso aprendizado da autonomia e de sua possível vituperação pelo autoengano. Neles, pessoas se imaginam outras, a fim de solucionarem impasses ou criarem condições necessárias para que lidem com a impossibilidade da reparação e da plena satisfação dos seus desejos. No mundo de Machado, o amor-próprio mascara-se de benevolência: o que um protagonista deve aos demais é, em geral, pago não pelos seus gestos ou suas ações, mas pela forma como o próprio sujeito se representa frente a seus interlocutores. O objeto dessas obras é mais a consciência que os heróis — em geral inertes — ou as heroínas — quase sempre astuciosas — têm de si do que o mundo que resvala ao seu redor. Até bem entrado o século XX, não há paralelo na literatura brasileira para tal espécie de sensibilidade. Há pouca necessidade ou interesse hoje em dia na defesa da excelência da arte de Machado; nem é esse meu objetivo. O que pretendo desenvolver neste ensaio sobre os seus romances é a sugestão de que, por meio dessas narrativas, surge para a literatura brasileira o conceito moderno da pessoa humana; e que essa contribuição, se esclarecida, pode em parte explicar nosso regresso contínuo a esses mundos de invenção.

Antes de passar aos demais romances de Machado, reponho aqui algumas exigências necessárias à caracterização de algo ou alguém como uma pessoa. Tais requisitos desenvolvem as três teses que expus antes e que interligam a autonomia do sujeito à sua intencionalidade, e esta, por sua vez, à noção da vida moral como um processo atento a si mesmo. Tomei esta classificação de empréstimo a Daniel Dennet, que procurou resumir, num breve ensaio, os temas mais frequentemente associados à reflexão sobre o conceito da pessoa humana ao longo do século XX. As exigências, segundo o filósofo, são: (1) uma pessoa é um ser racional; (2) capaz de assumir diversos estados de consciência, ou seja: possui intencionalidade; (3) é, por isso mesmo, um indivíduo diante do qual assumimos atitudes específicas, uma posição intencional; (4) em contrapartida, a pessoa é capaz de reciprocidade, responde de modo análogo à forma como é tratada; (5) para tanto, comunica-se verbalmente; e com isso (6) chega à consciência de si e da sua vida como um processo a ser dirigido pela reflexão sobre as próprias escolhas.

O mundo dos romances de Machado é marcado pela assimetria, por uma dissimilaridade que habita o próprio herói ou heroína. A dissimilaridade é a raiz do seu conceito da pessoa humana. Essa noção se expressa, fundamentalmente, pela aptidão do protagonista para imaginar-se desigual a si mesmo; tal operação representa o vínculo específico do romance machadiano com a modernidade. Nosso interesse nessas obras pode ser entendido como uma curiosidade sobre a composição eloquente de mundos interiores nos quais reconhecemos traços essenciais da nossa concepção e prática da pessoa moral. Em poucas palavras, este é o meu argumento. Não pretendo deduzir das hipóteses anteriores nenhuma teoria geral do romance, nem buscar nas obras de Machado ilustrações que confirmem de antemão preceitos sobre o nexo entre a literatura e o contexto histórico, porque, na realidade, não são prescrições o que pretendo defender. As hipóteses não passam de traços decantados ao longo de vários anos de leitura e ensino das suas obras, traços aqui abreviados num parágrafo que resume meu compromisso com o leitor. A meu ver, o que faz falta ao nosso entendimento do romance machadiano são paráfrases mais finas, descrições que sejam capazes de apanhar a sutileza dos motivos desses personagens. Eivados que são de enleio e duplas intenções, saber com clareza quem eles são, como se formaram e do que se compõem não é tarefa vã. E para esclarecer essa arte da insinuação, nossa entrada inconspícua na modernidade literária, meu modo será o do exemplo e o da indução.

Ora, até alcançar a distância ou o imenso desnível que caracteriza seus romances maduros, tal como sugeriu Roberto Schwarz, Machado praticou ensaios de pesquisa moral e contraste de caracteres ainda no interior do repertório romântico, em quatro narrativas que retratam a integração de mulheres jovens, órfãs e dependentes às famílias da elite do Segundo Reinado. Dois temas que frequentavam a imaginação do período chamaram sua atenção: a vergonha e a dissimulação; ambas estão na raiz do conceito machadiano da pessoa moral. Porém, mesmo dentro desse contexto, suas criaturas são acometidas por uma falta original, por uma sensação de culpa ou por um desejo espúrio, que os distancia pouco a pouco dos personagens românticos. Eles procuram, com grande insistência, superar um estado primordial de humilhação, traçando ou revendo uma trajetória calculada e socialmente ascendente. Assim, a formação da nova família, em Machado, está vinculada à capacidade que os protagonistas possuem para dissimular, mascarando suas motivações e origens.

A imaginação machadiana pondera obstinadamente sobre o modo como sujeitos guiam as suas vidas e como buscam atingir maior autonomia ou controle sobre os outros. Seus protagonistas invertem o sentido da relação com o entorno: espraiam seus desejos no ambiente; lançam na paisagem invenções vaidosas de sua posição no mundo; buscam o espalhamento, a satisfação, a opinião pública como modo de chegarem ao contentamento; e, não raro, fazem do engano uma vantagem. Assim, o mundo se faz à sua imagem e essa imagem pode falsificar a relação com o mesmo mundo. E tamanha possibilidade de autoinvenção é prerrogativa exclusiva de sujeitos a quem podemos chamar de pessoas, sejam eles reais ou imaginados.

2. Razão por emoção

Mas o aspecto mais essencial e fundamental da cultura é o estudo da literatura, uma vez que se trata da educação sobre como representar e entender situações humanas.

IRIS MURDOCH

Aurélia

Após várias peripécias, no curso de uma relação amorosa conturbada, a rica e irônica Aurélia afinal revela seu amor incondicional a Fernando Seixas, o marido que ela própria havia comprado. Com a confissão desse amor, e com a abertura de seu testamento, Fernando se torna herdeiro universal de Aurélia, ao mesmo tempo que ela conta consumar um casamento longamente ansiado. Eis como, em 1875, José de Alencar conclui o romance *Senhora*:

> — Pois bem, agora ajoelho-me eu a teus pés, Fernando, e suplico-te que aceites o meu amor, este amor que nunca deixou de ser teu, ainda quando mais cruel ofendia-te.
>
> A moça travara das mãos de Seixas e o levara arrebatadamente ao mesmo lugar onde cerca de um ano antes ela infligira ao mancebo ajoelhado a seus pés, a cruel afronta.
>
> — Aquela mulher que te humilhou, aqui a tens abatida, no mesmo lugar onde ultrajou-te, nas iras de sua paixão. Aqui a tens implorando teu perdão e feliz porque te adora, como o senhor de sua alma.

Seixas ergueu nos braços a formosa mulher, que ajoelhara a seus pés; os lábios de ambos se uniam já em férvido beijo, quando um pensamento funesto perpassou no espírito do marido. Ele afastou de si com gesto grave a linda cabeça de Aurélia, iluminada por uma aurora de amor, e fitou nela o olhar repassado de profunda tristeza.

— Não, Aurélia! Tua riqueza separou-nos para sempre.

A moça desprendeu-se dos braços do marido, correu ao toucador, e trouxe um papel lacrado que entregou a Seixas.

— O que é isso, Aurélia?

— Meu testamento.

Ela despedaçou o lacre e deu a ler a Seixas o papel. Era efetivamente um testamento em que ela confessava o imenso amor que tinha ao marido e o instituía seu universal herdeiro.

— Eu o escrevi logo depois do nosso casamento; pensei que morresse naquela noite, disse Aurélia com gesto sublime.

Seixas contemplava-a com os olhos rasos de lágrimas.

— Esta riqueza causa-te horror? Pois faz-me viver, meu Fernando. É o meio de a repelires. Se não for o bastante, eu a dissiparei.

As cortinas cerraram-se, e as auras da noite, acariciando o seio das flores, cantavam o hino misterioso do santo amor conjugal.

As atitudes tomadas pelos protagonistas dos romances românticos quase sempre se assemelham a decisões impulsivas, resultantes da liberação de uma forte tensão emocional. Aurélia se ajoelha diante do marido e abdica de sua riqueza para, só então, ter seu amor reconhecido. O episódio guarda certa simetria — denunciada pela boca da própria protagonista — com a cena em que Aurélia humilhara Fernando logo após as núpcias, lembrando-lhe da sua posição de dependência. Tomadas isoladamente, dezenas de outras cenas possuem a mesma aparente característica de impulsividade desinteressada. No entanto, tomadas em conjunto essas ações formam uma sequência que funciona como reflexão sobre a dicotomia romântica entre amor e dinheiro. A narrativa já tinha armado o espaço para tal reflexão na protagonista, Aurélia, que reúne em si as qualidades em questão: "Era rica e formosa. Duas opulências, que se realçam como a flor em vaso de alabastro; dois esplendores que se refletem, como o raio de sol no prisma do diamante." A resolução dessas tensões está no gesto que ela encena ao final do livro, uma atitude prefigurada na primeira descrição de seus atributos, quando o narrador afirma que Aurélia "considerava [...] o ouro um vil metal que rebaixava os homens". Rebaixando-se frente ao vil metal e a seu homem, Aurélia os reúne e purga-os um do outro.

Antonio Candido sugeriu, certa vez, que a estrutura de *Senhora* encontra paralelos profundos com a atividade mercantil. A narrativa se desenvolve em movimentos, avanços e hesitações que muito se assemelham a uma operação de compra e venda. A própria divisão do romance em quatro partes — preço, quitação, posse e resgate — organiza a narrativa a partir de uma analogia com a transação comercial. Pela pergunta do simpático Lemos, o tutor de Aurélia, o leitor se informa da degradação contra a qual a protagonista luta: "E o que é a vida, no fim das contas, senão uma contínua transação do homem com o mundo?" E, mais adiante, com humor: "Queria que me dissessem os senhores moralistas o que é esta vida senão uma quitanda?"

Aurélia tem um plano para punir Seixas. A punição é equivalente à reconquista amorosa, através da qual o próprio marido — purificado de seus hábitos inescrupulosamente mercantis — poderia voltar a merecer seu amor. A abnegação final de Aurélia se dá quando a lição já não é mais necessária. Ele convenceu-se. Seixas vai gozar sua consumação marital, tão retardada, agora rico e bem-casado, mas não sem antes explicar à esposa a origem de suas faltas: foi "a sociedade no seio da qual me eduquei [que] fez de mim um homem à sua feição [...]. *Mas a senhora regenerou-me e o instrumento foi esse dinheiro*". Ora, esta última frase é uma pérola que antecipa o universo inteiro de Nelson Rodrigues.

O plano de Aurélia vinga. Comprando um marido, ela foi capaz de dissolver as mazelas que o próprio capital lhe havia imposto como obstáculo à realização da felicidade. A solução é perfeita e põe em ação uma série de atitudes calculadas que se subordinam a um princípio mais geral, o princípio da supremacia do amor romântico, que faz com que a oposição entre razão e emoção se resolva em favor do último termo, mesmo sem poder prescindir do primeiro para atingir seus fins.

A crença incondicional num valor absoluto, que orienta ações racionais cujo fim é a realização desse mesmo valor, é equivalente a uma modalidade de ação social marcada pela racionalização crescente da conduta. O amor, e mesmo o exagero do amor, é, dentro e fora do romance romântico, ao mesmo tempo um sistema e uma linguagem para descrever motivações complexas; algumas até, aparentemente, inexprimíveis.

As motivações

Quando Max Weber definiu a sociologia como a ciência que se dedica à compreensão dos diferentes padrões de ação social, ele tomou esta como "todo comportamento humano ao qual, e na medida em que, o indivíduo atuante atribua um significado subjetivo a esse mesmo comportamento". Para Weber, "a ação é social na medida em que, em virtude do significado subjetivo atribuído a ela pelo indivíduo (ou indivíduos), leve em consideração o comportamento dos outros e *em relação a eles oriente o seu curso*". A ação social não é equivalente a toda e qualquer espécie de ação humana; é uma atitude orientada pela expectativa de atuação dos demais. O significado subjetivo presente como substância da ação pode ser entendido como a motivação do agente, como seu modo particular de orientação. Tais modos, ou motivações, foram divididos por Weber em quatro tipos ideais:

> (1) em termos da orientação racional dentro de um sistema discreto de fins individuais, ou seja, através das expectativas quanto ao comportamento [...] de outros seres humanos, usando essas expectativas como "condições" ou

"meios" para a realização dos fins racionalmente escolhidos pelo próprio agente; (2) em termos da orientação racional a um valor absoluto, envolvendo uma crença consciente no valor de alguma forma de comportamento ético, estético, religioso, entre outros, inteiramente por seu próprio valor e independente de quaisquer possibilidades de realização externa; (3) em termos de uma orientação afetiva, especialmente emotiva, determinado pelos afetos específicos e pelos estados de ânimo do próprio agente; (4) orientado tradicionalmente, por hábito de longa prática.

Com essa tipologia, Weber tentava compreender o significado das ações dos indivíduos a partir da análise das motivações subjacentes aos próprios atos. Os quatro tipos ideais de ação são conceitos heurísticos, não existem de forma pura; combinam-se e podem ser percebidos na história das sociedades em diferentes graus de atuação. A literatura, com algum cuidado, pode ser tomada como um espaço privilegiado para a representação dessas modalidades de ação e o ensaio imaginado das suas várias formas de mescla e reajuste. O espaço ficcional é palco de ações particularizadas, em grande medida comuns à conduta humana em geral. A sugestão não é de Weber, é de Aristóteles, para quem a tragédia "é a representação não de seres humanos, mas da ação e da vida", uma vez que "sem ação a tragédia não pode existir, mas sem personagens ela pode".

A primeira consequência que tal tipologia apresenta para a análise literária das motivações no texto ficcional é a constatação de que, na narrativa, a "ação" tem pelo menos dois níveis de significado. Primeiramente, aquele que se refere às próprias atitudes dos personagens; aquilo que eles realizam em determinado instante, como, por exemplo, na cena já citada: "A moça desprendeu-se dos braços do marido, correu ao toucador e trouxe um papel lacrado que entregou a Seixas." Dentro dos limites do romance romântico, tal tipo de ação pode ser identificado com o terceiro modo de Weber, a ação afetiva ou emocional: é a revelação do testamento da moça rica, confirmando sua abnegação apaixonada em favor de um marido comprado.

No entanto, um segundo nível de significação se impõe. Trata-se da organização dessas decisões particulares pelo desenvolvimento narrativo mais amplo: o enredo; soma das motivações gerais dos personagens mais a presença do narrador, que as organiza num caminho visível, em seu todo, ao final da obra. Transparece, na total entrega de Aurélia a seus próprios ideais, certa dose de ironia, que é o cerne da crítica romântica a uma sociedade materialista. A narrativa dá sentido a momentos específicos do texto, encaixando atitudes isoladas na gramática do enredo, fazendo com que elas participem de uma espécie de progressão, cujo encadeamento possui autonomia relativa e dá a impressão de criar um mundo com lógica própria. No caso de *Senhora*, temos a predominância da ação racional orientada por um valor absoluto — o amor puro — que unifica o desenvolvimento dos entrechos e dissolve as contradições inerentes a uma suposta degradação dos personagens, segundo o valor em questão.

Comentando Aurélia, Roberto Schwarz aponta, com propriedade, que

> para esta herdeira bonita, inteligente e cortejada, o dinheiro é rigorosamente a mediação maldita:

questiona homens e coisas pela fatal suspeita, a que nada escapa, de que sejam mercáveis. Simetricamente exaspera-se na moça o sentimento da pureza, expresso nos termos da moralidade mais convencional. [...] A riqueza fica reduzida a um problema de virtude e corrupção, que é inflado até tornar-se a medida de tudo. Resulta um andamento denso de revolta e de profundo conformismo — a indignação do bem pensante — que não é só de Alencar.

A pureza, na moça, é índice de conformismo, mas, também, expressão de racionalidade crítica. O dinheiro, por sua vez, é instrumento e movimento da narração. Está subordinado apenas ao princípio romântico que a tudo orienta: o dinheiro se romantiza quando transformado em ídolo maldito, desejável, porém pernicioso; é tentador impuro que, afinal, possibilita pela sua posse, mal ou bem, a redenção dos protagonistas. Portanto, é o princípio da ação racional valorativa, e não o da ação puramente afetiva nem o da puramente racional, que organiza o romance de Alencar. De novo, Weber comparece com seu "segundo tipo" de ação, "envolvendo uma crença consciente no valor de alguma forma de comportamento ético, estético, religioso, entre outros, inteiramente por seu próprio valor e independente de quaisquer possibilidades de realização externa". A ironia de Aurélia e a autocrítica de Seixas são engendradas como *expressão* do amor.

Helena

A psicanálise, a sociologia e o romance realista têm a mesma fascinação pela questão que, a partir do último quartel do século XIX, entrava em voga: como e por que as pessoas agem da maneira que agem? Um modo de explicar a conduta ou os motivos de um agente é indagar pela sua origem e buscar, aí, razões para as decisões. A plausibilidade da ação foi a pedra angular da transição entre o romantismo e o realismo no Brasil. Vejamos como as primeiras heroínas de Machado respondem à conformação dos motivos de Aurélia.

Helena, o terceiro romance de Machado, publicado em 1876, faz o escrutínio da origem da protagonista. Helena é reconhecida como filha natural pelo conselheiro Vale, em um testamento. É outra moça que vem de baixo e outro testamento. Helena passa a morar com o restante da família do conselheiro: dr. Estácio, o seu filho, e dona Úrsula, a sua irmã. Apesar da origem ilegítima, Helena consegue conquistar a estima da família. O único personagem que a toma com desconfiança é o dr. Camargo, amigo do conselheiro Vale, um médico cético e ambicioso que pretendia unir as famílias pelo casamento de sua filha com Estácio, filho do conselheiro. O reconhecimento de uma filha ilegítima vinha, então, diminuir-lhe o espólio. Mas tanto o médico interesseiro como a nova herdeira compartilham de uma mesma qualidade: a dissimulação. Apesar de sua "expressão de curiosidade sonsa e suspeitosa reserva", Helena desperta a atenção do irmão e se integra à nova família por causa de sua capacidade de mimetizar o ambiente social. Afinal, "o que a tornava superior e lhe dava probabilidade de triunfo era a arte de acomodar-se às circunstâncias do momento e a toda a casta de espíritos, arte preciosa, que faz hábeis os homens e estimáveis as mulheres".

Helena é das primeiras protagonistas machadianas a cultivar explícita e conscientemente a dissimulação como instrumento para alcançar objetivos pessoais. Órfã de origem humilde e supostamente ilegítima, a dissimulação é, para ela, resultado de uma estratégia de sobrevivência que lhe permite transitar em outro nível social. O interesse do irmão, Estácio, na nova integrante da família cresce e passa a se tornar uma obsessão, sugerindo ao leitor os primeiros traços de uma possível relação incestuosa. A narrativa também chama atenção para os passeios secretos de Helena rumo a uma modesta casa que exibe uma bandeira azul, levantando a possibilidade de uma falta de moral da moça. Com exceção de *Iaiá Garcia*, este é o romance romântico mais complexo de Machado de Assis.

Talvez por pudor romântico, o romance evite o desenlace incestuoso e trágico. As origens de Helena são narradas no capítulo 25, pelo seu pai, Salvador, que se revela o morador da velha cabana visitada por Helena, inocentando-a das primeiras suspeitas de má conduta. A primeira evasão do modelo trágico é o reconhecimento de que Estácio e Helena não são irmãos. Ela é, na realidade, filha de uma união não santificada entre Salvador e Ângela, cujos nomes são significativos das qualidades postas em questão. A mãe de Helena havia abandonado a casa de seus pais para fugir com Salvador, a quem ela também abandonara para viver como amante do conselheiro Vale. Narrando a carta que recebera de Ângela, explicando por que o deixara, Salvador nos revela o caso:

> Quando li a carta, tive ímpeto de ir ter com ela e esganá-la; mas o ímpeto passou, e a dor desfez-se em reflexões. Poucos dias antes, a bordo, um engenheiro inglês que vinha do Rio Grande para esta Corte, emprestara-me um volume truncado de Shakespeare. Pouco me restava do pouco inglês que aprendi; fui soletrando como pude, e uma frase que ali achei fez-me estremecer, na ocasião, como uma profecia; recordei-a depois, quando Ângela me escreveu. "Ela enganou seu pai, diz Brabantio a Otelo, há de enganar-te a ti também." Era justo; pelo menos, era explicável.

Salvador usa *Otelo* para sublimar e racionalizar a falta de Ângela, mãe de Helena. Assim, o incesto é afastado, mas a origem impura da heroína é agravada. Shakespeare é, outra vez, invocado para sublinhar um momento de extrema humilhação associado à infância de Helena, uma vez que a narrativa sugere que a protagonista herdara vários dos atributos da mãe. Helena agora enfrenta outra culpa: estando ciente a todo instante de sua verdadeira paternidade, precisa justificar o fato de haver aceito a herança — que não lhe cabia — do conselheiro Vale: "Cometi um erro, e devo expiá-lo. *Enquanto a vergonha vivia só comigo, era possível continuar nesta casa*; eu atordoava-me para esquecê-la; mas agora que é patente, vê-la-ei nos olhos de todos e no sorriso de cada um. Peço-lhes que me perdoem e me deixem ir!"

O que perturba Helena é, sobretudo, o fato de sua vergonha tornar-se pública, fora de seu controle, impossível de ser ocultada. A família decide aceitá-la com seu passado e perdoar-lhe as faltas, mas o padre Melchior alerta Estácio para o fato de que Helena "prefere a miséria à vergonha, e a ideia de que interiormente não a absolvemos é o verme que lhe fica no coração". Ela não suporta a humilhação aberta, impossível de ser mascarada por omissões ou prendas sociais. O tabu do incesto foi suprimido pelas artimanhas do enredo, que transforma a sugestão trágica — de uma catástrofe resultante da soma de orgulho com uma culpa inconsciente — no modelo romântico do par amoroso, impedido por convenções sociais. Aos poucos, Helena definha por causa do sentimento de humilhação que experimenta; sentimento originado na piedade da família do conselheiro. A piedade causa vergonha em heroínas orgulhosas: este será também o caso de Estela, logo a seguir, em *Iaiá Garcia*.

A morte de Helena é descrita com extremo romantismo. A narrativa solapa, mais uma vez, a possibilidade trágica que havia sido sugerida, já que a morte da heroína, apesar de dramática, dissolve o único personagem capaz de reunir em si as circunstâncias de alguém punido de maneira mais severa do que sua própria falta exigia. Ao final, é Estácio quem possui tal característica; quando afirma "perdi tudo, padre-mestre!", ele se dá conta de que é indiretamente culpado pela humilhação e morte de Helena. Porém, o sentido trágico da culpa está dividido entre gerações de pais e filhos; o conselheiro

Vale e Estácio de um lado, e Salvador e Helena de outro. A impureza dos atos da geração parental tinha se transmitido para os filhos e acabou sendo responsável pelo desenlace funesto.

Até meados da década de 1870, Machado tinha explorado o romance a partir da fórmula romântica fecundada por sugestões de intenção trágica, tomadas provavelmente de empréstimo ao teatro. *Ressurreição* e *Helena* são narrativas que exploram tais sentimentos associados à humilhação e à *húbris* trágica: é o orgulho do herói que se excedera.

Tal sentido de rebaixamento provém de duas fontes: do conjunto das ações do protagonista, como Félix, em *Ressurreição*, e da origem humilhante da heroína, cuja descendência lhe transmite uma vergonha ancestral, como é o caso de Helena. Machado usa a dissimulação para definir a moral dos personagens. Contudo, o desenlace dissolve a substância desses heróis falhados, impossibilitados de estabelecer novas relações sociais ou uma família. Ele substitui o desenlace negativo, que se evade do modelo trágico em *Ressurreição* e *Helena*, por soluções socialmente positivas, encontradas em *A mão e a luva* e *Iaiá Garcia*. Nestes, o cálculo e o caráter dissimulado das heroínas são responsáveis pelo estabelecimento de famílias estáveis, transformando o desenlace num momento de conciliação entre motivações românticas e necessidades práticas. O tema da humilhação, ligado à origem social, se mantém em Guiomar — de *A mão e a luva* — e Estela — de *Iaiá Garcia* —, mas agora seus motivos lhes garantem um sucesso que Helena não alcançara e que Félix, de *Ressurreição*, tinha desprezado. A dissimulação era, nesse sentido, uma novidade para a ficção nacional, pois até então os heróis românticos brasileiros eram incapazes de fingir serem o que não eram a fim de esconderem a vergonha do que são. Ao enfatizar tais mecanismos de astúcia e disfarce, Machado punha em relevo a composição de personalidades pautadas pelo aprofundamento de sentimentos propriamente morais.

    A dissimulação, no entanto, é mais do que mero fingimento; é uma habilidade, um modo particular de perceber e organizar motivações. A dissimulação mimetiza o caráter irônico que as relações sociais possuem. Tal percepção está no cerne da transição entre protagonistas como Félix e Helena, de um lado, e Brás Cubas e Capitu de outro. Entre eles, estão as heroínas machadianas da conciliação e do cálculo, como Guiomar e Estela. Nesses romances, a sugestão do patos trágico, que tinha sido mitigada, é substituída por uma solução reconciliadora. Tal solução poderia levar o romance de Machado a se aproximar de Alencar, que opta pela reunião do par romântico após a peripécia, o reconhecimento e a conversão. Mas isso não ocorre, porque Machado compõe o modo como seus personagens tomam as decisões de maneira distinta. *Iaiá Garcia* leva adiante os temas desenvolvidos pelos dois romances quase trágicos de Machado, mas propõe outro método para se representar, no Brasil, pela primeira vez, a vida interior.

Iaiá

Em *Iaiá Garcia* há um momento em que a assimetria de perspectivas, a imaginação moral e a consideração de possibilidades irrealizadas se articulam de modo particularmente pujante. Tal conjunção anuncia a transformação que o romance machadiano desencadeou na literatura nacional: uma volta para dentro e para trás; um giro ancorado na tentativa de render personalidades mais plausíveis a partir do tratamento das intenções dos narradores e dos protagonistas. Vejamos o décimo capítulo do romance.

Atirando papéis ao lixo em uma tarde de ano-novo — o que é um dos modos preferidos de os personagens de Machado lidarem com o tempo —, Luís Garcia encontra uma antiga carta de amor desenganado que lhe fora remetida por Jorge à época da Guerra do Paraguai. A carta buscava consolo no homem mais velho, no viúvo amigo da família. Jorge, então, amava Estela, cujo nome nunca menciona na correspondência. No entanto, sensível à posição de agregada na família de Jorge, Estela havia recusado essa paixão irrefletida e, durante sua ausência, casou-se com o próprio Luís Garcia, agora leitor da carta. Este, anos depois, naquela tarde de ano-novo, e mesmo a despeito de toda a sua acuidade, não percebe a ironia da situação e vê na antiga missiva um episódio gracioso de corações desenganados.

Ao relê-la por sugestão do próprio marido, e sem saber que ambos são observados pela jovem Iaiá, Estela se depara com a vertigem de sua dupla consciência. O estupor refreado da orgulhosa Estela produz na adolescente Iaiá — sua enteada, filha do cético Luís Garcia — uma grave metamorfose.

> Estela, sem levantar a cabeça, olhou ainda de esguelha para ele, como a procurar-lhe na fronte a intenção escondida, se porventura havia alguma, e esse gesto era tão travado de receio e hesitação, era sobretudo tão dissimulado, que ela própria o sentiu e arrependeu-se.
>
> Talvez lutavam nela forças contrárias; ou era o seu passado que emergia da sombra do tempo, com todas as cores vivas ou escuras, com as delícias ocultas e nunca reveladas, e ao mesmo tempo com as amarguras e resistências.
>
> Defronte Iaiá tinha os olhos cravados na madrasta. [...] Viu-a receber a carta, com a mão trêmula; viu-a empalidecer ainda mais; viu-lhe a confusão e o enleio. Por que o enleio e a confusão?
>
> Iaiá olhou a princípio com curiosidade, depois com espanto, até que os olhos luziram de sagacidade e penetração. O estilete que eles escondiam desdobrou a ponta aguda e fina, e estendeu-se até ir ao fundo da consciência de Estela. Era um olhar intenso, aquilino, profundo,

que palpava o coração da outra, ouvia o sangue correr-lhe nas veias e penetrava no cérebro salteado de pensamentos vagos, turvos, sem ligação. Iaiá adivinhou o passado de Estela; mas adivinhou demais. Galgou a realidade até cair no possível. [...]

Uma hora inteira gastou nesse cogitar solitário, a sós com a suspeita e o remorso. Também remorso, porque de quando em quando aterrada com a vista do caminho andado, a alma recuava e estremecia; tinha horror de si mesma. Mas a figura pálida da madrasta surgia ao pé dela, com a expressão que lhe vira pouco antes, e a consciência fazia as pazes com a malícia.

Vede a consequência. Estela não era culpada; um incidente do passado é que projetava tamanha sombra na vida presente; mas bastou o espetáculo da comoção para turbar o espírito da enteada e lançar lá dentro os primeiros germens da ciência do mal. Que seria se fosse culpada?

Essa rotação de almas corresponde a uma variação importante dentro do romance brasileiro da década de 1870. O refolho calculado, o fingimento precoce, a ironia cortês são, para essas protagonistas, modos de superar seus estigmas. Suas reações são sempre morais, no sentido de um autoexame deflagrado pela suspeita dos motivos alheios. Estela desconfia de que seu marido a esteja examinando, porém logo se arrepende da cisma. A carta desabrocha nela sensações passadas e possibilidades irrealizadas: a antiga humilhação numa situação frente à família de Jorge; a paixão de ambos, sufocada pelo seu próprio orgulho; a subserviência calculada e, então, rompida pela sua entrega ao amor brando e outonal de Luís Garcia; enfim, uma existência agora retirada, que apascenta nela a diferença com relação à vida anterior, incomodamente submissa. É tal confronto com possibilidades não vividas que se transmite à jovem enteada, Iaiá Garcia, moça que "adivinhou demais. Galgou a realidade até cair no possível". Pelos olhos de Iaiá, neste capítulo, o leitor encontra uma Estela madura, bela, resignada e capaz de fomentar amores escusos, passados ou presentes, mesmo que não o faça e nem tenha feito.

Há aqui um intricado jogo de perspectivas característico do estilo de Machado. Luís Garcia, prestes a viajar, descarta antigas memórias: ao mesmo tempo cético e bonachão, mira o tempo que desbota jornais e afetos. Estela observa o marido e se examina diante de uma centelha de seu próprio passado, a carta de Jorge; enquanto isso, Iaiá, incógnita, ainda sem passado moral, examina o espanto da madrasta. De seu amor filial, um dos raros e mais bem desenvolvidos deste escritor, ela intui a possível falsidade de Estela. Nesse exercício de imaginação da malícia, Iaiá Garcia expande sua percepção de si e, por extensão, da pessoa humana. Machado descreve sua metamorfose como um processo análogo ao amadurecimento sexual; é uma puberdade moral. Iaiá muda seu modo de ver o trato entre as pessoas e, a partir deste capítulo, sua relação com os demais será animada pela ânsia e pelo prazer do cálculo emocional, cuja principal metáfora são as partidas de xadrez entre ela e Jorge, seu futuro marido e ex-pretendente de Estela, a boa madrasta.

A triangulação visual, que marca o capítulo 10 de *Iaiá Garcia*, também está presente, por exemplo, na primeira vez em que o jovem Bentinho entra em cena em

Dom Casmurro e, espreitando a conversa entre José Dias e dona Glória, se dá conta de que ele gosta de Capitu; e de que a famosa promessa de sua mãe condenaria tal benquerer à irrealização. De modo análogo à situação de Iaiá Garcia, a conversa dos adultos denuncia o adolescente a si mesmo, oferecendo-lhe uma visão mais complexa de seu eu. Ambos, Iaiá e Bentinho, amadurecem pelos olhos e pela boca dos outros; estão, agora, atentos às maquinações alheias. Ora, a metamorfose moral implica a presença espantosa da possibilidade de o sujeito ver a negação de si nos outros, ou articular seu próprio desejo de negação destes, como se dará quando da conversão de Bentinho em Dom Casmurro, onde Machado leva a intuição de Iaiá adiante e desenvolve o tema da visibilidade do mal radical.

Suspeita e remorso, portanto, povoam a estreia da imaginação de Iaiá. O primeiro sentimento é o da avaliação da sua madrasta; o segundo se dirige à sua própria reação, e nisto ela copia mais uma vez o movimento de introspecção de Estela: a mulher que conhece a vergonha, a resignação e o amor de seu pai.

O romance, afinal, é sobre a transmissão de experiências pelo contato entre olhares insinuantes, embora às vezes equivocados quanto ao objeto da insinuação. Estela, a madrasta, era fiel e permaneceu assim até o desenlace; o próprio narrador se apressa em afirmar sua inocência diante da desconfiança de Iaiá. A jovem madrasta faz parte da mesma cepa de heroínas vitimadas pelas circunstâncias, cuja dignidade se expressa em mirada varonil, sem desvios, mesmo quando o espírito vai turbado por sensações vigorosas. Estela compartilha com Lívia, de *Ressurreição*, Guiomar, de *A mão e a luva*, Helena, do romance homônimo, Eugênia, de *Memórias póstumas de Brás Cubas*, e Capitu, de *Dom Casmurro*, entre outras, a retidão do caráter num mundo marcado pelo viés da iniquidade. São mulheres que se definem pela força de vontade em meio a heróis cuja inércia ou debilidade moral ameaça arrastá-las à ruína.

Mas, em *Iaiá Garcia*, Machado opta por uma variante fundamental. A cisma é o sentimento que marca ambas as mulheres, Iaiá e Estela: a cisma como separação da coletividade, divagação perquiridora, prevenção contra o outro e receio da má-fé. A grande diferença entre este romance e praticamente todos os de José de Alencar, ou mesmo os anteriores do próprio Machado, está no fato de que a percepção de Iaiá não é condicionada pelo dado vivido, como no caso da madrasta. Iaiá pode prescindir da experiência vergonhosa que tinha marcado a vida de Estela. Ela é a primeira protagonista de Machado a desenvolver agudeza moral e capacidade de fingimento — portanto, de multiplicação do eu — apenas observando a possibilidade da malícia alheia.

Tal como os heróis dos romances que se seguirão, Iaiá é uma intérprete de si e dos outros. Julga antes de ser julgada e, como eles, ela também não ouve. Apenas vê, imagina e, revolvendo-se, conclui. Iaiá Garcia dispensa a experiência.

A profundidade

Cabe notar que Iaiá muda entre o início e o fim do romance. O câmbio moral como objeto da narrativa de ficção era algo raro no Brasil. Talvez a principal exceção fosse o caso de Paulo, narrador de *Lucíola*, de José de Alencar, cuja narrativa, dada a público em 1862 como memorial sobre uma cortesã, oferece ao leitor uma reavaliação quase involuntária do caráter do narrador, e de suas perversões e debilidades, quando comparadas à pureza da cortesã. A partir de *Iaiá Garcia*, Machado transforma tal variante — que põe ênfase na transformação paulatina e progressivamente mais complexa do juízo — em objeto da representação e em método de composição.

Pela exploração de comportamentos ambivalentes, Machado introduziu em sua ficção o que parecia improvável. A presença cada vez maior da racionalização da conduta no interior das narrativas poderia tê-lo levado ao artificialismo na representação das ações dos personagens. Mas se dá o contrário. A racionalização contribui para uma maior espontaneidade. Diferente de muitas narrativas românticas, nas quais cada gesto precisa acontecer a fim de que sejam reveladas qualidades ou obstáculos ao triunfo final do amor, em Machado o conflito de interesses oscila entre um extremo pragmatismo e certa desordem ou impropriedade dos valores, que passam a admitir a fluidez como traço constitutivo do universo social. Ou seja, as coisas nem sempre são o que parecem e, ainda mais, elas se misturam.

Se em Alencar as atitudes particulares e isoladas dos personagens se equivalem à modalidade da ação afetiva, e o princípio de organização mais geral do romance corresponde à tipologia weberiana da ação racional orientada por um valor absoluto — o amor —, em *Iaiá Garcia*, é na primeira tipologia weberiana da ação racional com relação a fins específicos que se encontra o elemento unificador dos entrechos. Segundo Weber, "a ação é racionalmente orientada a um sistema discreto de fins individuais quando os fins, os meios e os resultados secundários são todos racionalmente considerados e medidos". A dissimulação corresponde a tal tipo de motivação instrumental da ação. E não é difícil perceber que Machado está dando um golpe de misericórdia na gramática das motivações românticas, quando introduz tamanha dissonância, ao fazer do princípio do cálculo racional a substância que organiza e dá coerência ao que parecia ser apenas mais uma singela história de afeto desencontrado. O amor resiste à sua racionalização na medida em que supera uma ingênua oposição à razão e se converte em terreno fértil de ambiguidades, de conflitos e simulações. É assim que o narrador do que alguns consideram o último romance da fase romântica de Machado pode encerrar sua tarefa sugerindo que "alguma coisa escapa do naufrágio das ilusões". Passando do *amor* ao *casamento*, do coração ao cálculo, Machado preparava o caminho da ficção brasileira do século XX e dava, à sua maneira, uma resposta original à pergunta formulada por sociólogos, psicólogos e escritores da época: "O que está em jogo quando descrevemos o que as pessoas estão fazendo e por que estão fazendo?"

O realismo machadiano não tem relação com a representação meramente idêntica; com a representação dos objetos, tipos e relações sociais tal como eles *realmente* eram ou não. Sua verossimilhança está nas motivações envolvidas na representação de uma ação. Ou seja, o modo que Machado encontrou para compor vidas mais verossímeis foi dotá-las de um passado e de uma vida interior mais ampla; seus heróis e suas heroínas vivem vidas duplas e fazem desse jogo um contraponto interessante entre a autonomia e a divisão do eu.

Um modo de garantir verossimilhança de motivação a personagens é armar ao redor deles veios que possibilitem a irrupção do passado em meio a eventos presentes. Não se trata apenas da retrospecção caracterizadora, do *flashback* costumeiro, que o romance do século XIX praticou com insistência. Ao contrário, os heróis de Machado convivem a todo instante com a ameaça de que as sombras do passado surjam logo à frente e maculem seus planos de soberania, disfarce ou satisfação. O fardo desse passado dá bagagem emotiva ao herói e lhe adensa a compostura, animando seu caráter com a aparência verossímil de uma experiência *vivida*. Nossa expectativa de que as pessoas sejam feitas dessa matéria produz, pela leitura, o efeito da plausibilidade moral dos personagens; diante do que foram e de como se imaginam diferentes dos demais, entendemos o que os motiva por dentro. Por isso, podemos dizer que são *profundos*.

A capacidade para entender decisões e escolhas valorativas tem como requisito a imaginação de possibilidades, de mundos ou personalidades alheias ao que esses protagonistas são. Diante de seus obstáculos, alçam mundos de invenção, onde ensaiam os termos de uma solução para seus impasses efetivos; deste mundo de sonho, arte, devaneio ou delírio, os heróis machadianos regressam à vida efetiva para aplicarem o discernimento alcançado nesses momentos interinos de recurso à fantasia.

Uma chinela

No mesmo ano em que Alencar publicou *Senhora*, Machado assinou, com o pseudônimo bíblico de Manassés, um conto intitulado "A chinela turca". Ele atendia a um convite de Joaquim Nabuco para que participasse do número inaugural de *A Época*, um periódico liberal e sem programa nem perfil editorial rígido. Publicado no dia 14 de novembro de 1875, o conto parecia não obedecer a nenhum princípio de escola. Seu modo de promover a trama era livre; o herói se compunha a partir de um golpe involuntário das próprias fantasias.

O jovem bacharel Duarte é surpreendido pela visita indesejada do major Lopo Alves — velho amigo da família e grande maçador — e precisa interromper sua toalete para ouvir, a contragosto, a leitura de uma peça que o major tinha concluído recentemente. Estamos num mundo de vaidades e intenções inconfessas; os personagens habitam um universo já claramente machadiano. Em meio à leitura do drama, Duarte é surpreendido por uma sucessão vertiginosa de absurdos: a partida abrupta do major, ressentido com seu cochilo durante a leitura; a chegada de cinco homens estranhos que o acusam de roubar uma valiosa chinela turca; seu subsequente sequestro;

o plano de um casamento forçado e, afinal, a ameaça de seu próprio assassinato. Ante a enorme sem-razão dos acontecimentos, Duarte busca explicações. Imagina-se confundido com um ladrão ou objeto da vingança de um rival preterido pela sua amada. O desenlace do conto é epigramático. Duarte, cujo nome alude ao artesanato da imaginação, havia substituído a leitura enfadonha do melodrama do major por um devaneio. Seu próprio sonho se lhe impusera por sobre a peça de Lopo Alves, um drama ultrarromântico que pretendia "pôr por obra uma invenção, quando não fazia mais do que alinhavar as suas reminiscências". Esta não seria a primeira crítica de Machado aos excessos do romantismo tardio no Brasil. Como apontei, o conto foi publicado no mesmo ano de *Senhora*, um dos romances mais populares de José de Alencar, no qual o autor opunha o valor pecuniário à virtude moral. Entre 1872 e 1878, ou seja, entre *Ressurreição* e *Iaiá Garcia*, vimos como as motivações românticas são aos poucos solapadas pelo pragmatismo engenhoso das heroínas, ainda que essas narrativas sejam híbridas entre a já então consagrada fabulação do romantismo de Alencar e a composição, ainda pouco frequente na literatura nacional, de ambições balzaquianas. "A chinela turca" demonstra, na narrativa machadiana, uma atenção maior a introspecções, delírios, sonhos e a própria arte como modos de se narrar o outro lado da vida: aquele em que a suspensão momentânea do mundo efetivo do herói aduz o leitor a perspectivas inusitadas sobre o assunto narrado ou sobre o caráter do próprio narrador.

Um detalhe importante parece ter escapado à crítica que se ocupou nos últimos cinquenta anos da transição de Machado à sua prosa madura, chamada realista, e ocorrida por volta de 1880. O conto "A chinela turca" foi coligido pelo autor em *Papéis avulsos*, publicado em 1882. De todas as mais de cinquenta narrativas de ficção assinadas por Machado na imprensa desde a publicação do seu último volume de contos, *Histórias da meia-noite*, em 1873, apenas treze foram escolhidas em 1882 para compor a nova coleção e, entre elas, a aventura de Duarte era a de redação mais antiga. Na versão original, quando o bacharel retorna de seu devaneio, no momento exato em que o major concluía a leitura do seu drama, o conto encerra com a seguinte reflexão: "Livre do pesadelo, Duarte despediu-se do major jurando a si próprio nunca mais assistir à leitura de melodramas, sejam ou não obras de major. É a moralidade do conto." Dado o caráter inovador da matéria do enredo, a conclusão é de todo decepcionante; ela representa um abrupto anticlímax que alui o ritmo vertiginoso e surpreendente. Entretanto, para sua inclusão em *Papéis avulsos*, sete anos depois, Machado altera o desenlace da narrativa de modo sugestivo:

> Duarte acompanhou o major até a porta, respirou ainda uma vez, apalpou-se, foi até a janela. Ignora-se o que pensou durante os primeiros minutos; mas, ao cabo de um quarto de hora, eis o que ele dizia consigo: — Ninfa, doce amiga, fantasia inquieta e fértil, tu me salvaste de uma ruim peça com um sonho original, substituíste-me o tédio por um pesadelo: foi um bom negócio. Um bom negócio e uma grave lição: provaste-me ainda uma vez que o melhor drama está no espectador e não no palco.

A sequência de quatro verbos ativos no pretérito — acompanhar, respirar, apalpar-se e ir — restaura a volição do herói, suspensa desde o início do conto pelo torvelinho do enredo. Aos poucos, Duarte retoma a consciência de seu corpo, das horas e de suas circunstâncias. Há um claro contraponto entre os dois tempos da narrativa: por um lado, a cronologia precisa da chegada do major, marcada pelo relógio no início e no final da leitura; por outro, o tempo psicológico, veloz e avassalador, que caracteriza o sonho de Duarte.

Do confronto entre as versões, surge um caso curioso de alusão literária presente na revisão que Machado realizou do desenlace: na versão final, de 1882, o que o narrador afirma ignorar — ou seja, a reflexão de Duarte durante os primeiros minutos que se seguem ao sonho — é aquele remate de moralismo frágil da redação de 1875, quando o herói jurou nunca mais servir de espectador à leitura de melodramas de major. "A chinela turca", portanto, critica-se e opta por uma moralidade menos singela e mais sugestiva, que implica o leitor numa reflexão, ainda que tênue, sobre a lógica da ficção: "o melhor drama está no espectador e não no palco". Essa máxima aponta para uma reorientação vigorosa na carreira de Machado, e suas consequências iluminam em grande medida o estilo peculiar de seu realismo.

Contudo, é preciso não tomar anacronicamente a conclusão do conto. No contexto de suas outras narrativas e ensaios, Machado parece dizer que o sentido de uma obra de arte depende da capacidade de o artista suscitar sentimentos, sensações e juízos no seu leitor ou no espectador. Tais efeitos não estão livres das necessidades formais do meio de expressão, nem das intenções do artista ou das condições objetivas do receptor. Em "A chinela turca", todos os elementos do melodrama de Lopo Alves se fundem com aspectos da vida de Duarte, transfigurados pelo devaneio, para formar uma obra de arte particular, que rechaça e se sobrepõe ao ultrarromantismo fracassado da peça do major. A rigor, entretanto, sonho não é arte; e muito embora ambos possam compartilhar mecanismos de fusão e deslocamento, a última não pode prescindir de um controle consciente sobre a matéria. Em outras palavras, o conto de Machado afinal transcende ironicamente a própria explicação que o bacharel Duarte oferece sobre o devaneio. Eis, então, a ironia maior: invocando a ninfa, Duarte demonstra mais uma vez o forte traço romântico da sua própria fantasia, motivada pela obra do major; embora sagaz, Duarte se revela um intérprete incompleto de si e anuncia o perspectivismo matreiro e falacioso que passaria a marcar a ficção machadiana a partir de então.

Tal como a grande maioria dos heróis machadianos, Duarte é um exegeta do eu. O escrutínio de sua experiência privada, bem como sua consciência parcial desse mesmo fenômeno, forma o objeto do conto. "A chinela turca" expõe de modo evidente uma feição incomum à narrativa brasileira da época. Trata-se, no entanto, de uma característica que desde cedo passou a marcar a obra de Machado: o contraste entre os mundos interior e exterior, com a primazia do primeiro sobre o último. É nesse sentido que o sonho e as suas demasias — sob a forma de pesadelos, delírios e devaneios — guardam com a arte uma relação de semelhança de constituição: elas retiram da vida sua matéria, recomposta ao sabor de imperativos formais, frustrações e desejos do sonhador ou do artista. Porém, na ficção, toda essa imaginação da vida, todos os sonhos, fantasias e objetos de arte que animam os personagens de Machado, têm sentido e razão dentro do contexto do mundo ficcional de onde derivam sua substância. Não é difícil encontrar no auge dos seus romances — em *Memórias póstumas, Quincas Borba* ou *Dom Casmurro* — momentos em que o devaneio, o delírio e inúmeras referências a outras obras literárias guardam as chaves para a compreensão do enredo e das vidas dos heróis e narradores. O delírio de Brás Cubas, os desvarios de Rubião, as fantasias de Sofia, os sonhos de Bentinho, assim como a imensa variedade de referências a poemas, peças e romances que povoam essas páginas, elucidam os conflitos, as tramas e o próprio sentido de cada uma dessas obras. Machado foi o primeiro romancista brasileiro a inventar personagens de ficção que, para se tornarem mais plausíveis ou interessantes para si mesmos, recorrem à imaginação, à paráfrase e à cópia; recorrem à arte e ao sonho.

  A lição mais elementar de "A chinela turca" é ilustrar a gestação desse método de composição, ou seja, fazer da própria fantasia o objeto da ficção, a fim de suscitar no leitor a fruição de imaginações que substituem o real motivadas por prazer, aflição ou acidente. O devaneio do bacharel Duarte, sobrepondo-se exemplarmente a uma obra de arte enfadonha, revela um princípio que passaria a caracterizar o realismo machadiano: a matéria da sua prosa de ficção será a invenção de vidas que, por ambição ou gozo, se imaginam libertas das próprias circunstâncias e da aparente pequenez de seus empecilhos. Muito embora nem tudo já se encontre posto na aventura introspectiva de Duarte, essa é a direção para a qual ela aponta; a arte enleva, ilude e restaura os protagonistas de Machado, solucionando-lhes obstáculos pela breve interrupção das suas vidas. Finalmente, vale notar que o conto foi publicado na estreia do pseudônimo machadiano Manassés, no Gênesis, o filho mais velho do sonhador José, e irmão de Efraim, pelo qual fora preterido. Em hebraico, *Menashsheh* (Manassés) deriva de *nashshaní*, "ele me fez esquecer". Machado pode com isto ter tentado inscrever, em 1875, por sobre o sonho do bacharel Duarte, uma reflexão sobre a arte como uma atividade que, embora nos subtraia do real — fazendo com que "esqueçamos" do presente —, nos remete de volta à vida com o saldo de novos mundos interiores, povoados de intenções nem sempre aparentes, mas cujas consequências podem ser palpáveis. O sonhador Manassés, aliás, foi um dos fundadores das tribos de Israel.

As heroínas

Ainda em 1875, mas agora de volta ao romance, a bela e mordaz Aurélia, heroína de Alencar, viveu um dilema característico do romantismo no Brasil. Uma herança inesperada corrigiu, num golpe de sorte, sua humilhante posição na sociedade. Entretanto, o pecúlio trouxe consigo a desconfiança para com o amor. Seu plano fabuloso era usar o dinheiro, que a alienava da felicidade, para comprar o noivo que um dia a abandonou em busca de uma situação mais vantajosa. Como de costume, a fortuna herdada por Aurélia veio acompanhada de um tutor, o sr. Lemos, para quem as maquinações da heroína eram um despropósito. Para convencê-lo do contrário, Aurélia invoca a autoridade de uma vida marcada por extremos: "devo ser mais velha do que o senhor que nunca foi nem tão pobre, como eu fui, nem tão rico, como eu sou." Aurélia tem 19 anos quando interpela seu tutor; ela mede a idade moral a partir da intensidade e do contraste social que caracteriza sua história pessoal. O sr. Lemos se resigna a aceitar o que pensa ser um capricho de moça. Assim, o grau de maturidade e lucidez da heroína é resultante da amplitude de sua experiência vivida. Alencar publicou *Senhora* no mesmo ano de "A chinela turca"; sua heroína exibe um perfil análogo aos do primeiro Machado, que, no entanto, extrai consequências quase opostas no que tange a motivações e resultados alcançados pelas protagonistas.

Guardadas as diferenças, parece haver um traço comum entre elas. Guiomar, de *A mão e a luva*, Helena, do romance homônimo, e Estela, de *Iaiá Garcia*, compartilham com Aurélia a mesma genealogia: são heroínas dotadas, pela amplitude e diversidade nas origens, de uma capacidade de ironia e cálculo que lhes faculta a oportunidade de superar a humilhação de um berço marcado pela orfandade ou pela ilegitimidade, pela pobreza ou pelo abandono. Três dos quatro primeiros romances de Machado têm como protagonistas mulheres dependentes que possuem essa mesma capacidade para a dissimulação.

Machado propõe uma variante importante dentro da lógica que equaciona, em Alencar e na sua própria primeira fase, a perspicácia das heroínas às suas humilhações passadas e presentes. E tal variante é representada pelo fato de que o desenvolvimento da jovem Iaiá Garcia não depende dos percalços de uma experiência social instável, variada, ou mesmo desconfortável. A "puberdade moral" de Iaiá Garcia se dá pela observação da conduta de terceiros, em particular a de sua madrasta Estela. Sua transformação se liga à percepção de que a vida social supõe a máscara e o jogo, um motivo explorado em metáforas militares, partidas de xadrez e troca de olhares. *Iaiá Garcia* é um romance sobre a transmissão da experiência entre duas mulheres separadas pelas diferentes expectativas sociais ligadas às respectivas posições; e a jovem Iaiá é a primeira protagonista machadiana que chega ao final do romance diferente do que fora a princípio. Neste ponto, a ênfase que os primeiros romances de Machado punham no contraste entre um ou mais personagens, e seus respectivos ambientes, cede espaço a uma nova característica dominante: a atenção à transformação moral dos heróis e ao papel do narrador na construção verossímil desse processo. Enquanto as heroínas da primeira fase machadiana viviam vidas duplas, administrando em sigilo seus próprios desejos, na expectativa de que a razão as levasse a uma existência social mais estável e autônoma, os heróis da maturidade de Machado demonstram que essa mesma racionalidade era instável quando levada ao limite ou examinada de perto, acabando por produzir uma variedade de monstros domésticos com os quais será preciso conviver a fim de erigir as aparências de uma vida socialmente respeitável.

No entanto, nenhum dos protagonistas maduros de Machado — talvez com a exceção do conselheiro Aires — consegue realizar tal façanha. A mudança de perspectiva no tratamento dos personagens se inicia com o sonho do bacharel Duarte, em "A chinela turca", e com os métodos do alienista Simão Bacamarte, quando então o início da década de 1880 parecia dar sinais do acirramento da crise do Segundo Reinado e da chegada definitiva de modelos naturalistas. A partir de *Memórias póstumas*, o caráter excepcional das heroínas da primeira fase se torna rotina; a dissimulação passa a lei geral da conduta e o desenvolvimento dos heróis se distancia da ansiedade das moças órfãs em se integrarem a um mundo que parece ter sido feito à sua revelia. Roberto Schwarz já insistiu, com razão, no fato de que *Memórias póstumas* é um romance composto sob a lógica do exemplo contrafeito e da norma burlada. O narrador introduz no corpo da ficção de Machado uma nova técnica: a narrativa irônica e anacrônica, em ritmo de retrospectiva, que retoma o modelo cervantino do romance episódico, somado à gravidade do pessimismo e do ecletismo filosóficos que Machado parece ter abraçado na confecção dessas obras de maturidade.

   Retirado do tempo, Brás Cubas encena a reconstituição de sua vida, demonstrando que a sinceridade absoluta só é compatível com a morte. O que lhe interessa, entretanto, não é o registro detalhado dos fatos que viveu, mas a seleção de eventos significativos, alinhavados por reflexões sobre os mesmos. O que distingue este narrador é o exame de si na composição de memórias "nas quais só entra a substância da vida". A *substância da vida*, neste caso, é o resultado do interesse seletivo de Brás Cubas na reminiscência, cujo conteúdo é a representação, intencionalmente elusiva, da própria vida moral.

Eça

No dia 6 de abril de 1878, Machado, então com 39 anos e autor de quatro romances e seis volumes de poesias, peças e contos, publicou uma resenha de *O primo Basílio*, segundo romance de Eça de Queirós. O texto saiu em *O Cruzeiro*, um periódico no qual, dois meses antes, Machado havia concluído a serialização de *Iaiá Garcia*. Sua crítica de Eça permanece como um dos modos de se avaliar o interesse e a difusão do naturalismo no Brasil. Machado argumentava em prol de uma distinção mais clara entre valores morais e estéticos, com ênfase numa concepção normativa da verossimilitude narrativa, baseada na plausibilidade da representação da vida interior. A resenha usava um critério bastante específico para testar a eficácia do romance moderno: narrativas ficcionais deveriam ser capazes de induzir uma experiência cognitiva específica, mas embora este efeito seja, em geral, o resultado da representação de ações e valores humanos, o mérito ou demérito moral e a indução do bem não são critérios necessários nem suficientes para o sucesso de um romance enquanto obra de arte. Em outras palavras, a representação de personagens virtuosos ou de atos desprezíveis não perfaz por si mesmo o valor nem garante a validade de uma narrativa de ficção, muito embora haja casos em que a avaliação moral do personagem ou do narrador entre em jogo na composição de vidas plausíveis e acabe por fazer parte do processo de fruição do romance; nestes casos, o leitor é convidado a perceber *relações morais* como parte da sua *experiência estética* com a narrativa. Em resumo, essa parece ter sido a posição de Machado. Mas o que a resenha de 1878 nos diz sobre o iminente passo, tanto no Brasil como em Portugal, em direção a um tipo de narrativa mais irônica e introspectiva?

O crime do padre Amaro e *O primo Basílio* possuem um enredo análogo: tratam das consequências da chegada de um jovem solteiro a uma comunidade urbana, ou provinciana, cujos valores são subvertidos pela irresponsabilidade moral desse homem de fora. No primeiro romance, o jovem padre Amaro assume a liderança espiritual de uma pequena vila portuguesa e, após engravidar Amélia, a filha da sua senhoria, causa a morte de seu filho e, indiretamente, a da própria amante. No romance seguinte, Basílio, um oportunista inescrupuloso e enfadado, volta rico do Brasil e inicia um relacionamento adúltero com sua prima, Luísa. Juliana, a criada, descobre o caso e chantageia a patroa, que, assolada pelo terror psicológico de sua situação — abandonada por Basílio —, acaba morrendo. Em ambos os romances, o sedutor não experimenta qualquer espécie de sentimento de culpa ou responsabilidade moral, embora muito da eficácia pretendida por Eça resida no efeito moralizante dos dois desenlaces irônicos. Amaro e Basílio não são punidos, nem exibem nenhum sinal de arrependimento ou remorso. Um traço significativo da poética dos primeiros romances de Eça estava na conexão direta e necessária entre estética e moralidade. Tal visão, muito provavelmente derivada do modo como leu Proudhon e Flaubert, foi expressa na conferência que apresentou no dia 12 de junho de 1871, no Cassino de Lisboa:

> Vê-se por isto que influência nos costumes, que ação salutar e moralizadora a arte realista, ou a arte crítica, pode exercer. A consciência encontrará ali exemplos a seguir e a imitar, e outros a condenar e a evitar com cautela. [...] A arte deve corrigir e ensinar; não ser só destinada a causar impressões passageiras e dar-se unicamente ao prazer dos sentidos; deve visar um fim moral. [...] Quando a ciência nos disser: a ideia é verdadeira; a consciência nos segredar: a ideia é justa; a arte nos bradar: a ideia é bela — teremos tudo.

Machado não concordava com essa visão; parecia pensar que, a despeito do talento de Eça, os romances eram malogrados. A ênfase na descrição dos detalhes comezinhos havia, em sua opinião, minado a possibilidade da construção verossímil do caráter dos protagonistas. Se o propósito do romance era induzir no leitor uma resposta moral ao fado dos personagens, tal efeito não poderia ser alcançado a menos que o leitor pudesse entender e empatizar com o drama em questão. Aos olhos de Machado, no entanto, isso não ocorre.

> Para que Luísa me atraia e me prenda, é preciso que as tribulações que a afligem venham dela mesma; seja uma rebelde ou uma arrependida; tenha remorsos ou imprecações; mas, por Deus!

dê-me a sua pessoa moral. [...] Sabemos todos que é aflitivo o espetáculo de uma grande dor física; e, não obstante, é máxima corrente em arte, que semelhante espetáculo no teatro, não comove a ninguém; *ali vale somente a dor moral*. [...] Ora, a substituição do principal pelo acessório, a ação transplantada dos caracteres e dos sentimentos para o incidente, para o fortuito, eis o que me pareceu incongruente e contrário às leis da arte. [...] Os remorsos de Luísa, permita-me dizê-lo, não é a vergonha da consciência, é a vergonha dos sentidos; ou, como diz o autor: "um gosto infeliz em cada beijo". Medo, sim; o que ela tem é medo; disse-o eu e di-lo ela própria: "Que feliz seria, se não fosse a infame [Juliana]!"

O uso que Eça fez do acaso e do acidental, assim como sua atenção a elementos acessórios na composição — em detrimento de uma construção mais detalhada da motivação dos personagens —, solapou a possibilidade de aduzir o efeito moral pretendido. O centro do argumento de Machado pode ser percebido em sua insistência na oposição entre emoções propriamente morais e meros sentimentos dirigidos a objetos exteriores ao sujeito: por exemplo, o fato de Luísa temer ser apanhada pelo marido, em vez de sentir remorso pelos seus próprios atos. A maioria das reações em ambas as narrativas de Eça pertencem, segundo Machado, ao campo dos sentidos corporais — tais como a dor, a fome, a ansiedade etc. —, em oposição a sentimentos morais, que estariam envolvidos em situações como as representadas nos romances. Como ressalta Richard Wollheim, apenas estas últimas são emoções de autoexame, como a vergonha, a culpa, o remorso e o arrependimento. Embora a resenha fosse injusta com Eça, criticando-o por algo que ele não pretendia, o argumento de Machado não é uma mera condenação moralista do romance naturalista. Brito Broca chegou a comentar, brevemente, o impacto que o debate gerou em crônicas e cartas trocadas nas páginas da *Gazeta de Notícias*. O crítico aponta que esse "romance chegou a criar aqui uma verdadeira mania, uma doença: o *basilismo*. [...] É bom *O primo Basílio*? É mau? É sério? É decente? É imoral? Eis as perguntas que se formulavam por toda parte". Dadas as próprias escolhas da heroína, Luísa, Machado indagava pela plausibilidade de suas motivações. Se aceitarmos as restrições postas por ele sobre o efeito moral da narrativa de ficção, parece que não podemos levar as intenções em questão a sério e, portanto, qualquer efeito moral está de fato comprometido.

Lembremos que Machado escreveu a resenha pouco depois de concluir *Iaiá Garcia*, um romance que propunha um projeto novo. A jovem Iaiá é — tal como sugeri — a primeira protagonista do romance brasileiro a evoluir moral e psicologicamente entre a abertura e a conclusão da narrativa. Ao contrário das heroínas de Eça, marcadas pelo desgoverno dos próprios desejos, Iaiá atinge a "puberdade moral" pela observação cuidadosa de como outras pessoas mascaram seus sentimentos e agem a partir da vergonha, do orgulho e do ressentimento, com vistas a alcançarem uma noção balanceada e calculada do amor. Os quatro primeiros romances de Machado eram ficções sobre intenções elusivas. *Iaiá Garcia* é o momento em que o fenômeno da ação instrumental e do motivo inconfesso não é tomado exclusivamente como resultado de condições sociais passadas e humilhantes, mas como um traço de caráter passível de ser adquirido pela interação social. Tomar intenções alheias seriamente, no mundo do romance de Machado, parece ter sido a primeira condição para desvelar a "sintaxe da vida", e aqui jaz a primeira centelha do universo ficcional de Brás Cubas.

A diferença de perspectivas sobre realismo e valor moral entre Machado e Eça teve consequências importantes para o desenvolvimento da narrativa luso-brasileira. Embora não apenas motivado pelos comentários de Machado, Eça — após responder à resenha numa carta — revisou *O primo Basílio* e *O crime do padre Amaro*. As narrativas que publicou em seguida, *O mandarim* (1880) e *A relíquia* (1887), se distanciam dos modelos usados nos primeiros romances. Elas agora adotam um tratamento mais oblíquo e irônico das motivações e se dedicam a dilemas morais. Quanto a Machado, *Memórias póstumas* foi publicado dois anos após sua resenha sobre Eça. E a nova obra desenvolve o que ele parecia exigir em 1878, ou seja, um romance no qual a composição complexa e plausível das motivações, e não a lição moralizante, constituísse a estrutura e o lastro do protagonista.

Após o incidente com Eça, Machado publicou mais cinco romances cuja característica principal reside na elaboração de mundos de intenção oblíqua, levados adiante pelo emprego de narradores que praticam o escrutínio irônico dos motivos alheios. Essas narrativas podem ser descritas como *morais* apenas no sentido de que seu efeito depende de nossa percepção sobre como os personagens lidam com as possibilidades limitadas de satisfazerem desejos incomensuráveis de conhecimento, controle, posse ou distinção. Nestes casos, o amor-próprio, esclarecido pelo autoexame, torna-se um método para se alcançar uma vida socialmente bem-sucedida, embora não isenta de conflito e autoengano. Machado põe em cena os impasses da intenção enganosa, disfarçados de benevolência e razoabilidade. Ele retrata pessoas cuja imagem do mundo muda na medida em que articulam seus anseios no encontro com a mirada alheia. Esses protagonistas almejam saber o que motiva seus pares, ao mesmo tempo que se esforçam por mascarar as próprias intenções. A vida moral se transforma no objeto e na estrutura da construção narrativa. Ao contrário da conexão imediata que Eça estabelece entre arte e moralidade, Machado parece propor uma visão que enfatiza não apenas a representação verossímil de objetos e eventos, mas um retrato plausível das motivações que perfazem a vida interior. Tal como insistiu na resposta que deu aos críticos da sua resenha, a arte não deve ser confundida com a moral, muito embora os romances sejam capazes de descrever convincentemente processos de deliberação ética.

Como entender a propensão do romance desse período para tomar descrições de ações humanas, de forte conteúdo valorativo, como base para o julgamento estético da própria obra? Aqui está a interseção entre ambos os domínios.

Há um ponto em que Eça e Machado concordam: os romancistas usam a linguagem para oferecer descrições complexas, não de feitos reais, mas de ações supostas, possíveis. E a capacidade do leitor de aferir ou interpretar moralmente essas descrições pode melhorar ou prejudicar sua fruição da obra. Em outras palavras, nem todo romance é moral, mas alguns fazem de dilemas de valor o objeto da representação. Nestes casos, a percepção do leitor sobre o caráter dos personagens envolvidos está no cerne da experiência que ele, leitor, estabelece com a narrativa. Por exemplo, a cena em que o padre Amaro mata seu próprio filho — presente na versão de 1878, porém suprimida nas seguintes — não guarda nenhum sentido moral inerente:

> Ergueu-se hirto [Amaro], com os cabelos eriçados. A criança gemia. De repente abaixou-se, tomou um pedregulho, pô-lo sobre a criança, entrouxou tudo num embrulho apertado, agarrou-o convulsamente, atirou-o à água. Aquilo fez pchah! Umas rãs saltaram assustadas. Amaro ficou imóvel, gelado, fitando o rio.

Para Eça, o simples fato de que o padre Amaro acabe sem qualquer sinal de castigo ou autocensura era um ato de crítica moral e social. Machado, por sua vez, requeria um sentido de propósito para o ato, um contexto no qual escolhas fizessem sentido e expressassem um encaixe entre crenças, intenções e ações; ele exigira maiores condições de plausibilidade. O modo como a descrição é veiculada faz parte da maneira como a plausibilidade, ou a verossimilitude, é satisfeita; e quando é bem-sucedida, somos levados a perceber, a "ver", como um determinado personagem, uma pessoa moral de ficção, pode conceber e levar adiante *tais* ações, *daquela* maneira. Ler uma descrição ficcional de uma ação moral não é perceber (1) que se trata de um mundo de ficção e (2) que o objeto em questão está sendo retratado moralmente, ou vice-versa. Ao contrário, o que enxergamos, quando lemos, é uma descrição ficcional percebida imediatamente como a representação de uma ação ou situação moral. E se aceitarmos o fato de que seres humanos podem produzir descrições ficcionais de pessoas imaginadas com um grau de complexidade variável, não é difícil ver como diversos escritores do século XIX se dedicaram à tarefa, fazendo da imaginação moral parte essencial de nossa relação com o romance. Não é de causar surpresa que juízos de valor estético e moral tenham confluído no surgimento do realismo. Se quisermos entender o que motivou escritores como Eça e Machado a infundirem seus projetos com uma linguagem mais robusta, de avaliação da conduta representada, é preciso levarmos em conta o potencial que a representação realista possui para o entendimento de situações humanas.

Outro realismo

O realismo ainda põe um desafio a nosso entendimento das relações entre arte e realidade. Quando olhamos para uma pintura realista ou lemos um romance realista, o que vemos ou imaginamos é um mundo que supomos ser, em vários sentidos, afim ao nosso. Vemos esse mundo imaginado como vemos o que nos rodeia, ou ao menos o vemos *como se* estivéssemos olhando para um mundo que foi, é, ou pode ter sido, o mundo efetivo de alguém semelhante a nós. Não é por acaso que a ficção realista nasce do esforço do romantismo para constituir universos complexos e detalhados do ponto de vista histórico, tais como os romances históricos de Walter Scott. A questão central desta atitude que adotamos diante dessas representações está no significado desse "como se", um operador de modalidade que conecta dois mundos a partir de uma suposta semelhança entre ambos; uma parecença guiada pela expectativa e levada a cabo pela inferência.

Proponho que, seguindo uma sugestão de John Searle, façamos do *realismo* uma prática que nos oferece a possibilidade de tratar mundos ficcionais como uma extensão imaginada do nosso conhecimento e de nossas crenças sobre nosso próprio mundo. O realismo se baseia no fato de que podemos nos referir a objetos irreais e relações de invenção por meio do emprego de atos de fala de faz de conta, na medida em que tais objetos e relações tenham propriedades semelhantes àquelas que tomamos por reais. Podemos descrevê-los e parafraseá-los de modo análogo ao que fazemos com suas contrapartes reais; e podemos inferir desta parecença entre representação e realidade alguns aspectos de sua constituição. Eis aqui o que se poderia chamar de teoria minimalista do realismo literário. Tratar vidas ficcionais como tratamos pessoas e eventos reais parece ter sido o que Machado exigiu de Eça, ao insistir na justa constituição da heroína, Luísa: "por Deus! dê-me a sua pessoa moral", diz ele ao autor de *O primo Basílio*.

A estratégia narrativa mais fundamental do realismo de Machado jaz na natureza potencialmente enganosa das ambições e escolhas dos personagens, quando insuflados e restringidos por expectativas e instituições sociais.

O que distingue seus romances dos primeiros de Eça de Queirós e da narrativa latino-americana do século XIX, em geral, é a transição da ênfase na lição moralizante a um escrutínio irônico da ação calculada, do motivo enganoso. Enquanto o romantismo e o naturalismo no Brasil e na América hispânica produziam ficções do ambiente social e natural, da região e seus costumes, Machado apresentava motivações mais sutis para fundamentar as escolhas dos protagonistas e narradores. Ele tem na pessoa moral o seu objeto de trabalho. Tal mudança representa a primeira tentativa consistente, por parte de um escritor brasileiro, de retratar estados emocionais complexos, normas morais ambivalentes e as implicações perversas da deliberação racional, quando guiada pelo interesse. O autoexame falhado e pernicioso, levado a cabo pelos narradores machadianos, pode ser lido como uma crítica a perspectivas comuns ao pensamento progressista que marcou os principais projetos de modernização no Brasil da segunda metade do século XIX. A natureza peculiar do realismo machadiano e sua significação para o desenvolvimento da literatura estão relacionadas à percepção de que o romance realista deveria engajar o leitor numa *prática imaginativa* de deliberação moral, sem com isso fomentar modelos ficcionais de conduta social ou íntima. Essa concepção de literatura tem raízes claras, como se verá adiante, na leitura que Machado realizou do drama de Shakespeare, do romance inglês do século XVIII e do pessimismo filosófico do XIX, principalmente aquele de Schopenhauer. Uma possível solução para as limitações e os impasses da crítica contemporânea sobre Machado está, a meu ver, tanto na análise dessas influências quanto numa investigação mais ampla sobre a complexa sensibilidade ética evidenciada na insistência do autor, quando afirmava que suas narrativas eram "retratos morais", e que "o fim da interpretação na arte é tornar os fatos e os sentimentos inteligíveis".

Uma importante sugestão, a modo de conclusão das seções precedentes, pode ser retirada do que procurei apontar até aqui. Se, por exemplo, crianças podem aprender a identificar animais através de fotografias e outras representações visuais — como psicólogos e pesquisadores em ciência da cognição demonstraram —, não poderíamos pensar no romance como um espaço em que aprendemos a identificar ou nomear emoções, perspectivas e mesmo experiências antes desconhecidas? Este, talvez, tenha sido o modo como Machado de Assis tomou o romance; e aí se encontram os fundamentos da sua crítica a Eça de Queirós. Se estivermos inclinados a concordar com sua intuição, a próxima questão — que não tentarei responder neste ensaio — é saber se o romance pode nos tornar melhores pessoas. Independentemente da resposta, resta o fato de que ele pode, com certeza, nos tornar melhores leitores, o que já não é pouco.

3. O problema da autonomia

Tanto a salvação quanto a punição do homem jaz no fato de que se ele viver no erro, pode iludir-se a fim de não ver a miséria da sua própria posição.

Leon Tolstoi

As pessoas

David Hume certa vez sugeriu ser inversa a relação entre o apuro do gosto estético e o embotamento dos sentimentos morais. E mais: propôs que a delicadeza do gosto pudesse ter um efeito reparador sobre o desgoverno dos afetos. Seus exemplos preferidos eram a poesia pastoral e a tragédia, mas ele também tinha em mente um romance, *Dom Quixote*. Sua hipótese não era de todo original e subsiste ainda hoje de modo bem mais discreto, mesmo a despeito do nosso alarme ante qualquer gesto de elitismo cultural. Na verdade, o fundamento da hipótese de Hume não nos compromete com nenhum tipo de juízo depreciativo sobre as diversas formas de produzir arte e apreciá-la. Eis como, partindo da sua teoria, podemos tentar esclarecer nosso apego a práticas de imaginar mundos e pessoas de ficção.

É trivial, embora difícil de ser explicado, o fato de que a nossa relação com, por exemplo, uma narrativa seja motivada em grande parte pelo encantamento que experimentamos em acompanhar, na leitura, vidas imaginadas em desenvolvimento. Precisamos reconhecer, no entanto, que o prazer de uma história sobre o caráter sinuoso que marca a aventura de uma amizade em formação — como a de Dom Quixote com Sancho Pança, por exemplo — não é equivalente ao prazer de se cultivar uma amizade real, longa e mutuamente estimada. Enfatizo desde o início o valor do contentamento nas duas experiências porque algo de essencial em nossa relação com o romance provém de um envolvimento voluntário e ao mesmo tempo vigilante com fatos imaginados, que, por associação, analogia ou contraste, encontram um nexo com o modo como concebemos nossas próprias vidas. A questão inversa também se colocou para Hume. Como entender o prazer na representação de eventos e paixões que, em si mesmas, seriam desagradáveis se vividas efetivamente? Como explicar nosso apreço diante da exposição de uma vida marcada pela denegação ruinosa, como, por exemplo, a do narrador de *Dom Casmurro*?

Essas questões têm amplas consequências tanto para nossa atribuição de valor à invenção de vidas e eventos, quanto para as expectativas de coerência que alimentamos ao entrarmos num jogo de faz de conta com regras próprias. O fundamento dessa intuição precisa ser defendido se quisermos manter a arte em conexão com a capacidade na qual ela se funda: nossa prática de imaginar situações que não são o caso, de contá-las e, finalmente, de sentir prazer ao compartilhá-las com outras pessoas. Nosso interesse na representação de fatos e paixões se relaciona à importância atribuída ao entendimento do que é uma pessoa humana, do que significa levar uma vida como tal e, portanto, de como imaginá-la com maior sutileza. Há romancistas que escolhem isso por objeto, outros não. Não é preciso restringir o valor do romance ao interesse que atribuímos a dilemas morais. Aqui reside o legado saudável de certo moralismo moderado que muitos, sem perceber, mantemos junto à valorização de objetos de arte. Valorizamos a narrativa de ficção, por exemplo, não pela informação que ela veicula, mas muito mais pela perspectiva que nos oferece diante de mundos que somos convidados a imaginar; o destino e os valores das pessoas nesses mundos podem ser — e na maioria dos casos *são* — uma parte essencial da nossa relação com a narrativa de ficção *como obra de arte*. E o romance de Machado não pode ser entendido, na sua contribuição mais original, se essa relação entre a imaginação, o valor e a forma não for aclarada. Este ensaio partiu da minha convicção de que, a despeito da imensa variedade de perspectivas sobre o autor, ainda não dispomos de um vocabulário conceitual sensível para descrever as principais situações narrativas que ele nos propõe; situações que, em geral, revelam uma visão moral complexa das motivações, conscientes ou não, que animam seus protagonistas: pessoas que foram concebidas para evocarem um sentido de semelhança *interior* com aquilo que acreditamos que somos.

    Volto à questão com a qual iniciei este ensaio. Será que ganhamos algo de fundamental quando consideramos os protagonistas de um romance *pessoas*, e não meras instanciações simbólicas de qualidades mais abstratas? Parece-me que uma das intuições mais fundamentais associadas à nossa relação com personagens de ficção é a de que eles nos compadecem e nos dão prazer, precisamente porque reconhecemos neles aspectos daquilo que poderia ser outro indivíduo, neste caso, alguém como o leitor. Ou seja, imaginamos através deles, ou *neles mesmos*, personalidades situadas em suas circunstâncias, que nos inspiraram piedade ou terror, júbilo, simpatia ou repulsa. Mais do que em peças de teatro, contos ou poemas, no romance acompanhamos o desenvolvimento de vidas com uma minúcia impossível a qualquer outro gênero. O romance nos põe em muitos casos no cerne da formação da experiência desse sujeito, às vezes dentro de sua cabeça, nos termos da *sua* própria linguagem, na qual somos expostos a informações e percepções que nem sempre são claras para aquele mesmo indivíduo. Assistindo ao movimento dessa consciência específica, experimentamos suas hipóteses, escolhas e convicções sobre o mundo, e testemunhamos as consequências de suas decisões. E entre os séculos XIX e XX, o objeto do romance parece ter sido a formação e a deformação da pessoa moral, que delibera, evoca, julga e acaba por compor, diante do leitor, um retrato complexo da relação que o sujeito mantém consigo e com a comunidade. Oferecer, pela linguagem, o rumo de uma experiência humana particular e cambiante, no momento mesmo em que ela acontece, é a contribuição mais fundamental deste gênero.

Na raiz do romance está o conceito moderno da consciência moral. Dom Quixote, por exemplo, largando no real a força desvairada dos seus sonhos e suas ilusões cavaleirescas, se esforçava para emendar um mundo que a seus olhos resvalava na ruína dos valores. Neste caso, sua imaginação anacrônica restaura aos poucos a vilania que o herói enxergava no presente. Em jogo estava o valor da pessoa num mundo que não o reconhece e, depois, o parodia; esse legado se manteve como marco essencial do gênero. Não digo com isto que todos os heróis possuam unidade de caráter ou uma personalidade inteiriça, marcada pela bonomia alucinada do velho Quixote. Muito pelo contrário: a fragmentação da consciência frente à experiência do presente parece ter estado por trás do desenvolvimento da literatura do século XX, em particular no fluxo de consciência da narrativa de ficção e na redefinição da unidade do personagem no teatro. O que quero dizer é que, após a leitura de *Dom Quixote*, *Madame Bovary*, *Anna Kariênina*, *Dom Casmurro* e *Macunaíma*, o convívio com essas obras nos permite reconhecer feições desses heróis mesmo fora dos seus próprios mundos. Temos uma imagem mais ou menos completa do que eles são. Podemos aplicar expressões como "quixotesco", "bovarismo", "macunaímico" e "casmurro" ao nosso mundo, tomando de empréstimo qualidades que aprendemos a perceber através da leitura dessas obras. Podemos, é claro, apanhar o sentido dessas expressões sem lermos qualquer um desses romances, mas não é esse o fenômeno que discuto aqui. Encontrar a palavra ou a descrição para sensações que antes pensávamos inexprimíveis; achar no texto a representação de sentimentos que intuíamos ou julgávamos possíveis; e ver retratadas experiências a que jamais teríamos acesso, ou que de fato já havíamos experimentado mas julgávamos impossíveis de serem articuladas, eis o que me parece ser a contribuição cognitiva da fruição de mundos de ficção e, em particular, do romance. O mero fato de que, ao nos depararmos com uma situação qualquer, podemos imaginar como Brás Cubas procederia, ou identificar um evento ou uma ação como sendo afim à sua conduta, me parece ser uma evidência de que quando lemos romances habitamos, pela imaginação, mundos alternativos cuja semelhança com o nosso pode em muitos casos fecundar a maneira como nos vemos.

Acredito que tenha sido nesse sentido que Machado compôs seus nove romances: todos eles são caracterizados pela avaliação, geralmente retrospectiva, que os protagonistas realizam de si e dos outros, a fim de se ajustarem a um mundo que lhes parece povoado de intenções oblíquas. As convenções manejadas pelo autor nos convidam a imaginar que, talvez, esse também possa ser o *nosso* mundo. Machado trouxe para o romance latino-americano a ideia da interioridade, de mundos habitados por consciências profundas. Na literatura brasileira, a consciência moderna nasce quando o primeiro dos seus heróis é incapaz de solucionar a dúvida sobre os motivos da conduta alheia. Se não prestarmos atenção a esse estratagema, perdemos de vista o veio mais sutil da nossa primeira modernidade literária. E para tentar responder à minha própria pergunta sobre como podemos, e às vezes devemos, tratar personagens de ficção como pessoas, proponho que voltemos a um tema que marca sua produção como romancista desde o início: a representação da consciência atribulada pela desconfiança, ou melhor, o herói ameaçado pela própria imaginação da malícia. Aqui se encontra a desunião da pessoa consigo.

Agostinho

A tradição cristã compartilha com a cultura clássica a ideia de que a falta de unidade do homem com o seu criador, e a consequente dessemelhança do sujeito consigo, são sinais da alienação da consciência para com a virtude e a beleza. Platão apontou em *Theaetetus* (176b) que o ideal da vida moral e religiosa se encontra na identidade com os deuses, e no *Politicus* descreveu as esferas do mundo sublunar, aquelas situadas aquém do reino das ideias, como sendo a "região da dissimilitude" (273d). A semelhança com o ideal também serviu, no Gênesis, como lastro da origem humana: "Façamos o homem à nossa imagem, como nossa semelhança" (1:27); esta relação de similitude, embora não de identidade, também é reiterada através da descendência de Adão (5:3), bem como em vários dos livros sapienciais, por exemplo em Salmos (8:5--6), Sabedoria (2:23) e no Eclesiástico (17:3-4). Ela reflete basicamente nossa intuição fundamental sobre a semelhança entre a geração parental e sua prole, evidenciada, por exemplo, na perpetuação de traços comuns a pais e filhos. Implícito em todos esses casos está o conceito da perfeição da vida humana como parecença da criatura com o criador, a sua própria imagem formadora. Essa intuição é fundamental para compreendermos, por exemplo, a relação ansiosa que Bento Santiago estabelece com a imagem da felicidade conjugal dos pais, a parecença do seu filho com o melhor amigo e, por extensão, a constante reafirmação da necessidade de semelhança entre autor e obra no nome, expressa pelo título do romance. O ser humano após a queda se torna desigual a si mesmo. A história das religiões, bem como a de grande parte da literatura, se prende à ideia de um desvio do ideal e ao esforço de reparação, ou ao anseio do entendimento dessa falta. Fundindo Platão e Plotino com as Escrituras, Santo Agostinho ilustra, ainda hoje com força comovente, esse tipo de consciência autobiográfica, para a qual a fé, a linguagem e o autoconhecimento se enfrentam àquela semelhança perdida a que deveríamos aspirar como guia. "*Defluxi abs te ego et erravi, deus meus, nimis devius ab stabilitate tua in adulescentia, et factus sum mihi regio egestatis.*" Distanciei-me de ti, meu Deus, e longe desviado da tua estabilidade na adolescência, tornei-me para mim mesmo uma região de destituição. Acaso não seria essa região de destituição, "*regio egestatis*", o lugar do eu retorcido pelo sentimento de haver falhado consigo ou com sua imagem da perfeição? Não seria esse o espaço da consciência que, afinal, se dá conta de ter sido menos do que poderia ser? No conjunto da literatura ocidental há uma vertente fecunda dedicada ao problema do sujeito que, pela memória, busca reconciliar-se com sua imagem do humano, com suas convicções de como se deve tomar a vida e julgar seus desvios. Dostoievski me vem à cabeça; também Dante e Guimarães Rosa. Machado pertence ao mesmo filão, e poucos escritores na América Latina o acompanham nessa direção.

Machado parece ter aproveitado de Agostinho a ideia de que a introspecção narrada dá forma à consciência e a torna inteligível para si. Esse é o princípio da confissão. Entre os volumes remanescentes de sua biblioteca pessoal, recenseada por Jean-Michel Massa e revista por José Luís Jobim, o livro *Confissões* é das poucas obras que constam em português e francês. Agostinho deu origem a uma perspectiva narrativa sobre o sujeito que até hoje prossegue como um dos modos mais frequentes da literatura moderna. Das *Confissões* herdamos a percepção de que uma consciência que se perscruta não pode prescindir da linguagem para expiar suas faltas e compreender seus câmbios. São formas narrativas tanto a confissão quanto a contrição. A vergonha e a culpa motivam, na maioria dos casos, a autoacusação, pois é a consciência insatisfeita consigo que deflagra a retrospecção e fende o tempo; a linguagem é simultaneamente condição de queda e possibilidade de redenção do eu. É nesse sentido específico que podemos tornar uma vida humana inteligível apenas pela rememoração. A relação entre o dano moral, a memória e a linguagem não é acidental. Grande parte dos sentimentos morais, em especial aqueles que implicam autoexame, tais como o orgulho, a vergonha, a culpa, o ressentimento e o remorso, são sentimentos retrospectivos. Quando acometido por qualquer um desses, o sujeito se volta sobre eventos passados e julga-se melhor ou pior do que as expectativas, próprias e alheias, sobre si. Afinal, é diante do que fomos ou do que fizemos que nos medimos aos olhos dos outros. Como sugere Herbert Morris, na culpa, estamos em débito por havermos tomado a decisão errada; na vergonha, julgamo-nos inferiores ao que se esperava que fôssemos. Em ambos os casos, a relação entre avaliação e tempo pretérito é clara. Ou seja, o sujeito se conhece apenas quando capaz de se *rever*. A emoção moral radica a consciência do sujeito no tempo. E aqui retornamos à primeira hipótese geral que levantei sobre o desenvolvimento peculiar da narrativa de ficção brasileira. É sugestivo que no Brasil o romance tenha se tornado mais fecundo e complexo quando passou a enfrentar o problema da memória que se ocupa da formação da má consciência. Isso se dá com os romances de Machado, cuja contribuição ao gênero nasce da conjunção de três elementos compositivos: o ritmo da reminiscência, o tema da esquivança da responsabilidade e, finalmente, a posição elusiva de um narrador ou herói que se dedica ao entendimento dos fins da vida e que, portanto, está imiscuído nos sentimentos morais que mencionei. Os heróis de Machado são heróis no limite da perda do humano.

Brás

Nos capítulos 51 e 52 de *Memórias póstumas*, há duas cenas em que o herói encontra respectivamente uma meia dobra de ouro e um misterioso pacote com cinco contos de réis. Nelas está exemplificado o tema mais característico do realismo machadiano: a decisão calculada sobre os limites do proveito próprio, a partir do qual casamentos, noivados rompidos e adultérios serão meras consequências, em um sentido mais amplo e convencional. Nos dois episódios mencionados, Brás Cubas encontra certa quantidade de dinheiro deixada em passeio público. Ele se certifica de não haver "ninguém que pudesse ver a minha ação", apanha o valor e apenas em seguida, sozinho, considera o destino do achado.

É nesse instante que Brás dá forma a uma das suas mais célebres teorias, a lei da equivalência das janelas da consciência, segundo a qual um ato digno compensa uma ação reprovável, mantendo certo princípio de conservação na média da pessoa moral. Brás Cubas devolve a meia dobra de ouro ao chefe de polícia depois de ter sofrido os repelões de consciência por haver valsado concupiscentemente com a recém-casada Virgília.

* * *

Mandei a carta e almocei tranquilo, posso até dizer que jubiloso. Minha consciência valsara tanto na véspera, que chegou a ficar sufocada, sem respiração; mas a restituição da meia dobra foi uma janela que se abriu para o outro lado da moral; entrou uma onda de ar puro, e a pobre dama respirou à larga. Ventilai as consciências! Não vos digo mais nada. Todavia, despido de quaisquer outras circunstâncias, o meu ato era bonito, porque exprimia um justo escrúpulo, um sentimento de alma delicada. Era o que me dizia a minha dama interior, com um modo austero e meigo a um tempo; é o que ela me dizia, reclinada ao peitoril da janela aberta.

— Fizeste bem, Cubas; andaste perfeitamente. Este ar não é só puro, é balsâmico, é uma transpiração dos eternos jardins. Queres ver o que fizeste, Cubas?

E a boa dama sacou um espelho e abriu-mo diante dos olhos. Vi, claramente vista, a meia dobra da véspera, redonda, brilhante, multiplicando-se por si mesma — ser dez — depois trinta — depois quinhentas —, exprimindo assim o benefício que me daria na vida e na morte o simples ato da restituição. E eu espraiava todo o meu ser na contemplação daquele ato, revia-me nele, achava-me bom, talvez grande. Uma simples moeda, hem? Vejam o que é ter valsado um poucochinho mais.

Com a consciência compensada, Brás fica com os cinco contos de réis, que mais tarde presentearia a dona

Plácida pelos favores de alcoviteira. O narrador cria um mecanismo que interpreta e justifica moralmente as próprias ações. A importância do agir-sem-que-os-outros--percebam é herança das heroínas anteriores. Porém, elaborar uma explicação que envolva o leitor num juízo sobre os motivos do narrador é feição pertencente à fase realista de Machado. Na sua atenção aos motivos da ação, ele desloca a dedicação romântica ao valor moral absoluto — que rege a narrativa em direção à redenção do amor — em favor de critérios particulares à orientação da conduta dos personagens. Seus romances dão conta de experiências de vida que se desdobram através de motivações inconfessas, mais autônomas.

O tratamento minucioso na composição das motivações dos personagens, então, garante a seus heróis a gravidade da autocrítica. São capazes de decompor e mascarar suas intenções inclusive para si; possuem a capacidade de se colocar na posição de outros, de perceber juízos contrários nas decisões mais harmoniosas e, não raro, agir sob contradições das quais os demais não têm sequer a mínima percepção.

Começar pelo fim, então, tem suas virtudes. Este foi o método adotado por Brás, o narrador que inaugura um traço inédito no romance brasileiro: retirar-se da vida para voltar a comentá-la. O modelo inaugural para o gênero, realizado por Joaquim Manuel de Macedo, esgota-se nas mãos das primeiras heroínas machadianas. E, nascido delas, *Memórias póstumas* é um recomeço ousado. Vamos refazer a pergunta de Augusto Meyer: "De onde vem a voz de Brás Cubas?"

À luz de seu exíguo contexto, *Memórias póstumas*, marco inicial do realismo literário, permanece a obra mais desconcertante da literatura brasileira. O realismo, aqui, começa por uma citação de Shakespeare. Uma conexão incomum entre *As you like it* — *Como gostais* — e *Hamlet* parece ter fascinado a imaginação de Machado, quando iniciou em 1880 a composição de seu quinto romance. Publicado na *Revista Brazileira* em 160 capítulos curtos, entre março e dezembro daquele ano, *Memórias póstumas* é uma autobiografia de ficção contada por um narrador defunto desde a aparente solidão satisfeita do além-mundo. A primeira versão do romance continha uma epígrafe retirada de *Como gostais*: "*I will chide no breather in the world but myself; against whom I know most faults.*" Machado traduziu o original guiado pelo auxílio da versão francesa, presente em sua biblioteca: "Não é meu intento criticar nenhum fôlego vivo, mas a mim somente, em quem descubro muitos senões." Tratava-se da resposta do cordato Orlando ao convite do melancólico Jaques, para que ambos se queixassem do mundo e das misérias da vida. A supressão da epígrafe a partir da primeira edição em livro, publicada em 1881, nunca foi examinada a contento. Entretanto, a consideração das mais de duzentas referências diretas a Shakespeare, ao longo da sua obra, revela em Machado um leitor pertinaz e atento a detalhes das peças do dramaturgo inglês.

Como gostais é uma comédia pastoral, em que as convenções sociais são invertidas e examinadas pela agudeza de Rosalind, a heroína que se exila na floresta de Arden, educa o amor de Orlando, seu pretendente, e soluciona os infortúnios dos demais personagens fazendo-os participar de uma mascarada perspicaz. A peça parece ter chamado a atenção de Machado pela afinidade entre a natureza de Rosalind e as protagonistas machadianas anteriores a Brás Cubas. Rosalind vive como acompanhante de sua prima depois de seu pai ser usurpado pelo irmão. Dependente, como as primeiras protagonistas de Machado, Rosalind permanece sensível à sua posição. O controle que ela possui sobre a ação dramática é quase total, um fato incomum aos demais heróis shakespearianos, talvez com exceção de Hamlet. O enredo de *Como gostais* é um dos mais singelos do autor; ele se concentra na capacidade que a heroína possui para resolver seus impasses objetivos pela criação de um personagem imaginário, o jovem Ganymede. Rosalind, travestida, investiga e instrui o amor de Orlando, propondo-lhe um jogo no qual ele se declara a Ganymede, que por sua vez finge ser quem realmente é, Rosalind. A astúcia da heroína permite que ela lide com os percalços da sua situação primeiramente no plano da imaginação, e só então, alertada pelo ensaio da vida, volte à realidade para confirmar suas intuições e efetivar suas escolhas.

Esse jogo ousado de identidades refeitas pelo disfarce e pela fantasia também marca outros dramas de Shakespeare. Em seu conjunto, a ficção brasileira do oitocentos revelara uma coleção de personagens moralmente débeis. Os de Machado são nossos rivais na maneira como pensamos a vida e desconfiamos das intenções de terceiros. São, em geral, almas sequiosas de reparo ou satisfação. O uso que Machado fez de Shakespeare sugere um interesse em dar mais densidade psicológica à composição dos protagonistas. Destacando-se de si, Rosalind encena um comportamento irônico, que somava o amor ao cálculo engenhoso a fim de resolver seus desejos e suas ansiedades; tudo através das práticas da dissimulação e da representação. Shakespeare levara a termos literais um procedimento que seria tão caro a Machado. A dissimulação é uma estratégia de elaboração de algo dessemelhante a si mesmo. Rosalind representa Ganymede, que representa Rosalind, em uma sucessão de *personas* que fingem a desigualdade com o que de fato são. Tal relação não escapou a Machado, que provavelmente via na heroína de *Como gostais* a substância de Guiomar, Helena, Estela e Iaiá Garcia.

A epígrafe que Machado suprimiu antes da primeira edição em livro de *Memórias póstumas* tornava essa afiliação evidente. Novamente, e tal como impresso na *Revista Brazileira*: "I will chide no breather in the | world but myself; against whom | I know most faults. || Não é meu intento criticar ne | nhum fôlego vivo, mas a mim so | mente, em quem eu descubro muitos senões. || Shakespeare, *As you like it,* | act. III, sc. II." Machado pode ter suprimido a referência porque ela revelava Brás Cubas de maneira sincera, beirando a ingenuidade que tanto o desgostava. Está claro que Brás se confessa, mas ele o faz por sugestões, implicações e charadas. A declaração da epígrafe faria Brás ascender à simplicidade honesta que define Orlando, o amado de Rosalind e verdadeiro dono do verso que abre o romance. Orlando respondia a Jaques, que lhe havia proposto: "*You have a nimble wit; I think 'twas made of Atlanta's heels. Will you sit down with me and we two will rail against our mistress the world and all our misery?*" Você tem o juízo afiado; acho que feito dos calcanhares de Atlas. Por que não se senta comigo para ralharmos contra nossa Madame, a Terra, e toda nossa desgraça? Brás Cubas aceitou o convite que Orlando havia recusado. Jaques permanece como uma das fontes da melancolia do defunto-autor. A identificação, nascida nesta cena, é tornada evidente quando Brás, depois da morte de sua mãe, se isola em uma das propriedades da família, evocando os motivos pastorais que Machado havia encontrado na peça de Shakespeare:

> Renunciei tudo; tinha o espírito atônito. Creio que por então é que começou a desabotoar em mim a hipocondria, essa flor amarela, solitária e mórbida, de um cheiro inebriante e sutil. "Que bom que é estar triste e não dizer cousa nenhuma!" Quando esta palavra de Shakespeare me chamou a atenção, confesso que senti em mim um eco, um eco delicioso. Lembra-me que estava sentado, debaixo de um tamarineiro, com o livro do poeta aberto nas mãos e o espírito ainda mais cabisbaixo do que a figura — ou jururu, como dizemos de galinhas tristes. Apertava ao peito a minha dor taciturna, com uma sensação única, uma cousa a que poderia chamar volúpia do aborrecimento. Volúpia do aborrecimento: decora esta expressão, leitor; guarda-a, examina-a, e se não chegares a entendê-la, podes concluir que ignoras uma das sensações mais subtis desse mundo e daquele tempo.

O primeiro momento da definição melancólica de Brás está associado a esse retiro pastoral, que conecta o narrador machadiano a um motivo frequente em *Como gostais*. Brás se confessa um eco de Jaques: "*Why, 'tis good to be sad and say nothing.*" Sentado sob um tamarineiro, numa das raras ocasiões em que se entrega a uma cena campestre, e chegando a utilizar uma adjetivação pouco comum ao léxico machadiano — "jururu" —, Brás compartilha com o leitor o convite de Jaques, para que todos apreciem a volúpia do aborrecimento, "uma das sensações mais sutis deste mundo", e contra a qual o próprio herói acreditava ter inventado um emplasto, causa de sua morte e suposta origem do romance.

Uns beijos

O que está por trás da singularidade de Brás Cubas é sua *narração* irônica, em oposição ao *comportamento* irônico das heroínas anteriores. A origem dessa atitude pode ser buscada em *Senhora*, que também põe em cena uma protagonista voluntariosa, que finge dizer uma coisa para dar a entender outra, impondo a seus pares um mundo marcado pela duplicidade de sentido. Nos romances machadianos anteriores a *Memórias póstumas*, a ironia compõe as relações entre os protagonistas e o mundo. A partir de Brás Cubas, o leitor precisa buscar mais do que está dito. Brás nasce do amadurecimento amoroso contido nos romances de primeira fase. O que antes pertencia a personagens passa agora à narração. Os beijos irônicos das protagonistas machadianas — que conjugam cálculo e rapto amoroso — selam o gestual romântico e se constituem, dentro do universo de Machado, nos primeiros sinais do que estaria por vir. Outro antecedente importante dessa visão está na atenção que o autor deu a certos detalhes das peças de Shakespeare, um tema reiterado ao longo das suas narrativas. Os motivos dessa influência ajudam a esclarecer, em parte, a transição que se deu a partir de 1880.

Ora, José de Alencar — assimilando o método de Macedo, embora criticando a frivolidade de seus enredos — acrescentou ao romance brasileiro a gravidade da lição moral. Em *Senhora*, a heroína Aurélia, herdeira afortunada por um golpe do destino, usa a sua riqueza para redimir seu amado da ambição pecuniária. Aurélia tem o "firme propósito de governar sua casa e *dirigir suas ações* como entendesse", e logo cedo, no romance, é considerada sarcástica e irônica. Na realidade, essa autonomia pretendida por Aurélia se realiza apenas na superfície. O escárnio e a indiferença da heroína para com o mundo do ganho exemplificam um dos usos mais frequentes que o romantismo brasileiro fez da ironia. Seu desprezo pelo seu mundo social ressalta um afastamento heroico e marca sua insubordinação. Aurélia, que portava um riso galhofeiro no trato das coisas mundanas, era, na realidade, como afirma o narrador, um espírito melancólico vazado por um drama íntimo: a obsessão em restaurar o amor de Seixas e a dignidade inerente às verdadeiras paixões. Seu comportamento é voluntarioso e agitado, caracterizado por ações cheias de pormenores, e mesmo seu cálculo tem como fim um princípio ideal. O encerramento do livro é a entrega da própria heroína, e de sua fortuna, a Seixas, convertido de homem ambicioso em insuspeito homem de bem e agora proprietário.

Senhora aponta como fonte da agudeza e da lucidez de Aurélia o seu trânsito entre os diferentes níveis sociais. Conversando com seu tutor, e contestando-lhe as objeções que este levantara quanto aos seus planos de autonomia, a heroína diz ao sr. Lemos:

> Esquece que desses dezenove anos, dezoito os vivi na extrema pobreza e um no seio da riqueza para

onde fui transportada de repente. Tenho as duas grandes lições do mundo: a da miséria e a da opulência. Conheci outrora o dinheiro como um tirano; hoje o conheço como um cativo submisso. *Por conseguinte devo ser mais velha do que o senhor que nunca foi nem tão pobre, como eu fui, nem tão rico, como eu sou.*

Aurélia mede a experiência pela intensidade e pelas variações de sua posição social, e não pela mera passagem do tempo. Trata-se de um motivo dominante também na ficção machadiana de primeira fase. A sabedoria dessas protagonistas provém da natureza socialmente contrastante de suas experiências sociais. Mas em Machado as heroínas não lutam para mudar o mundo, elas se esforçam para se conformar, aderindo-se a ele em busca de uma vitória, que depende do reconhecimento das regras de conduta e da dissimulação de suas origens. Ao contrário delas, Aurélia se mantém a mesma do início ao fim. Já Lívia, de *Ressurreição*, Guiomar, de *A mão e a luva*, Helena, no romance que leva seu nome, bem como Iaiá e Estela, em *Iaiá Garcia*, são personagens diferentes entre a abertura e o encerramento de cada romance. Esse é particularmente o caso, do ponto de vista moral, de Iaiá Garcia. As transformações testemunhadas pelo leitor são resultantes de uma tentativa de acomodação das protagonistas a um novo meio social e às suas expectativas, com sucessos e derrotas alternando-se entre cada um dos livros.

Em *A mão e a luva*, Guiomar pergunta graciosamente a Luís Alves o que ela ganharia em troca do casamento:

— Mas o que você me dá em paga? Um lugar na Câmara? Uma pasta de ministro?

— O lustre do meu nome, respondeu ele.

Guiomar, que estava em pé defronte dele, com as mãos presas nas suas, deixou-se cair lentamente sobre os joelhos do marido, e *as duas ambições trocaram o ósculo fraternal*. Ajustavam-se ambas, como se aquela luva tivesse sido feita para aquela mão.

O beijo, neste caso, é "fraternal", sugerindo a irmanação das ambições. Em *Helena*, após Estácio dar-se conta do caráter trágico dos acontecimentos, o pai de Eugênia, dr. Camargo, celebra lacônica e serenamente a morte da heroína com um terceiro beijo, que reitera a vitória de seus esforços para unir sua filha à família do conselheiro Vale:

— Ânimo, meu filho! disse ele.

— Perdi tudo, padre-mestre! gemeu Estácio.

Ao mesmo tempo, na casa do Rio Comprido, a noiva de Estácio, consternada com a morte de Helena, e aturdida com a lúgubre cerimônia [de seu casamento com Estácio], *recolhia-se tristemente ao quarto de dormir, e recebia à porta o terceiro beijo do pai.*

O beijo, dessa vez, é paternal, novamente insinuando a metáfora incestuosa da confluência de desejos e intenções sobre projetos para a vida.

Já em *Iaiá Garcia*, Iaiá visita o túmulo do pai, Luís Garcia, e encontra sinais da presença de sua madrasta Estela, o antigo amor de Jorge e atual marido da própria Iaiá:

> No primeiro aniversário da morte de Luís Garcia, Iaiá foi com o marido ao cemitério, a fim de depositar na sepultura do pai uma coroa de saudades. Outra coroa havia sido ali posta, com uma fita em que se liam estas palavras: — A meu marido. *Iaiá beijou com ardor a singela dedicatória, como beijaria a madrasta se ela lhe aparecesse naquele instante.* Era sincera a piedade da viúva. Alguma coisa escapa ao naufrágio das ilusões.

Neste caso, o beijo liga filha e madrasta, aluna e tutora moral. Nos três exemplos, os beijos são de natureza distinta do beijo sugerido, por exemplo, no desfecho de *Senhora*, na cena final da revelação do testamento. O beijo romântico de desenlace é o selo do valor do enredo, que atualiza em gesto a substância representada pela finalidade dos protagonistas. Os beijos machadianos, no entanto, não têm a mesma pureza imaculada e redentora do seu equivalente em Alencar. Por mais ingênuos que pareçam, e por mais desatenta que seja a leitura, os beijos dos protagonistas de Machado exigem do leitor uma disposição imediata para interpretar motivações mais complexas do que aquelas envolvidas nas cenas do romantismo anterior. Eles adensam tais relações e ampliam o sentido da percepção que os personagens têm de si e de seus pares. O pouco que escapara ao naufrágio das ilusões, no final de *Iaiá Garcia*, seria pulverizado pelo defunto-narrador Brás Cubas, que leva a ironia a outro nível, agora à própria relação entre leitor e narrador.

Com *Memórias póstumas*, a ironia deixa de ser um atributo ligado aos personagens e passa a se relacionar à própria maneira como o narrador organiza a narrativa. Machado faz uso de novos fundamentos para sua técnica. A primeira dessas mudanças está na utilização de uma perspectiva irônica, e não apenas no uso da ironia *entre* os personagens. A segunda mudança está em seu aproveitamento do drama shakespeariano. Finalmente, a terceira reside no conceito de confissão, que põe em cena a autobiografia como uma jornada de aprendizado e conversão do indivíduo. No instante da confissão, o mundo volta a ser palavra e tudo se encontra condensado pela expressão verbal de uma consciência que, a partir da sua singularidade, se posiciona frente ao mundo. Ao contrário de Aurélia, e das heroínas machadianas anteriores, o mundo não existe à revelia de Brás. Nada existe fora dele. Nem mesmo o leitor, que é constantemente redefinido e importunado pelas suas provocações.

Ele desmente a impressão deixada pelo narrador de *Iaiá Garcia*, para quem alguma coisa ainda escapava ao naufrágio das ilusões. A frase deixa transparecer uma sombra de sinceridade e sentimento cordato no beijo que Iaiá Garcia imagina dar em Estela. Brás nasce neste instante de confluência entre os quatro personagens principais desse romance. De Luís Garcia, herda o ceticismo e a insistência em destacar-se da cena, metido dentro de si, revolvendo pensamentos que minavam a ingenuidade de seus pares. Augusto Meyer chamou a atenção para essa descendência interna na obra de Machado, ainda pouco explorada. Para o crítico, Brás havia evoluído da "ruga sardônica" de Luís Garcia.

Mas o defunto que narra as próprias memórias faz questão de demonstrar ao leitor que pautara sua vida por princípios apenas intuídos pelos personagens anteriores. Uma das fontes do tom de Brás vem de um episódio de *Iaiá Garcia* em que o débil Jorge se encontra dividido entre duas vozes de sua própria consciência — novamente o tema da desunião do eu —, temendo o confronto com a mãe e o desafio às convenções sociais:

> Tua mãe é quem tem razão, bradava uma voz interior; ias descer a uma aliança indigna de ti; e se não soubeste respeitar nem a tua pessoa nem o nome de teus pais, justo é que pagues o erro indo correr a sorte da guerra. A vida não é uma égloga virgiliana, é uma convenção natural, que se não aceita com restrições, nem se infringe sem penalidade. Há duas naturezas, e a natureza social é tão legítima e tão imperiosa como a outra. Não se contrariam, complementam-se; são as duas metades do homem, e tu ias ceder à primeira, desrespeitando as leis necessárias da segunda.

Essa é uma das vozes interiores de Jorge, que, "levado de sensações contrárias", ainda se sente incômodo com a intuição daquilo que irá dominar *Memórias póstumas* e "O espelho", publicado em 1882. Jorge vai à guerra para exorcizar seus demônios; participa das campanhas do Rio da Prata e retorna com a lição do "irremediável conflito das coisas humanas. Pela primeira vez meditou; admirou-se de achar em si uma fonte de ideias e sensações [...], começa de penetrar um pouco abaixo da superfície das coisas".

Brás vive sob a superfície das coisas. Mas é tal operação de imersão que os personagens machadianos mais sofisticados, ainda anteriores a 1880, começam a realizar. Ora, dissimular é não ser igual a si mesmo. Estela, tal como outras protagonistas do primeiro Machado, era humilde socialmente e dotada da capacidade de fingir o que, de fato, não sentia. Quando recebe a notícia de que Valéria, a mãe de Jorge, havia lhe oferecido o dote para um futuro casamento, ela se sente humilhada, tal como se sentira quando o próprio Jorge lhe roubou um beijo. O dote oferecido a Estela deixava claro que Valéria excluía o casamento com o seu filho. Por outro lado, a inconstância ingênua do romântico Jorge, impondo a ela o beijo, revelou que a intemperança do rapaz dispunha de Estela sem atenção à sua posição de agregada junto à família dele. Antecipando as motivações de Valéria, e refletindo lucidamente sobre suas condições, ela se ressente com a oferta do dote:

> Nunca lhe pesara tanto a fatalidade da posição. Depois do episódio da Tijuca, parecia-lhe aquele favor uma espécie de perdas e danos que a mãe de Jorge liberalmente pagava, uma água virtuosa que lhe lavaria os lábios dos beijos que ela forcejava por extinguir, como Lady Macbeth a sua mancha de sangue. *Out, damned spot!* Este era o seu conceito; esta era também a sua mágoa.

A relação entre Estela e Lady Macbeth, ainda que longínqua tematicamente, subsiste como uma intricada associação que o narrador estabelece entre ação e valor. Machado utiliza a relação metonímica entre a mancha de sangue de Lady Macbeth e sua própria imaginação do dolo, do ato infame, como imagem para compor o constrangimento de Estela diante da provável percepção que os outros tinham dela. O dote oferecido por dona Valéria, exigindo um casamento fora de sua família, ao mesmo tempo humilha e purga a honra da moça. Mas a oferta lhe parece uma extensão vil do ato vergonhoso anterior, reiterando sua condição de dependência, apesar do fato de o dote acenar com a reparação.

Assim como Lady Macbeth não consegue lavar as manchas imaginárias que a denunciavam a si — pois sua consciência se destaca do ato e a acusa —, também Estela não consegue escapar do estigma da posição social que a acompanha e lhe garante certa acidez pragmática no cálculo das ações. No entanto, essa qualidade que Estela transmite a Iaiá Garcia é uma exceção. É tal capacidade de destacar-se de si, dissimulando, que garante o caráter excepcional às heroínas de Machado. E Iaiá encerra uma variante fundamental rumo a Brás Cubas. Nos romances anteriores a *Iaiá Garcia*, essa capacidade é associada a uma falta original, que humilha as protagonistas. Iaiá foi a primeira exceção; não padece de uma situação de total dependência frente a famílias mais abastadas. Ela é modelo para Brás, transmitindo-lhe a circunspecção de Luís Garcia, a agudeza de Estela e o prestígio do nome de seu marido, Jorge, que de incauto passara a suspeitar das vozes interiores, intuindo o que outros já haviam descoberto: um mundo social mais insidioso.

Porém, até então nenhum dos personagens masculinos compartilhava da tensão e da insegurança das heroínas, esforçadas para pertencerem a um mundo que parecia não ter sido feito para elas. Por isso mesmo, precisavam primeiro criar uma negação de si, para somente depois encontrar a possibilidade de se integrar. Os personagens masculinos, ao contrário, gozam de uma enorme estabilidade, suas existências reiteram qualidades inabaláveis, eles celebram convenções e normas. O lugar da dúvida e da transformação é ocupado pelas mulheres, que, mimetizando valores desejados, transformam-se naquilo que desejavam. No mundo de Brás, o caráter extraordinário dessas heroínas se converte em rotina, na qual a falsidade, a mentira e o uso da máscara são exigências da vida social em geral, e não apenas de personagens excepcionalmente marcados por sua origem suspeitosa. Nesse universo da desconfiança *a priori*, Brás vive uma vida que concentra as convenções encarnadas pelos personagens masculinos da primeira fase, mas tal experiência é vivida num mundo onde as regras parecem ter sido criadas pelas experiências das heroínas. Há uma inversão de perspectivas aqui. Brás não compartilha do desenvolvimento dessas protagonistas, mas herda suas sensibilidades; pertence ao mundo dos advogados, médicos, proprietários e literatos da época, mas num universo dominado pela consciência extremada, a solidez convencional do militar de boa família (Jorge), do funcionário público cético e sisudo (Luís Garcia), do intelectual ocioso (Estácio), do médico pragmático (Félix e Camargo), do romântico pueril (Estevão) e do bacharel ambicioso (Luís Alves) é minada pelo escrutínio dos seus motivos. Brás condensa a substância desses personagens. E para contar sua vida, retira-se dela, voltando ao início, ao primeiro romance do autor, *Ressurreição*, que, tal como *Memórias póstumas*, também inicia por uma epígrafe de Shakespeare.

Prudêncio

A pergunta mais fundamental sobre *Memórias póstumas* continua a ser aquela posta por Augusto Meyer: "De onde vem a voz de Brás Cubas?" Inicialmente, ela vem de uma fusão da sensibilidade aguda das heroínas de primeira fase com a estabilidade convencional — muitas vezes inerte — dos personagens masculinos da mesma época. Provém, também, de uma imensa variedade de protagonistas nos quais Machado se baseou. Hamlet está entre eles. O príncipe dinamarquês somava a perspicácia de Rosalind — que, tal como ele, encenava representações de si a fim de solucionar os impasses — com a natureza melancólica e especulativa de Jaques. Brás não perde isso de vista. É também ele um praticante do solilóquio que tenta responder às perguntas de Hamlet. Não em vão, a primeira reflexão que faz sobre sua passagem para o além-túmulo vem na companhia de Shakespeare:

> E foi assim que cheguei à clausura dos meus dias; foi assim que me encaminhei para o *undiscovered country* de Hamlet, sem as ânsias nem as dúvidas do moço príncipe, mas pausado

e trôpego, como quem se retira tarde do espetáculo. Tarde e aborrecido.

Este talvez seja o primeiro passo em direção a uma resposta consistente à pergunta de Augusto Meyer. A voz de Brás vem desse *"undiscovered country"*, de *Hamlet*; vem de um verso de Shakespeare que ponderava as mesmas motivações de Brás. Quando este "se retira tarde do espetáculo", fazendo equivaler vida e encenação, está lembrando ao leitor um antigo motivo literário, decompondo Hamlet num dos seus elementos essenciais, Jaques, de *Como gostais*, para quem *"[a]ll the world's a stage"*, o mundo inteiro é um palco; uma percepção que seria demonstrada até o limite em *Memórias póstumas*.

Por outro lado, esse romance de Machado encena um modo bastante específico de narrar tal aprendizado do desencantamento da vida. A visão absoluta do narrador, em terceira pessoa, presente nos primeiros romances, é substituída por uma perspectiva pessoal peculiar: narrando a vida de fora dela, Brás tem a perspectiva mais privilegiada possível; tem os poderes de um narrador onisciente. E, no entanto, "é possível que o leitor não me creia, e todavia é verdade. Vou expor-lhe sumariamente o caso. Julgue-o por si mesmo"; tal é a atitude fundamental do romance. Julgue-o por si mesmo, caro leitor. Esse narrador goza da isenção e do distanciamento de sua voz, e, ao mesmo tempo, goza da credibilidade de ser testemunha de si próprio. É nesse ponto que o leitor passa a ter um papel diferente na avaliação de como Brás aparenta emendar o mundo, pela sinceridade, quando de fato tenta mascarar-se.

Perto do meio do livro, no capítulo 68, Brás se encontra vagando pelas ruas do centro do Rio de Janeiro, meditando sobre as implicações morais do adultério com Virgília, quando sua atenção é atraída pela cena de "um preto que vergalhava outro na praça". Quem aplicava o castigo era Prudêncio, um moleque liberto anos antes pelo pai do narrador. Brás pergunta a Prudêncio se o homem que ele está castigando é seu escravo. "É, sim, nhonhô", responde Prudêncio, acrescentando que ele é um "vadio e um bêbado muito grande". Brás, então, ordena a Prudêncio que perdoe seu escravo e escuta como resposta: "Pois não, nhonhô. Nhonhô manda, não pede. Entra para casa, bêbado!" Antes do fim do capítulo, Brás compartilha suas reflexões com o leitor:

> Saí do grupo que me olhava espantado e cochichava as suas conjecturas. Segui caminho, a desafiar uma infinidade de reflexões, que sinto haver inteiramente perdido; aliás, seria matéria para um bom capítulo, e talvez alegre. Eu gosto dos capítulos alegres; é o meu fraco. Exteriormente, era torvo o episódio do Valongo; mas só exteriormente. Logo que meti mais dentro a faca do raciocínio achei-lhe um miolo gaiato, fino, e até profundo. Era um modo que o Prudêncio tinha de se desfazer das pancadas recebidas — transmitindo-as a outro. Eu, em criança, montava-o, punha-lhe um freio na boca, e desancava-o sem compaixão; ele gemia e sofria. Agora, porém, que era livre, dispunha de si mesmo, dos braços das pernas, podia trabalhar, folgar, dormir, desagrilhoado da antiga condição, agora é que ele se desbancava: comprou um escravo, e ia-lhe pagando, com alto juro, as

quantias que de mim recebera. Vejam as subtilezas do maroto!

A cena é uma mescla de grotesco com certa frivolidade irônica, que se desenvolve no choque entre o pessimismo jocoso da introspecção do narrador e a barbaridade pública do castigo. Todas as contradições apresentadas são resolvidas pelo estilo apurado, que procura unir humor à filosofia. Tal mistura seria uma das características peculiares de Brás Cubas.

O problema da motivação do ato é apresentado ao leitor como a questão da máscara, da dissimulação e da consciência desconfiada consigo. A construção irônica da ação, que caracteriza a narração machadiana, pode ser tomada em dois níveis: ao nível estilístico, como forma narrativa inovadora; e ao nível histórico, ou político, como desmontagem de discursos e perspectivas comuns ao ideário cientificista que marcava os projetos de modernização nacional no final do século XIX. Entre esses dois níveis, a ficção machadiana se organiza a partir de ensaios de expressão e choque entre a pessoa moral dos personagens e a realidade que os envolve. É tal "choque" que causa, na cena anterior, uma sensação de flutuação ética capaz de engendrar contradições narrativas de grande expressividade, que, no limite, desmascaram a própria sociedade retratada.

A força da cena do vergalho está na transmissão da assimetria de relações sociais estabelecidas entre Brás, Prudêncio e seu escravo. Ela vem da leviandade quase atroz, e falsamente ingênua, do solilóquio do narrador. Sua primeira nota introspectiva se dedica à presença do grupo que lhe assistia e "cochichava as suas conjecturas" sobre a presença intrusiva do narrador na cena. Em seguida, Brás se lamenta por perder "infinidades de reflexões" que lhe dariam um capítulo alegre. Seu comentário contrasta com o caráter lúgubre do episódio; um contraste que o narrador se esforça em desfazer, quando argumenta que o ocorrido havia sido torvo apenas por fora. A profundidade gaiata que o narrador encontra no episódio não é nada menos que a própria exemplificação da doutrina do humanitismo, espécie de paródia machadiana do darwinismo social. Prudêncio cuidava de transmitir a miséria humana herdada do próprio narrador, que confessa seus maus-tratos com o mesmo tom de aparente distanciamento. Brás acredita ter revelado a máscara de Prudêncio, quando na realidade revelara a sua.

O padrão narrativo de *Memórias póstumas* é o de um movimento de exemplo-generalização-exemplo, em que o narrador se depara com um fato e generaliza-o numa lei, que por sua vez produz um exemplo, em geral contradizendo a própria lei. É esse o método da digressão compulsiva de Brás. E o episódio narrado, assim como tantos outros no livro, é mais uma tentativa de Brás explicar o comportamento de outro personagem. Seu esforço analítico apresenta, com indiferença, dados e introspecções para juízo do leitor. O narrador se retira da cena e deixa o julgamento em nossas mãos. Mas a objetividade de Brás é uma das suas máscaras; é aquela que permite que, ao final, o narrador saia por cima: acabou escrevendo um capítulo com ares de filosofia, orgulhoso de sua capacidade de estabelecer relações e propor generalizações; some-se a isso o fato de a sua intervenção ter causado o perdão do escravo castigado... Brás Cubas fecha o capítulo com um sorriso que causa estranhamento, tendo em vista sua dissonância em relação ao conteúdo da cena. Essa solução dissonante resulta da maneira como a ação é encenada; ou seja, pelo confronto das expectativas e motivações envolvidas no evento, que acaba se resolvendo por uma aparente suspensão moral. Tal princípio de composição, baseado na ironia, tem para Machado uma enorme implicação revelada na pergunta que dirigiu à ficção de Eça de Queirós: "Haverá aí alguma verdade moral?"

Ao final da cena, o contentamento dissonante do narrador é o escrutínio da consciência moderna, que Machado trouxe para a ficção brasileira pela primeira vez. O romantismo havia criado um corpo para o Brasil. Machado lhe daria uma consciência. Tal consciência é, desde cedo, marcada pela faculdade de dissimular. É aqui, portanto, que o problema da consciência da ação surge como tema histórico relevante para a ficção brasileira. Lembremos, por exemplo, que *Memórias póstumas*, *Quincas Borba* e *Dom Casmurro*, publicados entre 1880 e 1899, coincidem com um momento de ampla modernização das relações sociais, de normatização da conduta e da intimidade, bem como da criação de um novo quadro institucional para a administração da higiene, da sanidade e da política. Talvez não seja por acaso o fato de serem contemporâneos, em 1881, o conto "O alienista" e a fundação da cadeira de doenças nervosas e mentais no Hospício Pedro II, primeiro momento de racionalização do tratamento psiquiátrico e tema essencial em *Memórias póstumas*. Essas obras de Machado também testemunharam a chamada questão religiosa, a abolição da escravatura e o advento da República. Assim, a modernização dos processos sociais e simbólicos traz consigo o problema moderno da consciência e da interpretação. E Machado tratou o tema por meio de um narrador oblíquo, que, ao presenciar uma cena comprometedora, é capaz de se acusar como origem do malefício e, ainda assim, sair de cena com o aparente saldo de uma ideia luminosa e de uma ação gentil. Nesse exato momento, a literatura brasileira abandonava sua inocência.

Sílvio Romero

A publicação de *Memórias póstumas* causou desconcerto. O livro teve um impacto imediato na crítica, dividindo opiniões, motivando debates sobre a forma do romance e o próprio papel do escritor. Antes de sua publicação, Machado já estava ciente do abalo que seu romance causaria. No prefácio de Brás, "Ao leitor", o próprio narrador antecipa a recepção do romance, expondo as origens literárias de seu método; demonstrando-o pelo sarcasmo das observações sobre leitores frívolos e graves, "que são as duas colunas máximas da opinião". No prólogo à terceira edição, de 1896, Machado ironiza a pergunta de Capistrano de Abreu: "As *Memórias póstumas de Brás Cubas* são um romance?" O autor usa a ironia do próprio narrador e insiste em que "era romance para uns e não o era para outros". Já na abertura do livro, portanto, Machado deixa claro que Brás Cubas possui as respostas para muitas das possíveis objeções levantadas contra seu próprio estilo narrativo.

A reação mais forte veio de Sílvio Romero, primeiro expoente de nossa tradição de crítica sociológica. Em 1897, quando publicou o que seria o primeiro livro dedicado a Machado, ambos já usufruíam de uma reputada posição no meio intelectual brasileiro do final do século XIX. Machado, então aos 58, colecionava as glórias de uma carreira bem-sucedida; segundo Antonio Candido, nenhum outro nome fazia sombra à sua envergadura de homem das letras. No romance, já tinha publicado *Quincas Borba*, em 1891, e acumulava títulos e posições de prestígio, mesmo fora dos domínios da literatura. No ano da abolição, um decreto imperial tornou Machado oficial da Ordem da Rosa, para logo em seguida, com a chegada da República, tornar-se diretor na Diretoria do Comércio, e, três anos depois, em 1892, diretor-geral de Viação. Nos contos, há muito que publicara narrativas como "O alienista" e "A sereníssima república", de 1882, e próximo à virada do século pôs em livro "A cartomante" e "Um homem célebre". Assim, o mulato epiléptico de origem humilde convertia-se num distinto e respeitoso funcionário do Estado, burguês de modos amaneirados e proprietário de um sobrado fluminense tão sólido quanto a sua obra, considerada por muitos a mais bem realizada da literatura brasileira até então.

Sílvio Romero não ficava para trás. Nascido em Sergipe, uma das províncias do Nordeste, que no período perdia qualquer sombra de hegemonia política, econômica e cultural, ele foi um intelectual combativo e bem-sucedido, apesar de truculento em alguns casos. Para Antonio Candido, "Sílvio Romero foi, a falarmos com rigor, o primeiro grande crítico e fundador da crítica no Brasil". Sua obra põe o problema da interpretação sob a chave de um esforço de participação ideológica na formação da consciência literária nacional.

Tal como Machado, Sílvio Romero ainda em vida gozou de prestígio: em 1873 formou-se bacharel pela Faculdade de Direito do Recife, integrando o movimento da geração de 1870, na chamada Escola do Recife; portanto, foi contemporâneo de Tobias Barreto e Joaquim Nabuco. No ano seguinte à formatura, já figurava como promotor e depois deputado provincial, tendo sido um parlamentar exaltado. Em 1876, apadrinhado junto à princesa Isabel pelo conde D'Eu, transferiu-se para o Rio de Janeiro para se tornar juiz em Paraty. Mudou-se para a Corte e passou a participar, cada vez mais, do cenário político e intelectual da Primeira República, chegando a ponto, por exemplo, de interferir diversas vezes, segundo Sílvio Rabelo, nos destinos políticos do governo de sua província natal, "intercede[ndo] junto ao ministro Aristides Lobo em favor da nomeação de Felisberto Freire para o governo de Sergipe", em 1889; ou mesmo, pessoalmente, "leva[ndo] o povo de Aracaju a depor o presidente Calasans". No ano da abolição, Sílvio Romero publicou sua obra mais influente, a *História da literatura brasileira*. Logo depois, entre 1900 e 1902, atuou como deputado federal pelo Partido Republicano, com o qual rompeu ao final do mandato para tentar uma nova candidatura pelo partido da oposição, sem êxito, apesar dos apelos ao Barão do Rio Branco. A essa altura, Sílvio Romero já era um homem público eminente, faltava-lhe apenas um par de mimos que vieram se somar a seu cabedal de prendas, para que não ficasse diminuído frente ao então presidente da Academia Brasileira de Letras, Machado de Assis. E a primeira dessas distinções chegou em 1904, com a Comenda de S. Tiago, que lhe foi agraciada pelo rei D. Carlos de Portugal. Finalmente, em 1906, Sílvio Romero teve a honra de receber, na Academia Brasileira de Letras, Euclides da Cunha, cuja eleição parecia não ter despertado o entusiasmo de Machado.

Sílvio Romero foi, também, polemista tenaz e alvoroçado no terreno das letras; mais afeito a análises panorâmicas do processo cultural do que ao exame meticuloso das obras em questão. Trata-se de uma personalidade nacionalista, armada com os instrumentos científicos da época e embalada pela ideia do progresso do organismo social brasileiro. Ele e Machado compartilharam todas as excelências possíveis facultadas aos cidadãos respeitáveis da época; cargos e títulos, não importando de onde viessem, se do cetro da monarquia ou do referendo da jovem república. No entanto, logo cedo, os dois divergiram. Primeiro por serem muito parecidos; depois por serem bem diferentes.

Uma vez consagrado como escritor, Machado realizou em sua obra uma inflexão que tem desafiado a crítica, e que é em geral tratada como a transição para sua fase madura, representada por *Memórias póstumas*. No ano em que Sílvio Romero publicou a primeira edição do seu livro *Machado de Assis: estudo comparativo de literatura brasileira*, Machado tornou-se presidente da Academia Brasileira de Letras, fundada por ambos um ano antes. Agora, mais do que nunca, imortal, cético e irônico, Machado aparecia, em 1897, a Sílvio Romero, como uma janela de cristal, injusta e suntuosa pelas artificialidades de estilo, servindo de alvo para a crítica atirada por ele num livro fracassado, uma "verdadeira catástrofe do ponto de vista crítico".

O cenário, então, está composto para o desfile do problema: no Brasil do final do século XIX o principal crítico literário condena o escritor mais importante da nação. Ressentimentos e exaltações à parte, de fato se trata da disputa de dois notáveis do panorama cultural brasileiro. Notáveis porque se inscreveram permanentemente nos quadros da inteligência nacional, passando a influir nas futuras gerações de críticos e escritores. Em jogo estava a posição de liderança no campo da literatura. A tensão que se estabelece entre ambos, embora tomada pela crítica subsequente como um debate de uma só voz — a de Sílvio Romero —, ressalta as peculiaridades da consolidação de um novo reordenamento das forças e dos atores que compunham o campo intelectual entre a proclamação da República e as vésperas do século xx.

A origem da diferença entre os dois remontava ao início da carreira intelectual de ambos, quando em 1870 o jovem Sílvio Romero, então aos 19 anos, criticou as poesias de *Falenas*, publicado por Machado no ano anterior. Romero investe contra o romantismo que embebia o livro, mas, quando em 1897 escreve sobre Machado, opta por *Helena* e *Iaiá Garcia*, em vez de *Memórias póstumas* e *Quincas Borba*. Tal fato sugere a complexidade de seu julgamento, que, por um lado, se encontrava engajado na luta contra o romantismo, e, por outro, enxergava na chamada primeira fase de Machado algo distinto do movimento contra o qual se debatia. Em 1878, quase dez anos depois da primeira crítica de Sílvio Romero, Machado publica na *Revista Brazileira* o ensaio "A nova geração", no qual examina o conjunto pouco homogêneo de escritores, principalmente poetas, que se encarregavam de despedir-se do romantismo. Machado cita vários autores, até que chega a Sílvio Romero e se demora um pouco mais. Apresenta os argumentos do crítico sergipano — segundo o qual a nova arte, precisando descartar um determinado lirismo decadente, nasceria da derrubada das bandeiras da velha geração — e, então, conclui fazendo uma ressalva a essa "nova intuição mais vasta e mais segura":

Qual? Não é outro o ponto controverso, e depois de ter refutado todas as teorias, o sr. Sílvio Romero conclui que a nova intuição literária nada conterá [de] dogmático — será um resultado do espírito geral de *crítica* contemporânea. Esta definição, que tem a desvantagem de não ser uma definição estética, traz em si uma ideia compreensível, assaz vasta, flexível, e adaptável a um tempo em que o espírito recua os seus horizontes. Mas não basta a poesia ser o resultado geral da crítica do tempo; e sem cair no dogmatismo, era justo afirmar alguma coisa mais. Dizer que a poesia há de corresponder ao tempo em que se desenvolve é somente afirmar uma verdade comum a todos os fenômenos artísticos. Ao demais, há um perigo na definição deste autor, o de cair na poesia científica, e, por dedução, na poesia didática, aliás inventada desde Lucrécio.

Machado não concebe a possível origem da satisfação das novas aspirações fora do domínio estético. Assim, o soçobro das doutrinas apontado por Sílvio Romero não é suficiente para a elaboração de uma poética liberta de dogmas e resultante do "espírito crítico" contemporâneo. A arte que responde a seu tempo é um truísmo fácil que Machado identifica no argumento, e cuja origem mais profunda reside na concepção que o crítico possui do fato estético, regulando-o pelo seu exterior. O romancista teme que a justificação da arte venha de fora, modulando sua realização por critérios alheios à própria prática; o que não significa dizer que tais critérios externos não participem do fenômeno estético. O próprio Machado admite que a nova geração "não pode esquivar-se às condições do meio; afirmar-se-á pela inspiração pessoal, pela caracterização do produto, mas o influxo externo é que determina a direção do movimento". Não se trata de um embate entre uma visão pragmática e outra idealista. É um pouco menos que isso. Mas quando Sílvio Romero subordina não apenas a compreensão da poesia, mas também sua própria feitura a funções pedagógicas ou políticas, Machado lhe enxerga no argumento a esterilidade de um otimismo faceiro, embora equivocado, e sustenta que

> não falta quem conjugue o ideal político e o ideal estético, e faça de ambos um só intuito, a saber, a nova musa terá de cantar o Estado republicano. Não é isto, porém, uma definição, nem implica um corpo de doutrina literária. De teorias ou preocupações filosóficas haverá algum vestígio, mas nada bem claramente exposto.

De acordo com a concepção que Machado tinha da mudança de escolas e estilos de época na literatura, se à nova geração faltava unidade, mas abundava intenção de ruptura, então que a buscassem por dentro. Ele se recusa a subordinar normativamente a arte às outras práticas e esferas da vida social.

Machado

Em 1873, no ensaio "Notícia da atual literatura brasileira: instinto de nacionalidade", Machado já havia chamado a atenção para a necessidade que possui a literatura nacional de ressaltar a vida brasileira como prova e atestado de independência, ou pelo menos de originalidade, na busca por uma "fisionomia própria ao pensamento nacional". Ele argumenta contra essa exclusividade de critério; é uma opinião equivocada, "a que só reconhece espírito nacional nas obras que tratam de assunto local, doutrina que, a ser exata, limitaria muito os cabedais da nossa literatura". Uma vez retirada de cena a primazia do conteúdo como critério de legitimidade, Machado desloca o problema para os limites da forma e do papel do escritor:

> Uma literatura, sobretudo uma literatura nascente, deve principalmente alimentar-se dos assuntos que lhe oferece a sua região; mas não estabeleçamos doutrinas tão absolutas que a empobreçam. O que se deve exigir do escritor antes de tudo, é certo sentimento íntimo, que o torne homem do seu tempo e do seu país, ainda quando trate de assuntos remotos no tempo e no espaço.

* * *

No mesmo ensaio ele inclui também o crítico como agente fundamental no processo de estabelecimento de um novo contrato entre autor, obra e público. Machado insistia na necessidade de construção de novos critérios para o cânone nacional; tais como, por exemplo, a necessária função educadora da sensibilidade estética que o exercício sistemático da crítica detinha. Sílvio Romero partilhava dessa concepção formadora do papel da crítica. A diferença entre ambos residia na norma que deveria reger a prática. A crítica literária brasileira ensaiava seus passos, e não é sem razão que Antonio Candido mais de uma vez tenha atribuído a Sílvio Romero o lugar de primeiro crítico moderno. O modelo que imperava na época ainda era dominado pelo discurso jurídico. A retórica bacharelesca continuava procurando no texto imperativos morais e éticos através de analogias diretas com o real, tirando da literatura exemplos de conduta social.

Sílvio Romero faz parte de uma geração que ansiava por critérios científicos para a própria crítica. Na década de 1870, um movimento intelectual de renovação dos modelos de análise social floresceu em Pernambuco e no Ceará, importando autores do positivismo e do evolucionismo alemão. Foi nesse contexto que surgiram Tobias Barreto, Sílvio Romero, Araripe Júnior e Capistrano de Abreu. Era uma geração renovadora, mas que entretanto assustava Machado pela tendência a generalizações e esquematizações. Trata-se de um novo conceito de estética que entrava em jogo naquela época e que se encontra representado na disputa entre Machado de Assis e Sílvio Romero.

O acirramento das tensões entre ambos atinge seu apogeu em 1897, no trabalho do crítico sobre o escritor. O livro *Machado de Assis* pode ser entendido como a produção de um discurso que encerra o posicionamento-limite assumido pelo crítico naturalista, buscando influir na modulação do cânone, reconhecendo a legitimidade do romancista, porém tentando tirar-lhe a proeminência absoluta como homem de letras no Brasil. O livro se propunha a realizar uma análise comparativa com Tobias Barreto. Nesse momento, Sílvio Romero deixa entrever sua própria trajetória, como um intelectual do Nordeste que, paulatinamente, era deslocado a posições de menor prestígio em relação ao domínio hegemônico do grupo fluminense. Já se colocava naquele período a questão regional ligada às formas de consagração intelectual. Dadas as similaridades entre as biografias de Machado e Tobias Barreto, a comparação entre ambos era uma tarefa atrativa para um crítico que buscasse as regularidades do caráter cultural no estudo de variáveis como personalidade, raça e meio. Dedicado, nostalgicamente, ao próprio Tobias Barreto e outros "amigos" da Escola do Recife, o estudo é, na realidade, uma apologia do seu confrade; uma tentativa de colocá-lo em comparação, palmo a palmo, com Machado.

Localizando Machado "como um espírito de transição entre os românticos e os sectários das recentes teorias", Sílvio Romero declara a necessidade da militância na política intelectual, sustentando que, "no meio da agitação em que atualmente se debate a nossa pátria, não haverá provavelmente nem tempo nem lazer para se apreciarem escritos puramente literários". Uma vez que o crítico sergipano prepara a leitura de seu próprio trabalho, reiterando a necessidade de participação política como missão do "homem de letras" e estabelecendo a perspectiva militante como premissa fundamental para a atividade da crítica e da criação, ficaria fácil, páginas adiante, convencer o leitor da desconexão aparente da obra de Machado para com o presente. Assim, bem cedo o livro apresenta, velada ou explicitamente, suas pretensões de correção ao cânone:

> Machado de Assis é um dos ídolos consagrados em vida do nosso beatério letrado. Em parte merece-o ele, mas só em parte, e a pequena redução que se deve fazer em seu culto é exatamente o que esse livro se destina a provar, e tenta-o asseadamente, honestamente, sem preocupações nem rancores. E o digno escritor não desmerecerá em sentar-se em seu verdadeiro posto na história intelectual da nossa pátria, se este ensaio crítico houver de contribuir para designar esse posto. Bem-aventurados nas letras aqueles que são objeto de estudos desinteressados e sinceros; porque é deles o reino da glória. Machado de Assis é um desses.

A perspectiva desinteressada com a qual Sílvio Romero promete tentar colocar Machado em seu lugar pode ser tomada como sintoma do objetivismo das doutrinas que o crítico seguia. Tal perspectiva estava distante da atitude de Machado, já que *Memórias póstumas*, entre outras, sustentava a necessidade do distanciamento irônico com relação a doutrinas filosóficas ou políticas.

Machado de Assis, o livro, é então ao mesmo tempo sintoma e causa — embora não a única — desse deslocamento de Sílvio Romero no interior do campo literário, em seu processo inicial de autonomização. Sobre o seu impacto na recepção de Machado, por exemplo, é interessante observar o testemunho autobiográfico de Paulo Mendes Campos:

> Tive o azar de ler o livro de Sílvio Romero sobre Machado de Assis quando me aborrecia pelos bancos ginasiais. Na adolescência, quando a nuança não pode ser o nosso forte, e só nos alimentamos de valores absolutos, esborrachei-me na mais lamentável confusão de ideias. Machado era ou não era um dos maiores escritores brasileiros? O Sílvio Romero era um cavalo? Pobre adolescência!

Armado com as lentes de um presente em que Machado goza de reconhecimento quase sem-par, é natural que Paulo Mendes Campos atribua a si próprio a falha de não ter percebido o grave "erro" cometido por Sílvio Romero. As reações de apoio a Machado foram imediatas. O crítico, ministro e conselheiro Lafayette Rodrigues Pereira chama o livro de Sílvio Romero de "grosso embuste", já que se dedicava à "glorificação" de Tobias Barreto, e, se carregasse apenas esse nome, "não teria leitores". Também José Veríssimo, amigo de Machado, sai em defesa, sustentando que ele "é hoje o mais eminente representante da nossa literatura, e quando a Academia Brasileira espontaneamente o instituiu presidente perpétuo, deixando de renovar a sua eleição, não fez senão ratificar esta opinião". José Veríssimo já reconhece a importância da Academia na legitimação dos autores e transfere para ela a tarefa de assegurar a posição incontornável de Machado de Assis.

O romance

Em seu polêmico livro, a certa altura Sílvio Romero nos propõe que o estilo de Machado

> é a fotografia exata do seu espírito, de sua índole psicológica indecisa. Correto e maneiroso, não é vivaz, nem rútilo, nem grandioso, nem eloquente. É plácido e igual, uniforme e compassado. Sente-se que o autor não dispõe profusamente, espontaneamente do vocabulário e da frase. Vê-se que ele apalpa e tropeça, que sofre de uma perturbação qualquer nos órgãos da palavra. Sente-se o esforço, a luta. "Ele gagueja no estilo, na palavra escrita, como fazem outros na palavra falada", disse-me uma vez não sei que desabusado num momento de expansão, sem reparar talvez que dava-me uma verdadeira e admirável notação crítica.

A interpretação do crítico aponta o elemento fundamental da divergência entre ambos. O exemplo que acompanha o julgamento de Sílvio Romero é um trecho do conto "Miss Dollar", publicado em 1870; no entanto, entre esse conto e *Memórias póstumas*, Machado avança no sentido de buscar para a estrutura narrativa aquela configuração mastigada e titubeante, que avança aos poucos e retrocede a todo instante, sem se importar com a construção de uma unidade discursiva homogênea ou linear. Sílvio Romero está certo quando afirma que o estilo de Machado gagueja, apalpa e tropeça. As repetições e as elipses constantes que o texto impõe ao leitor são prova disso. Mas as lacunas que o texto machadiano deixa em branco são uma forma nova de contrato entre autor, obra e leitura. A perspectiva de um narrador pessimista e irônico conduz à desmontagem das micronarrativas alheias ao texto, dissolvendo-lhes o significado, como efeito da presença arbitrária e titubeante do próprio narrador.

O resultado de tal estruturação é uma aparente desestruturação do próprio discurso. Na realidade, a construção machadiana de um plano narrativo elaborado e descontínuo acaba por dissolver o discurso do sistema, da ordem, daquelas modalidades discursivas que não podem ou não desejam sustentar o princípio da contradição como fundamento. Machado desafia o leitor e, especificamente, ironiza teorias como, por exemplo, o evolucionismo. Levando o argumento a seu limite, é possível afirmar que a narrativa machadiana encena a representação da derrocada de figuras como o próprio Sílvio Romero. O crítico está representado no texto, através da "proliferação das teorias" que tentam sem sucesso organizar sentidos mais abrangentes, por sua vez solapados um a um pelo desenvolvimento irônico da narrativa. A última negativa do texto é, então, a afirmação do próprio discurso ficcional. Sílvio Romero não compreende isso. Em parte, ele tem razão, muito embora por motivos equivocados: o texto de Machado é "gago", porém não pelas inaptidões estilísticas do autor, nem pelo "resultado de uma lacuna do romancista nos órgãos da palavra". Ele gagueja no seu esforço de traduzir impasses reais ao nível de sua estrutura narrativa, reproduzindo em seu processo de escritura a autonomização que a própria trajetória de Machado sugere. Em outras palavras, o romancista reafirma no texto a mudança do arranjo das posições no campo literário em direção a um equilíbrio de forças que prioriza a autonomia da própria experimentação.

Roberto Schwarz, por exemplo, demonstra a conexão entre a forma do romance machadiano e a realidade social do período. Na sua opinião, em *Memórias póstumas* "o desequilíbrio estético trazia para o plano da forma uma tensão histórica existente", transfigurando o impasse real de uma classe dominante que representava sua vida inautêntica e deslocada. Assim, a narrativa de Brás representa uma ruptura com a tradição literária brasileira, na medida em que um "narrador desacreditado e pouco estimável não se prestava ao papel construtivo que por mais de um século os escritores, [...] impregnados pelo movimento de afirmação da nacionalidade, haviam atribuído às letras e a si mesmos". Uma vez que Machado não compartilhava desse empenho, e que sua obra não servia a esses critérios, não estranha que Sílvio Romero lhe condene a ausência de devoção à Pátria. Ainda segundo Roberto Schwarz, em Machado:

> O narrador volúvel é técnica literária, é sinal da futilidade humana, é indício de especificidade histórica, e é uma representação em ato do movimento da consciência, cujos repentes vão

compondo o mundo — vasto, mas sempre *interior*.

É o imperativo do apuro técnico que desvenda mecanismos sociais e seus pressupostos históricos; é quando a forma literária mergulha em si que ela endereça ao real um desafio cuja solução não jaz apenas nos limites do texto. *Memórias póstumas* se propõe tal desafio, e sua solução implica na dissolução, a uma só vez, da estética romântica, dos apelos nacionalistas e dos sistemas totalizantes; tudo isso enquanto lança a possibilidade de uma nova prática, fundando as bases do romance realista de feição psicológica e a nossa entrada na ficção do século XX.

Memórias póstumas representa a transição a um realismo que desconfia do real, que o falseia pela ironia e pela desfaçatez. Roberto Schwarz tem razão. A "revolta" levada a cabo contra o romantismo se transforma em resolução contra a unidade da identidade do sujeito, contra a unidade de sua falsa consciência e, portanto, contra seus modelos de organização do real. Nesse sentido, Adorno afirma que, "se o romance pretende permanecer fiel à sua herança realista e descrever como as coisas realmente são, deve abandonar um realismo de fachada, em seu trabalho de camuflagem, pela reprodução do real". Se na forma do romance do século XIX a função do narrador era estabelecer um acordo com o leitor a fim de garantir a verossimilhança da representação, no romance contemporâneo o papel do narrador passa a ser "contra a mentira da representação, na verdade contra o próprio narrador, que tenta, como comentador atento aos eventos, corrigir seu modo inevitável de proceder. Essa destruição da forma é inerente ao próprio significado da forma". O engajamento da forma quebra a pura imanência da forma *aderente* ao real. Vê-se como o movimento de autonomização e experimentação, na produção da arte, afeta os gêneros já consagrados e sua capacidade de criticar a vida.

Machado e Sílvio Romero fazem parte do mesmo processo de modernização do sistema literário brasileiro. O embate entre ambos é, na realidade, o problema por excelência desse processo: a constituição de novos modelos válidos para uma concepção moderna da prática na criação e na crítica. A disjunção entre as perspectivas dos dois possui raízes mais profundas do que a rivalidade pessoal, embora nela se funde. Essa oposição se dá ao nível dos discursos e se origina na diferença de avaliação, concepção e atuação sobre a realidade nacional do período. Não há, necessariamente, uma diferença considerável entre as visões de mundo de ambos os autores. É provável que este tenha sido o caso. Mas a raiz da questão está no caráter excepcional da ficção machadiana da segunda fase, que afrontava e desautorizava o modelo naturalista; traço que *Memórias póstumas* torna evidente, quando apresenta um novo modo de compor a narrativa, fragmentando o tempo e a imaginação do protagonista.

4. Êxtase, malícia e metamorfose

A confissão tem de ser parte de uma vida nova. [...] Nada é tão difícil quanto nós mesmos não nos enganarmos.

LUDWIG WITTGENSTEIN

Agostinho

As relações entre a forma do romance e o sentimento de progressão de uma vida são intricadas. A ideia de que a vida humana possui unidade de sentido e desenvolvimento tem origem na disposição em buscar harmonia em meio à matéria variada e acidental que constitui o fato de existir. Quando a narrativa literária confessional se difundiu na cultura ocidental moderna, nossa sensibilidade já havia sido educada por séculos de leitura de vidas exemplares e hagiografias contadas por historiadores, biógrafos e poetas. A autobiografia — e mais tarde a memória de ficção — passa a ser desfrutada a partir do momento em que reconhecemos, na narração da vida, uma fonte de prazer e um valor a ser recordado. A narração desse *recordo* desde logo beira o sonho e convida à imaginação. Vejamos o espanto de Santo Agostinho diante da vida lembrada e sonhada:

> Mas na minha memória, de que longamente falei, vivem ainda as imagens de obscenidades que o hábito inveterado lá fixou. Quando, acordado, me vêm à mente, não têm força. Porém, durante o sono, não só me arrastam ao

deleite, mas até à aparência do consentimento e da ação. A ilusão da imagem possui tanto poder na minha alma e na minha carne, que, enquanto durmo, *falsos fantasmas* me persuadem a ações a que, acordado, nem sequer as *realidades* me podem persuadir.

Meu Deus e Senhor, não sou eu o mesmo nessas ocasiões? Apesar disso, que diferença tão grande vai de mim a mim mesmo, desde o momento em que ingresso no sono até àquele tempo em que de lá volto!

A cautela que Agostinho mantém frente a seus pesadelos não é o puro pavor da imagem, o medo, por exemplo, de no sono ser surpreendido pelo absurdo ou se deparar com a figura da grande besta, a fera; sua cautela é outra. A comoção vem do sentimento súbito de total convicção pelo oposto; de se ver entregue a um projeto ou a um eu diferente daquele que acredita ser o *seu*, porque este, sim, foi por ele próprio escolhido: o eu acordado. Mas se o gérmen de alguma coisa tão diferente palpita ali dentro com tamanha força, a ponto de convencê-lo, no espaço sincero que é o do sono — quando todas as precauções do sujeito parecem desarmadas —, então, conclui Agostinho, algo há no sujeito que significa seu próprio contrário: o contrário dos seus projetos e da sua consciência de si. Essa bomba de suspeição é, em termos agostinianos, ao mesmo tempo uma porta para o mal e também a potência que trazemos contra o resvalo na direção da anulação do sujeito. Porque o mal — essa forma de êxtase na metamorfose — é a intenção que jaz no processo de aniquilação do sujeito. Não tomemos o tema por menos que isso.

O que pode o romance em meio a águas tão profundas? E como não fazer da sugestão uma ladainha de associações entre cenas de penúria, e de gosto pela penúria, e simples denúncia desse estado de desgraça? A relação entre a literatura e a reflexão filosófica é antiga. Na verdade, uma dá origem e engenho à outra, muito embora tal associação ande rareando no seio da crítica, ocupada que anda buscando a coincidência entre a imaginação do autor e as circunstâncias de sua época. Não sem razão, a visibilidade de conversões e metamorfoses radicais passou ao largo dos debates sobre o romance.

São muitos e variados os temas em comum entre as *Confissões* de Agostinho e os romances que Machado escreveu sob a forma da autobiografia de ficção. Seguindo Agostinho, ele parece ter feito seus narradores adotarem um interesse em si mesmo, análogo àquele que marca o confesso. "*Sine me, obsecro, et da mihi circuire praesenti memoria praeteritos circuitos erroris mei et immolare tibi hostiam iubilationis.*" Permite-me, suplico, e faze-me percorrer da minha presente memória o circuito dos meus erros passados e oferecer a ti um sacrifício de jubilação. Lembremos, também, que o enfado do homem consigo já tinha dado a Hamlet uma dimensão que interessara a Machado desde a juventude. A rememoração neste autor parte, quase sempre, em busca de prazer, desagravo ou reparação. A autobiografia supõe o interesse ostensivo do sujeito na sua própria pessoa: um interesse em sondar-se ou publicar-se com fins à nomeada ou à lição. A exemplaridade, pela virtude ou pelo vício, motiva, na grande maioria dos casos, o gesto da rememoração pública. Nos dois paradigmas do gênero, nas *Confissões* de Agostinho e na de Rousseau, encontramos uma coincidência curiosa de motivações. A expiação de faltas morais cometidas na juventude se conjuga à importância da linguagem, usada na organização da experiência rememorada.

A importância simbólica da vida memorável é fundamental para a teoria literária desde Aristóteles. A tragédia, por exemplo, acompanha a desventura de um herói melhor do que nós, leitores ou espectadores; pela sua queda nos purgamos no terror e na piedade. Na tragédia, a exemplaridade é requisito fundamental para o efeito do gênero: pessoas notáveis são assoladas pelo infortúnio como consequência de um erro cometido, em geral, na ignorância do bem ou do justo; e a punição que lhes cabe é mais grave que a extensão dessa falta. A ideia da responsabilidade — ou da passagem da ignorância ao reconhecimento da culpa — condensa, no herói, o interesse dramático numa vida sacrificada como *scapegoat* ou *katharma*. A emergência da cultura cristã desloca o interesse na representação inexorável da queda-como-purgação coletiva para o sacrifício como expiação da culpa individual. Do evento ao processo, o sujeito toma conta da vida e a conduz. Ao contrário da tragédia clássica, no mundo cristão a redenção não apenas é possível, mas também se converte em desígnio da própria vida. Tal como apontou George Steiner, num mundo onde o perdão é possível, a tragédia não tem lugar. Altera-se a noção de responsabilidade individual e, portanto, da própria formação da consciência. E grande parte da novidade do romance machadiano se relaciona a sua disposição em resgatar aspectos da forma trágica e confessional como modo de representar a vida privada do Segundo Reinado.

Evocando o subtexto religioso, *Memórias póstumas* — "em verdade vos digo" etc. — oscila entre um registro determinista, que flerta com o evolucionista, e a retórica teológica do livre-arbítrio. A implicação desse romance para a literatura brasileira é dupla: uma vantagem formal e seu consequente fardo para o escritor que trabalha na mesma língua que Machado. Por um lado, o romancista brasileiro recebe de Brás um modo novo de narrar consciências a partir de seu interior. Por outro lado, compor vidas de ficção, com profundidade e plausibilidade de motivações, é um desafio, pois a autobiografia de ficção, buscando narrar a totalidade de uma vida, enfrenta um problema de ordem formal.

A imaginação

Registrando-se numa página de seu diário, em 1843, Kierkegaard — contemporâneo do autor e do narrador de *Memórias póstumas*, muito embora desconhecido de ambos — fez a seguinte observação:

> É perfeitamente verdadeiro, como dizem os filósofos, que a vida deve ser entendida retrospectivamente. Mas eles se esqueceram da outra proposição, que se deve vivê-la prospectivamente. E pensando bem sobre essa proposição torna-se mais e mais evidente que a vida não pode nunca ser entendida no tempo [em que é vivida] simplesmente porque em nenhum momento específico posso encontrar o ponto de parada necessário de onde se possa entendê-la — retrospectivamente.

Brás Cubas comunga de um espírito afim à preocupação do filósofo sobre a percepção *limitada* do sujeito memorialista acerca de sua unidade; *Memórias póstumas* explora essa lacuna. Kierkegaard não se referia, ainda, ao sentido moderno da urgência; sua contenda era ao mesmo tempo mais geral e mais elementar. A vida humana apenas tem sentido quando tomada no todo. Esse ponto de vista fora do tempo, a partir do qual se possa observá-la e entendê-la em seu desenvolvimento, parece ser prerrogativa do gênero do romance; é nesse sentido que ele compete com a vida, emprestando-lhe unidade por semelhança e comparação, quando na verdade procura imitá-la.

No século XIX, insinua-se de modo definitivo uma preocupação comum a escritores de continentes e tradições diversas: como representar estados internos, vidas interiores, e retratar a consciência moral, em contrapartida à existência física ou social do sujeito? Como a *memória* está radicada "dentro" do indivíduo, ela está sujeita à incontinência da imaginação; a reminiscência se revela, portanto, como profundidade de caráter, como modo de afirmar o eu em seus orgulhos e expiações inconfessas. O que quero dizer com isso é simples. Quando queremos dar a impressão de que personagens têm vidas profundas, como pessoas, uma das técnicas mais comuns adotadas é outorgar a essas criaturas a capacidade da recordação, o fardo de seu próprio passado e a obsessão em se reconhecer nele. Machado trouxe para a literatura brasileira a imaginação alegórica que dramatiza e desvenda os meandros da consciência culposa, *marcada por uma dupla cronologia*. Vimos em "A chinela turca" e *Iaiá Garcia* a interioridade surgir como modo de aprendizado e cópia do outro; como enfrentamento com o passado e, também, como maneira de desconfiar de si mesmo, examinar-se pela expressão de sentimentos morais e emoções reflexivas, tais como a vergonha, o orgulho, o ressentimento, o remorso etc.

Seus quatro romances iniciais haviam se conformado às convenções do romantismo realista da segunda metade do século XIX: heróis e heroínas que se opunham intimamente às normas e aos costumes que lhes constrangiam a autonomia. Mas, em geral, acabam por encontrar meios mais ou menos sutis de se afirmarem integrando-se à sociedade que os excluía. Esses enredos são narrados em terceira pessoa e retratam eventos que duram de um a dez anos. Ao contrário das tendências exibidas nos romances que publicou na década de 1870 — tendências que apontavam em direção à unidade da ação no tempo e à integração das protagonistas à sociedade pela via conjugal —, *Memórias póstumas* abarca a totalidade de uma vida que se dispõe a narrar-se a partir do além-mundo. E tal perspectiva narrativa não escapou à atenção dos seus contemporâneos.

Mas a substância da vida — a memória seletiva de Brás, seu fôlego — toma forma através de uma insistente evasão da responsabilidade. Episódios como o do almocreve e o do vergalho, e relações como as que Brás estabelece com dona Plácida, Eugênia e Nhã Loló, demonstram como ele narra instantes em que se lhe exigiria uma postura ética. O tratamento de faltas morais, da expiação de culpas ou da sublimação de vergonhas passadas intensifica-se na obra de Machado ao longo da década de 1870. E o que se abre em 1880 é a possibilidade de que o herói possa resolver seus impasses pelo recurso à imaginação, ao delírio, ao sonho. A admiração que Machado parece ter tido pelo tema renascentista da peça dentro da peça — presente em Shakespeare e Cervantes, por exemplo — se coaduna com o fato de que, a partir de Brás, ou mais especificamente de Iaiá Garcia, seus protagonistas podem lançar mão de alegorias e comparações com outras obras de arte como modo efetivo, embora às vezes enganoso, de solucionar o enigma da falta de unidade em suas próprias vidas.

Rubião

Quando, aos poucos, Pedro de Alvarenga Rubião, protagonista do sexto romance de Machado, *Quincas Borba*, passa a acreditar que é Napoleão III, o assombro dos seus amigos e convivas vem acompanhado, também, de uma estranha sensação de respeito. Sofia, por exemplo, objeto do amor imaginoso de Rubião, é convertida aos olhos dele na amante do imperador. Dos protagonistas pós-1880, Rubião é o mais simplório e o menos loquaz. Sua imaginação, entretanto, se adensa e se distende quando incorpora a figura do imperador francês. A incúria e a prodigalidade do herói levara-o à ruína financeira e psicológica. A "imaginação graduada em consciência", traço que marca os heróis machadianos a partir de Brás, encontra em Rubião sua primeira variante essencial, a do herói que é vítima e não algoz. Ele se transformava ante a simples menção de assuntos franceses: "Rubião resvalava no abismo, e convencia-os." A metamorfose da sua consciência era completa e se expressava, inclusive, em seu estilo:

> E a linguagem era também diversa, rotunda e copiosa, e assim os pensamentos, alguns extraordinários, como os do finado amigo

Quincas Borba — teorias que ele não entendera, quando lhas ouvira outrora, em Barbacena, e que ora repetia com lucidez, com alma — às vezes, empregando as mesmas frases do filósofo. Como explicar essa repetição do obscuro, esse conhecimento do inextricável, quando os pensamentos e as palavras pareciam ter ido com os ventos de outros dias? E por que todas essas reminiscências desapareciam com a volta da razão?

A divisão da consciência de Rubião é levada ao extremo; sua incapacidade de conciliar as versões de si, de voltar às suas circunstâncias, vitima-o. Lembrarem-se do que não viveram é um traço comum aos heróis maduros de Machado. E tal traço não pode ser ignorado, pois dele resultam as situações narrativas mais elaboradas da ficção brasileira do período, e é por ele que se explica o misto de espanto e encantamento que experimentamos diante dessas criaturas.

Grande parte da insatisfação de Machado com relação ao romantismo e ao naturalismo está ligada à sua concepção da função e dos objetivos da representação literária. Para Machado, a forma do romance oferecia a oportunidade de tornar inteligíveis sentimentos e juízos sobre situações humanas. Um dos temas centrais da sua ficção é o problema de como representar vidas em desenvolvimento e personagens cambiantes, que ora parecem possuir autonomia para tomar suas próprias decisões, ora se deixam ameaçar por um torvelinho de determinações de várias ordens. A rigor, naturalmente, o livre-arbítrio não se aplica a mundos de ficção, já que personagens não podem reescrever suas histórias. A questão, portanto, é de outra natureza. Há heróis que são compostos para fazerem crer que guiam suas vidas e dispõem das suas decisões; há outros, entretanto, que seguem desígnios inexoráveis e são definidos por qualidades que exorbitam a possibilidade das suas deliberações. Antonio Candido sugere que a aparente sensação de liberdade e de existência factível que nos inspira um personagem é resultado da economia interna da obra, não de sua equivalência com o mundo:

> A verossimilhança propriamente dita — que depende em princípio da possibilidade de comparar o mundo do romance com o mundo real (ficção *igual* a vida) — acaba dependendo da organização estética do material, que apenas graças a ela se torna plenamente verossímil. Conclui-se, no plano crítico, que o aspecto mais importante para o estudo do romance é o que resulta da análise da sua composição, não da sua comparação com o mundo. Mesmo que a matéria narrada seja a cópia fiel da realidade, ela só parecerá tal na medida em que for organizada numa estrutura coerente.

E a alternativa que Machado nos propõe liga-se à sua preferência pela construção de protagonistas que dispõem de uma capacidade sutil para fingirem ser o que não são, a fim de escolherem o que serão. É nesse sentido que a dissimulação característica dos heróis e narradores machadianos pode ser lida como tentativa de lhes garantir maior *verossimilhança de motivação*. Afinal, alguém que finge e se falseia precisa estar livre para se imaginar diferente de si.

Talvez possamos concordar com Nelson Rodrigues quando ele nos diz, na crônica que usei como epígrafe da primeira parte deste ensaio, que o ser humano é o único que se falsifica.

A ideia de que o mundo se torna humano quando urdido em linguagem e representações que o substituem e lhe emprestam feição tem entrada na literatura brasileira com Machado. Não é dizer com isso que escritores anteriores não tivessem notado tal fenômeno: a natureza convencional de normas e instituições. Ao contrário, a ficção romântica brasileira está repleta de exemplos em que as convenções do gênero do romance são invocadas, parodiadas e não raro comentadas pelo próprio narrador, com o intuito de expor e denunciar o caráter arbitrário das próprias representações. Em *Lucíola* e *Senhora*, quando o romantismo atinge seu grau de maior refinamento, essa preocupação com o fingimento é central na construção da trama e na composição das heroínas. Machado, portanto, não inventou a mentira, nem glosou mais do que qualquer outro escritor o disfarce como fundamento do fenômeno literário e da instituição simbólica da vida social. Entretanto, tal como afirmou Alfredo Bosi, "a necessidade da máscara como uma constante era um fato relativamente novo na história da ficção brasileira". É, portanto, num sentido bastante específico que se pode atribuir a Machado a invenção, para as letras nacionais, de algo mais sutil que a bruta falsidade: a rotina da mentira branca, o ramerrão da mascarada diária. Aqui está, provavelmente, uma das suas contribuições mais permanentes.

Tomando o fingimento como matéria da narração, Machado pôde aprofundar-se em estudos de emoções morais associadas a protagonistas que organizam suas vidas a partir de um complexo contraponto entre aparência e realidade. Essa é a origem de sua predileção pela *formação da pessoa* como objeto e método narrativos. Se sintetizarmos tal lição machadiana, emendando anacronicamente um verso de João Cabral de Melo Neto à luz da máxima de Nelson Rodrigues, chegaremos ao fundamento dos seus romances: viver não é só ir entre o que vive, como queria o poeta pernambucano — viver é ir entre o que finge.

Nesse sentido, *Quincas Borba* guarda uma diferença notável quando comparado aos demais romances do período. Dez anos após sua publicação, resenhando *Dom Casmurro*, José Veríssimo se lamentava, sutil e laconicamente, de que Machado tivesse voltado, com o narrador Bento Santiago, ao mesmo tom de Brás Cubas; quando ele, o crítico, tinha visto em *Quincas Borba* o gérmen de algo novo, de "uma humanidade maior, uma realidade mais viva". Nenhum outro protagonista goza dessa humanidade chã de Pedro Rubião de Alvarenga. Pouco afeito à compulsão autocrítica, e péssimo intérprete dos motivos alheios, ele escapa à têmpera dos outros heróis maduros. Mas Rubião é tão tolo quanto Dom Quixote ou Hamlet, dos quais herda aquela insanidade metódica que revela e expõe quem com ela se defronta.

As primeiras páginas do romance nos mostram um herói ainda surpreso e deslumbrado com seu novo ambiente. Já nos dois capítulos iniciais se definem os traços fundamentais do caráter de Rubião: fantasioso, pródigo, animado por uma vaidade ingênua e por um misticismo singelo. Eis a abertura de *Quincas Borba*, que ecoa aquela de *Ressurreição*:

Capítulo 1

Rubião fitava a enseada — eram oito horas da manhã. Quem o visse, com os polegares metidos

no cordão de chambre, à janela de uma grande
casa de Botafogo, cuidaria que ele admirava
aquele pedaço de água quieta; mas, em verdade,
vos digo que pensava em outra coisa. Cotejava o
passado com o presente. Que era ele, há um ano?
Professor. Que é agora! Capitalista. *Olha para si,
para as chinelas (umas chinelas de Túnis, que lhe
deu recente amigo, Cristiano Palha), para a casa,
para o jardim, para a enseada, para os morros
e para o céu; e tudo, desde as chinelas até o céu,
tudo entra na mesma sensação de propriedade.*

— Vejam como Deus escreve direito por linhas
tortas, pensa ele. Se mana Piedade tem casado
com Quincas Borba, apenas me daria uma
esperança colateral. Não casou; ambos
morreram, e aqui está tudo comigo; de modo
que o que parecia uma desgraça...

Capítulo II

Que abismo que há entre o espírito e o coração!
O espírito do ex-professor, vexado daquele
pensamento, arrepiou caminho, buscou outro
assunto, uma canoa que ia passando; o coração,
porém, deixou-se estar a bater de alegria. Que lhe
importa a canoa nem o canoeiro, que os olhos de
Rubião acompanham, arregalados? Ele, coração,
vai dizendo que, uma vez que mana Piedade
tinha de morrer, foi bom que não casasse; podia
vir um filho ou uma filha... — Bonita canoa!
— Antes assim! — Como obedece bem aos
remos do homem! — O certo é que eles estão no
céu!

Rubião contempla-se da janela, ou *pela* janela. Na redação inicial do romance, ele vê no mar um espelho. A cena descreve suas sensações do alto de um conforto mental e material, que pouco a pouco seria minado até o desenlace, quando Rubião falece solitário, arruinado e louco. Tal sensação de propriedade ao longo do romance se distende e se contrai, pulsando até seu encerramento, no contraste entre o desvario de Rubião — que se imagina Napoleão — e a lacônica imagem da indiferença das estrelas. Na cena anterior, no entanto, Rubião ainda existe em sua mais vigorosa jactância. A progressão ascendente dos elementos cênicos — chinelas, casa, jardim, enseada, morros e céu — é o próprio movimento da consciência do personagem, que num momento de contentamento ocioso, se expande, revelando para si e para o leitor seus brios e suas contradições. Rubião tem a impressão de que todos os acidentes imagináveis conspiraram para favorecê-lo.

No segundo capítulo, ele sente os primeiros repelões de consciência. Essa divisão do caráter — entre o espírito que lhe reclama o juízo moral e o coração que se deixa celebrar em estado de gozo — é apresentada pela simultaneidade da atenção do herói, que olha para fora e para dentro de si. A cena representa um momento particularmente eficaz da invenção machadiana da profundidade e da vida interior. No contexto da literatura brasileira, Machado foi o primeiro a destacar a malícia inconsciente e a insubordinação rotineira da alma consigo mesma. Há vários momentos em que Rubião não consegue decidir-se entre dois desejos, ou entre interpretações opostas dos motivos de terceiros, contrariamente aos demais protagonistas machadianos. Como Dom Quixote, ele recorre a uma fantasia que restaura o mundo, enquanto ele próprio é vitimado pela má companhia e pela sua vaidosa — ainda que ingênua — prodigalidade.

Uma comparação entre o texto definitivo — aquele da terceira edição, publicada em 1899 — e os folhetins saídos em *A Estação* revela diferenças significativas. Machado suprimiu toda a ação inicial, apresentada sob a forma de diálogo e passada em Barbacena, cidade natal de Rubião. Originalmente, a abertura do romance compunha o vigésimo capítulo do folhetim e era pelo menos duas vezes mais longa. As referências literárias que povoavam a mente de Rubião foram suprimidas, juntamente com a manifestação explícita de sua lubricidade, imaginando que, em busca do colo da bela Sofia, seus "olhos entraram desvairados, foram à dama, e rasgaram-lhe o xale, enquanto o coração ia batendo a *marselhesa* do amor". Entre a primeira versão e a publicação em livro, Rubião se abranda e Machado o faz desistir de imagens mais violentas, de revólver em punho etc. Augusto Meyer foi dos poucos a ressaltar o valor dessas revisões. Na sua estreia, encontramos um romance mais palavroso e desigual, mais próximo ao modelo de Brás Cubas. As revisões mostram um Machado impiedoso editor de si: capítulos inteiros foram suprimidos, além dos elogios do narrador — ou seriam do autor? — à compaixão e magnanimidade de dona Fernanda, tão pouco machadiana; uma das poucas que escapam ao crivo de sua ironia.

É curioso que o autor tenha suprimido, quando da primeira publicação do romance em livro, um juízo que tanto o revelava: "Arrenego de um autor que me diz tudo, que não me deixa colaborar no livro, com a minha própria imaginação. A melhor página não é só a que se relê, é também a que a gente completa de si para si." Machado reiterava o remate de "A chinela turca". Rubião, herói que seguiu à risca o conselho suprimido do narrador, havia se imaginado autor de vários livros alheios; imitava o Quixote. Um dos traços mais característicos dos heróis machadianos é sua capacidade de, quando confrontados com obstáculos à realização de seus desejos, imaginarem vidas ou mundos alternativos e voltarem de lá com respostas tomadas de empréstimo ao mundo do faz de conta. Não seria a partir daí que se explica a preferência de Machado por uma tradição de obras que simulam outras obras, peças que encenam outras peças? Desse modo, podemos entender a representação da vida dupla em suas primeiras heroínas, que educam seus amados como Rosalind a Orlando. Podemos entender, também, a compulsão à digressão alegórica, presente em *Memórias póstumas* e *Dom Casmurro*.

Rubião, no entanto, ao contrário de Brás e Bento, perece porque se mantém aferrado às fantasias e não retorna à vida efetiva. Num mundo que se falsifica pelo fingimento, pela cobiça e pela vaidade, a imaginação com método e o delírio refreado — que são modos de fingirmos — redimem e restauram esse mesmo mundo, ainda que provisoriamente. Há, no fundamento mesmo do gênero, e ainda mais a partir do século XIX, uma relação complementar entre experiência e linguagem, em que a unidade de uma vida é expressa pela expectativa de semelhança e plausibilidade; essa relação nos faculta a imaginação de pessoas irreais cujo efeito em nossas próprias vidas pode ir do encantamento à indignação. Tal como sugeriu certa vez Wittgenstein, não é um fenômeno óbvio, nem tampouco simples, que nossa atenção se deixe render por mundos fictícios e pessoas de invenção. Elas exigem a dedicação incondicional de horas da nossa atenção e nos retribuem com contentamento ou frustração. E o maior risco dessa relação com a prática do faz de conta não é a ignorância dela, mas a leviana trivialidade em nosso trato com ela.

As pessoas

A meio caminho deste ensaio, é tempo de fazermos uma pequena revisão dos temas que me propus a examinar, e ver como a exposição que realizei até aqui contribui para uma visão mais integrada do desenvolvimento do romance machadiano.

O que significa dizer que um romance é sobre a *pessoa humana*? Procurei defender a noção de que os romances de Machado são sobre o modo como indivíduos conduzem suas vidas. Essas obras nos convidam a um tipo de relação que se baseia na adoção de uma *linguagem moral* para se referir à maneira como sujeitos deliberam e atuam.

Eis o pequeno circuito, que propus no primeiro capítulo, como hipótese: (1) o mundo dos romances de Machado é marcado pela assimetria, por uma dissimilaridade que habita o próprio herói ou heroína; (2) a dissimilaridade é a raiz de seu conceito da pessoa humana; (3) fundamentalmente, essa noção é expressa pela aptidão do protagonista para imaginar-se desigual a si mesmo; (4) tal operação representa o vínculo específico do romance machadiano com a modernidade; e, possivelmente, (5) nosso interesse nesses mundos de ficção pode ser entendido como uma curiosidade prazerosa ante a composição eloquente de mundos interiores nos quais reconhecemos traços da sensibilidade moderna associada à noção da pessoa moral.

Em Machado, há uma conexão íntima entre a formação do juízo e a dissimilaridade do sujeito consigo. Vimos que tanto as primeiras heroínas quanto os heróis realistas convivem com uma invencível divisão. Não se trata da mentira reles, da simples máscara social, mas de uma fissura na consciência que essas pessoas têm de si. Sua capacidade para o enleio é garantida pela relação ambivalente que mantém com o passado. Ou seja, vidas multiplicadas pela adversidade e pelo aprendizado da malícia geram consciências profundas, não raro obcecadas pelo tempo consumido, pela representação e pela fantasia. Chamei de *dissimilaridade* o fenômeno comum à maioria dos protagonistas machadianos de estarem fora de si e se examinarem pelo recurso à imaginação, ou à comparação com outras vidas ficcionais e históricas. Tal aparente liberdade na construção da identidade íntima e social do sujeito, comumente associada à modernidade, imprime à narrativa machadiana seu tom ao mesmo tempo atual e historicamente situado, que muitas vezes se estrutura pela adoção de modelos e técnicas literárias tomadas de empréstimo à literatura renascentista e ao romance do século XVIII.

Bem a propósito, Antonio Candido comenta essa característica do estilo machadiano:

> A sua técnica consiste essencialmente em sugerir as coisas mais tremendas da maneira mais cândida (como os ironistas do século XVIII); ou em estabelecer um contraste entre a normalidade

social dos fatos e a sua anormalidade essencial; ou em sugerir, sob a aparência do contrário, que o ato excepcional é normal, e anormal seria o ato corriqueiro. Aí está o motivo principal da sua modernidade, apesar do seu arcaísmo de superfície.

    O juízo moral, motivado pelo amor-próprio, insinua-se enganosamente nos romances de Machado como operação de avaliação das possibilidades de ganho. Veja-se em *Memórias póstumas*, por exemplo, a formação do conceito de mundo privado para Brás Cubas: o espadim no episódio de 1814, a teoria da ponta do nariz ou a lei da equivalência das janelas. Há um método para explicar os mecanismos da escolha humana e a formação do caráter; o recurso a mundos imaginados — com frequência expresso por digressões alegóricas — é o principal deles. A imaginação poderia funcionar, e às vezes funciona, como exercício de empatia com o outro. Mas aos poucos a divisão do sujeito e a questão da justiça se ameaçam mutuamente. A atenção ao outro, a mirada que deforma a pessoa moral e mascara o observador, foi precisamente, desde *Ressurreição*, um dos motivos preferidos de Machado.

    A noção da identidade da pessoa, tomada como continuidade da consciência que o sujeito tem de si, foi proposta por John Locke em seu *Ensaio sobre o entendimento humano*:

> Mas o que parece gerar dificuldade é isto, que a consciência sendo interrompida sempre pelo esquecimento, não havendo momento em nossas vidas em que tenhamos todos os elos das nossas ações passadas de uma só vez diante dos

nossos olhos, e mesmo as melhores memórias perdendo de vista uma fração enquanto atentam à outra; e às vezes nós mesmos, na maior parte das nossas vidas, não refletindo sobre os nossos eus passados, concentrados que estamos em nossos pensamentos presentes, e em pleno sono não tendo pensamento algum, ou ao menos nenhum com aquela consciência que marca os nossos pensamentos despertos; digo, em todos esses casos, nossa consciência sendo interrompida, e nós perdendo de vista os nossos eus passados, cabem dúvidas sobre se somos a mesma coisa pensante, isto é, a mesma substância ou não.

Engana-se quem toma por sinônimos termos como "indivíduo", "sujeito", "personagem" e "pessoa". Uma das facetas mais insólitas e, ao mesmo tempo, mais triviais da expectativa sobre nossa unidade *como pessoa* é o confronto com a memória alheia sobre o que fomos; principalmente quando essa memória nos surpreende, evocando traços ou eventos que não recordamos mais. Quando, por exemplo, encontramos alguém que se lembra de um fato ou de um acontecimento da nossa vida — não de um evento que ignorávamos, mas algo de que não nos lembrávamos mais —, a curiosidade diante da informação é semelhante à surpresa de se reaver um álbum de família. Contudo, se a lembrança do nosso interlocutor é mais sentenciosa, para o bem ou para o mal, e se debruça sobre o modo como levávamos a vida, acabando por se constituir num juízo sobre o que éramos, o espanto pode ir do deslumbramento ao terror. Algo de desconcertante se passa quando nos deparamos com a ideia que outras pessoas têm do que fomos, e não necessariamente do que somos; há curiosidade e reserva. Se somarmos o olvido ao sono e à desatenção a si, como sugere Locke, é possível entrever momentos de interrupção da consciência que um sujeito tem de sua vida como processo experimentado e dirigido por ele mesmo.

Menciono Locke porque em Machado os protagonistas estão, em maior ou menor grau, atentos ao que foram, ao que são, ao que se tornarão aos olhos dos demais como consequência de suas próprias ações. Há no romance machadiano um esforço por parte dos personagens de tomarem para si o rumo de suas vidas e, com isso, buscarem a compreensão do que são pela memória e pela unidade de suas fantasias. E esses são traços essenciais que associamos, modernamente, à constituição da pessoa como um lugar onde se conectam a consciência com a ação, e ambas com a história. Ou seja: chamamos de *pessoas* apenas aqueles seres que conseguem se reconhecer como origem de motivações e atos ao longo do tempo. Por causa dessa consciência de sua duração, podemos atribuir a elas a responsabilidade pelas suas próprias decisões, o fardo redentor ou atroz da sua história pessoal. É por isso que a conclusão de Locke é que a *identidade pessoal* é uma noção fundamentalmente forense; é um lugar de atribuição de deveres e direitos:

> A *pessoa*, como eu a tomo, é o nome para este eu [consciente da sua duração no tempo]. Sempre que um homem encontrar algo que possa chamar de ele mesmo, ali, creio, outro homem pode dizer que há uma e a mesma pessoa. Trata-se de um termo forense, conjugando ações aos seus méritos, e como tal pertence apenas a agentes dotados de inteligência, capazes de lei, felicidade

e miséria. Essa personalidade se estende para além da existência presente, em direção ao passado, apenas pela consciência, por onde se torna parte interessada e responsável, detém e imputa a si mesmo ações passadas, da mesma maneira e pela mesma razão que assim o faz no presente.

Quis delinear até aqui, concomitantemente às breves interpretações dos textos de Machado, o esboço de uma visão sobre o que está envolvido quando falamos de nós mesmos e dos outros, ou imaginamos terceiros, reais ou não, como pessoas; não como símbolos de qualidades humanas, como a racionalidade, a maldade etc., não como figuras que representam traços de uma comunidade e, sobretudo, não como repositório de valores abstratos sobre uma época ou uma classe... O que significa referir-se a alguém como uma pessoa? Quais são os critérios envolvidos nessa relação? E o que entra em jogo quando imaginamos, na ficção, essas condições?

Não se deve menosprezar o espanto prazeroso que experimentamos quando nos deparamos com personagens de ficção que se assemelham a pessoas; personagens que pensam, dizem e fazem coisas comparáveis, senão iguais em conteúdo e método, às que fazemos, faríamos ou vemos outros fazerem. Há personagens que foram concebidos com esse objetivo em mente. E é certo que existem diferenças fundamentais entre uma pessoa e um personagem, mas essas diferenças não residem no fato de uma ser real e a outra não.

Certos seres humanos não podem ou não devem ser considerados pessoas plenas: crianças e deficientes mentais, por exemplo, não podem responder aos mesmos critérios de atribuição de responsabilidade que usamos para mim e para você; sua relação com o tempo também é outra, ainda não há a possibilidade de imputação daquela lógica forense, sugerida por John Locke. Há também, por outro lado, personagens que não foram concebidos como pessoas: penso nos protagonistas do naturalismo. Isso não faz deste tipo de romance uma obra menos qualificada ou menos interessante; apenas o mundo em questão subtrai das possibilidades de representação certa noção da autonomia, de livre-arbítrio, de consciência psicologicamente individualizada etc. A relação de seres que tratamos como pessoas — imaginadas ou não — com suas ações e com seus passados garante, em parte, uma dimensão constitutiva diferente. Na base dessa atitude frente a esse sujeito específico está a atribuição de uma capacidade fundamental: a intencionalidade, a possibilidade de gerar planos, engendrar motivações, deliberar acerca delas e decidir sobre a direção de suas ações. Agentes dotados de intencionalidade usam suas histórias pessoais e suas memórias como modo de se conhecer, de articular seus desejos e tomar decisões. A intencionalidade também garante a capacidade de dirigirmos nossa atenção a eventos, relações e emoções imaginadas; mundos criados pela fantasia. A intencionalidade traz para o sujeito a liberdade da sua vontade e a possibilidade da punição.

  A introspecção pode ser entendida, em Machado, na maioria dos casos, como uma função da memória individual sobre o passado do eu, ou sobre as sensações e evocações desse eu diante dos obstáculos no presente. Pessoas são seres que perduram no tempo e assumem diferentes estados mentais; viver uma vida como pessoa é passar por distintas formas de consciência e guardar certa memória dessas formas. Seguindo a sugestão de Locke, então, podemos chamar de *vida interior* essa continuidade do sujeito consciente de si. E a vida interior robusta é prerrogativa de sujeitos a quem podemos chamar de pessoas. Ora, nem sempre o romance tem por objeto a vida interior. Nesse sentido, um personagem pode ser uma pessoa ou não. Bento Santiago é uma pessoa. João Romão, o dono do cortiço no romance de Aluísio Azevedo, não. Ambos são atrozes, ambos são representações de seres humanos e tipos sociais específicos, ambos são contemporâneos e concidadãos. Ambos destruíram suas vidas e as de outros, e em parte não querem se dar conta disso. Mas os modos específicos de tratarem a vida como um processo, como um problema frágil, com todos os seus sortilégios; como um bem que é passível de perda e de difícil reparação, esse modo só existe em *Dom Casmurro*. Passemos, então, a essa obra que toma por objeto o assombro do sujeito diante da ruína de sua própria pessoa: talvez a feição mais genuína do romance machadiano.

Bento

Ante a perda, a consciência quase sempre compõe litanias de reparação, e nelas a linguagem é levada a buscar expressão para as sutilezas do confronto com sua desvalia ou aniquilação. A perda a que me refiro pode ser a perda de si, do outro, ou do próprio mundo no qual o sujeito passa a se desconhecer. No *Fausto*, por exemplo, a aposta do herói, fruto dos desejos de onisciência, leva-o à diluição da consciência moral e, em consequência, a perder-se e a fazer perder o outro. Essa percepção é fundamental para entendermos a postura de Bento Santiago, o narrador autobiográfico de *Dom Casmurro*:

> Foi então que os bustos pintados nas paredes [César, Augusto, Nero e Massinissa] entraram a falar-me e a dizer-me que, uma vez que eles não alcançavam reconstituir-me os tempos idos, pegasse da pena e contasse alguns. Talvez a narração me desse a ilusão, e as sombras viessem perpassar ligeiras, como ao poeta, não o do trem, mas o do *Fausto*: *Aí vindes outra vez, inquietas sombras...?*

O narrador está em busca de uma ilusão. A evocação, o resgate mental dos "tempos idos", caracteriza algumas das melhores narrativas de Machado. Em seus romances, a relação ansiosa com o tempo é uma relação do sujeito consigo; ou seja, o narrador ou herói evoca o passado a fim de comparar-se com o que foi, e tornar-se, com isso, mais consciente do que poderia ter sido. Tal sensibilidade marcada pelo estilo do condicional hipotético, pela imaginação das possibilidades irrealizadas, distingue a ficção machadiana da dos seus contemporâneos. Quando esses protagonistas contemplam o passado, confrontam-se com versões de si. O tempo em Machado é espelho de lâmina infinitamente delgada, tal como é a própria matéria dessas pessoas; e o espelho é a memória do dano. O auge da produção criativa de Machado é um ambicioso estudo sobre a relação entre perspectiva e culpa. Em *Dom Casmurro*, o viés narrativo assume contornos inusitados, propriamente éticos, e sem paralelo no conjunto da ficção latino-americana.

Distante quase vinte anos das irônicas inovações estilísticas de *Memórias póstumas*, e quase dez da tragicômica humanidade solitária de *Quincas Borba*, esse novo romance contrasta com os antecedentes pela serenidade lúgubre do estilo e pela nostalgia resignada, opondo-se tanto ao distanciamento jocoso do memorial de Brás, palpitante e intenso, quanto ao patos no sacrifício da ingenuidade humana de Rubião.

Contado pelo mais sofisticado e inteligente dos narradores machadianos, *Dom Casmurro* foi composto com vagar, ao contrário dos anteriores, escritos a passo de folhetim. Foi, também, aquele que mais ansiedade causou ao autor, e o que mais tempo permaneceu em suas mãos, entre a concepção e a publicação. Todos os romances até então, exceto o primeiro, *Ressurreição*, foram publicados em folhetins na imprensa da época. *Dom Casmurro*, por sua vez, foi composto quase integralmente no ineditismo. Embora se possa argumentar que seu tema date da época das primeiras obras do autor, tal como o fez Helen Caldwell, sua composição situa-se na última metade da década de 1890. Uma versão inicial, contendo fragmentos dos capítulos 3, 4, 5 e 7, apareceu sob o título "Um agregado (capítulo de um livro inédito)" no jornal *República*, no número do dia 15 de novembro de 1896, coincidindo com o sétimo aniversário da República. Entre essa data e o início de 1900, quando o romance é distribuído no Rio de Janeiro, Machado havia publicado apenas três contos inéditos; um número exíguo, quando comparado à sua produção em anos anteriores. O motivo dessa retração deveu-se à deterioração da sua saúde, às ocupações na administração pública, bem como aos compromissos com a Academia Brasileira de Letras, fundada em 1897. Numa carta a Magalhães de Azeredo, datada de 10 de janeiro de 1898, e já se referindo indiretamente a *Dom Casmurro*, Machado afirma:

> Venho até aqui, meu querido, um pouco de atropelo. Estive enfermo de 6 para 7, e todo o dia de 7; só a 8 e 9 (ontem) melhorei, mas ainda me sinto abatido. Não é só a enfermidade, são também os anos; creia que o seu *jovem* amigo, que por tanto tempo conservou um pouco do vigor de antanho, descamba na invalidez. Tenho um trabalho literário entre mãos; não sei se o darei pronto; isto lhe dirá o meu desânimo físico. Emagreci muito nos últimos meses. Mas, enfim, são cousas confiadas a um amigo sério e calado.

Nas cartas de 10 de maio e 9 de setembro, do mesmo ano, Machado volta a insistir na incerteza de concluir sua nova obra: "Estou acabando um livro, em que trabalho há tempos bastantes, e de que já lhe falei, creio. Não escrevo seguidamente, como quisera; a fadiga dos anos, e o mal que me acompanha obrigam a interrompê-lo e temo que afinal não responda aos primeiros desejos. Veremos." A baixa quantidade de publicações em ficção ao longo da última metade da década de 1890 também pode estar relacionada à dedicação quase exclusiva que o autor devotou a *Dom Casmurro*, redigindo-o com longas pausas durante três anos, para revisá-lo em pelo menos duas provas de edição. Apoiando-se na leitura da correspondência de Machado durante o período, é possível afirmar que *Dom Casmurro* foi um romance escrito sob a pena de um autor na iminência do cansaço, cujos importunos da idade, da saúde e do ofício pareciam ameaçar suas próprias expectativas.

    Apesar da natureza insistente e variada dos impedimentos, Machado manteve grande cuidado na edição do novo romance. A escolha do título aparece registrada, pela primeira vez, na escritura de venda da sua propriedade literária ao editor Garnier, lavrada a 16 de janeiro de 1899, onde se encontram listadas todas as obras do autor até aquela data, incluindo duas em preparação: seu novo romance e um volume contendo peças de gênero diverso, *Páginas recolhidas*. Numa carta escrita poucos meses depois, o editor garantia a Machado que atenderia ao seu desejo de imprimir o novo romance com um tipo de papel que lhe desse feição semelhante aos dois anteriores. Ainda mais sugestiva é a resposta do editor à recomendação de Machado para que seus livros impressos a partir de 1897 não deixassem de incluir a menção "da Academia Brasileira" após seu nome. *Dom Casmurro* foi o primeiro romance cuja folha de rosto continha tal referência, e não é demais supor que este detalhe tenha sido significativo para o autor, uma vez que "Machado de Assis" e "Academia Brasileira de Letras" se legitimavam mutuamente.

Machado parecia esperar que o romance representasse algo novo e tão bem-sucedido quanto tinham sido os anteriores. Na iminência da remessa da primeira edição de Paris ao Rio de Janeiro, retardada muito a contragosto, ele demonstra a Garnier sua preocupação com a possibilidade de o romance esgotar-se: "Nós esperaremos *Dom Casmurro* na data em que o senhor anunciou. Eu vos peço, em nosso mútuo interesse, que a primeira remessa de exemplares seja bastante numerosa, pois ela pode esgotar-se rapidamente, e um atraso numa segunda remessa faria mal às vendas." De fato, o romance foi bem-recebido e os exemplares da primeira edição logo se esgotaram. A segunda impressão foi remetida ao Brasil poucos meses depois, quando então o próprio autor anunciava a Magalhães de Azeredo, com contentamento e alívio, que "Dom Casmurro, depois de muita demora apareceu, e foi surpresa para toda a gente", para então concluir sua carta com um comentário às festas da passagem de século, afirmando de modo bastante sugestivo que "graças à idade, desejo estar no século XX, e creio que estou".

Durante a redação de *Dom Casmurro*, a partir dos três anos que se seguiram à publicação dos seus primeiros fragmentos, Machado parece ter retornado a um antigo tema de sua preferência e decidido enfrentá-lo pelo aprofundamento da técnica que desenvolvera nas páginas de *Memórias póstumas*: o perspectivismo buliçoso em ritmo de retrospectiva, que, vinte anos depois, volta a examinar o tema do juízo moral e da inteligibilidade da malícia. A digressão alegórica abraça a culpa como seu motivo preferido. Este talvez tenha sido o tema que mais marcou a imaginação literária de Machado.

O final da redação do romance coincidiu com a organização do volume *Páginas recolhidas*, saído poucos meses antes de *Dom Casmurro*. A obra enfeixava contos, crônicas e discursos publicados em vários periódicos entre março de 1883 e junho de 1898, segundo estima Galante de Sousa. Machado, que não dispôs as peças em ordem cronológica, parecia buscar outra espécie de unidade para o volume. Entretanto, quase todos os textos — ao menos os de ficção — sugerem um mesmo interesse: o escrutínio dos motivos morais que animam essas "figuras que vi ou imaginei, ou simples ideias que me deu na cabeça reduzir a linguagem". Apesar de nem todos os textos terem sido escritos por volta de 1899, sua seleção e a necessidade de revisá-los para publicação em livro são suficientes para que se possa argumentar em favor de uma ativa coincidência — senão de uma influência — entre alguns desses contos e os temas afins explorados em *Dom Casmurro*.

No conto "O caso da vara", por exemplo, um jovem seminarista fugitivo solicita a intervenção de uma viúva para que ela interceda junto ao seu padrinho, na esperança de que este consiga dissuadir seu pai de mantê-lo no seminário. Arma-se uma teia complexa de relações de favor e dependência em volta do seminarista, que num ato de compaixão e benevolência decide apadrinhar uma "negrinha", para evitar que fosse castigada por sua ama, e dessa forma alenta em si o que parecia enxergar nos outros: a complacente satisfação pessoal de quem estende um benefício desinteressado. Na realidade, a alma do seminarista oscila do terror à compaixão soberba, e de volta à humilhante consternação, para afinal entregar-se à culpa. O conto culmina no conflito moral de Damião, que acaba por solucionar seu dilema — enfrentar a benfeitora ou abandonar a escrava que apadrinhara — evitando a escolha moral. A consciência de sua culpa é o centro do conto, que foi sugestivamente marcado por Machado como sendo de "antes de 1850", anterior, portanto, à proibição do tráfico.

Damião não é tanto um egoísta clássico. Sua solução é racional; e a clara percepção dos fatos converte a decisão numa queda moral realizada num ritual de passagem laico, que dramatiza em sua consciência a defecção do seminário. Não em vão, o conto utiliza uma curiosa combinação de vocabulário e motivos religiosos e mundanos para retratar tal conversão: "Sinhá Rita, com a cara em fogo e os olhos esbugalhados, instava pela vara, sem largar a negrinha. Damião sentiu-se compungido; mas ele precisava tanto sair do seminário! Chegou à marquesa, pegou na vara e entregou-a a Sinhá Rita." Contrito, mas resolvido a priorizar seus próprios interesses, o herói permanece atento ao fato de que seu pesar deriva de uma ação má, que o compunge, tornando-o, enfim, moralmente adulto frente aos demais personagens.

Os temas do intercessor, da responsabilidade e do interesse calculado voltariam a ressoar em *Dom Casmurro*. Nos contos que se seguem a esse, tanto em "O dicionário" quanto em "Um erradio" e "Eterno!", comparece em diferentes variações o motivo da triangulação amorosa que também seria aprofundado no romance. Nos dois últimos contos, em particular, há o tema da amizade masculina mediada pela presença de uma mulher envolvida romanticamente com um deles; e em ambos se insinua a sombra do adultério e a presença do intermediário entre o par romântico. Enfim, no desenlace dos dois contos se afirmam, ainda que de modo elementar, as questões que mais fascinariam Bento Santiago: a tentativa de explicação da transformação do caráter de pessoas próximas e as estratégias de evitar a responsabilidade por tal câmbio moral. Essa esquivança com relação à culpa é característica de vários personagens machadianos a partir de Brás Cubas. Em *Dom Casmurro* isso será posto à prova. Mas já nos contos são inúmeras as passagens que ecoam motivos relacionados às metáforas dos olhos, das mãos e do mar como símiles de transformações ou intuições morais.

Em *Páginas recolhidas*, o conto mais fundamental para a compreensão da técnica utilizada em *Dom Casmurro* é "Missa do galo", publicado originalmente em 1894. Aqui se condensa a insistência da sua prosa madura em tomar a observação da conduta alheia e o exame da memória privada como propedêutica à sutileza dos sentimentos morais. A insinuação resume a arte da maturidade narrativa de Machado. Eis a abertura do conto: "Nunca pude entender a conversação que tive com uma senhora, há muitos anos, contava eu dezessete, ela trinta. Era noite de Natal." A narrativa faz uma série de sugestões para a explicação do episódio, que, uma vez adotada pelo leitor, acaba por contradizer o marco inicial do conto: percebe-se que o narrador sabe muito mais do que deseja revelar. "Entender a conversação" implica o leitor na proposição de um juízo sobre a natureza do encontro e sobre o caráter de ambos os envolvidos. Nem por isso o enredo deixa de ser singelo.

Perto da meia-noite, enquanto lê Dumas, o jovem estudante Nogueira aguarda a hora de chamar um amigo para irem à missa do galo; pouco depois das onze horas dona Conceição, deixada sozinha por seu marido infiel naquela noite de Natal, surge em roupas de alcova e os dois começam um diálogo trivial e sem seu motivo aparente; o jovem vê suas impressões da dona da casa se transformarem; à meia-noite o amigo vem chamá-lo e dissolve o encontro a que Nogueira não tinha forças para resistir. Absolutamente nada de extraordinário é dito, e a conversa entre ambos não passa de uma vaga troca de impressões gerais sobre fatos banais: leituras, o sono, a missa, as gravuras na parede etc. A força do conto está na mudança da percepção do jovem sobre a mulher mais velha, dramatizada através das suas memórias, quando a distância e a maturidade parecem impor aos olhos do narrador um halo de suspeita por sobre os motivos da "boa Conceição".

Essa também seria a técnica de Bento Santiago, em *Dom Casmurro*: explorar os interstícios de uma cronologia dupla, que resgata e refaz o evento que narra. O conto chega a concentrar, em poucas páginas, a estratégia do romance, apresentando qualidades que pareciam virtuosas aos olhos do jovem, apenas para redefini-las, mais tarde — pelas mãos do narrador maduro —, como sendo a própria malícia em potência. O velho Nogueira, narrador de "Missa do galo", arma deliberada e sutilmente o caráter moral de sua interlocutora e, aos poucos, inicia as sugestões e insinuações em contrário; voltam os motivos dos olhos, das mãos e do desejo que ameaça consubstanciar-se em adultério, tudo diante do leitor, sem que o narrador precise dizê-lo com todas as palavras. O conto é um exercício exemplar de economia verbal: sua retórica de alusões e suas frases curtas aos poucos se distendem, para sugerir uma impressão de enleio e languidez. O encerramento é igualmente lacônico, insinuando ao leitor aquilo que o narrador não se permite afirmar, ainda que não lhe falte a convicção: que, na iminência de se deixar seduzir, o jovem estudante é salvo pela hora da missa; e que a culpa desse adultério quase consumado caberia a dona Conceição, cuja moleza dos modos, vagueza do olhar e embriaguez da fala despertaram no jovem sentimentos que lhe inspiravam ao mesmo tempo terror e desejo, mas que parecem deliciar o maduro narrador. Bento Santiago deveu sua gênese a uma combinação semelhante de perspectiva, tema e técnica exibidas em "O caso da vara" e "Missa do galo". Restava montar um enredo e encontrar uma interlocutora que inspirasse fascínio e ameaça. Esta seria Capitu, moldada na mesma têmpera das primeiras heroínas machadianas, cuja consciência aguda da sua posição social, e a racionalidade das suas motivações, serviria de contraparte e alvo para o desfile das memórias de outro narrador ensimesmado, um narrador que evoca traços e tipos que já haviam povoado a imaginação de Machado.

O romance

É bem conhecido o zelo que Machado possuía com relação à sua obra, principalmente em sua maturidade, evitando revelá-la antes da sua publicação, comentá-la ou consultar a opinião de terceiros. Machado manteve silêncio não apenas sobre a sua produção, mas também sobre a literatura contemporânea em geral. Uma vez que a sua atividade inicial como crítico literário foi abandonada em favor da de escritor de ficção, por volta do princípio dos anos 1880, raras vezes ele voltaria a se manifestar a respeito da obra de terceiros.

Mas apesar da reconhecida discrição machadiana, seu juízo como leitor havia se transformado em sinônimo de sanção, ou veto. Sua correspondência foi, com frequência, inundada por ofertas de autores em busca de conselho e, mais provavelmente, de validação. Em uma carta a Magalhães de Azeredo, datada de 2 de fevereiro de 1898, Machado recebia da seguinte maneira os planos do jovem poeta, que desejava iniciar-se na prosa:

> Quanto ao romance que me anuncia, digo-lhe que o assunto é realmente inexplorado e tentador; pode muito bem deixar um quadro da

nossa sociedade ao terminar deste século. Conhece *Pais e filhos* de Turguêniev? É o encontro de duas gerações entre 1850 e 1860. O seu estudo é mais compreensivo e social que o daquele livro, limitado à educação espiritual da mocidade e ao contraste dos preconceitos de dois tempos que se avistam para se separarem. Sem paixão de nenhuma espécie, além do amor da arte e da verdade, pode compor um livro de valor, com a pausa necessária à matéria e ao gênero. Há muito que ver e fixar no papel.

Magalhães de Azeredo nunca escreveu o romance que pretendia, mas Machado parece ter tomado o conselho para si. Escrito entre 1896 e 1899, *Dom Casmurro* cuidou de retratar o contraste de dois tempos e suas respectivas mentalidades, fundidas numa única perspectiva, nas memórias de um dos membros da geração que ficava para trás. Machado pode ter conhecido a obra de Turguêniev desde 1868, quando Prosper Mérimée prefaciou e traduziu para o francês uma coleção de histórias do autor russo, reeditadas com *Pais e filhos* em 1898, no ano em que Magalhães de Azeredo recebia a sugestão de Machado.

Publicado na Rússia em 1862, *Pais e filhos* retrata a oposição entre duas gerações na iminência da reorganização do sistema russo de trabalho servil, durante o regime do czar Alexandre II. O romance tem como moldura uma sociedade em vias de transição, aspirando tardiamente à instituição do trabalho livre. A liberação progressiva e, em alguns casos, voluntária dos servos é sintoma de uma organização social ambígua: trata-se de uma sociedade na tensão entre o arcaísmo das suas relações sociais e a modernidade leviana da vida espiritual de elite, formada por aristocratas e intelectuais que se afirmam pela cópia dos modelos francês e alemão. *Pais e filhos* não chega a ser um romance histórico. Seu enredo apresenta a transformação moral de um pequeno grupo de personagens que sofrem a influência de um jovem médico niilista de origem social modesta, Bazarov. O interesse de Machado no romance pode ter se dado pela representação realista de uma sociedade tradicional transformando-se social e intimamente pela reestruturação simultânea de seu regime de trabalho e de seus valores morais; um mundo aristocrático animado por uma mentalidade tomada de empréstimo às capitais da Europa ocidental. Turguêniev retratara, idilicamente, mas não sem ironia, duas famílias no limite do mundo rural improdutivo, entre o arcaico e o moderno, no qual a rigidez das convicções ideológicas é dissolvida pela descoberta de emoções ingovernáveis, que não se deixam render pelo maniqueísmo dos ideais. Esse seria o fundamento da derrota de Bazarov, o doutor recém-formado que morre deixando-se contaminar de modo casual e patético, quase como se cometesse um suicídio altruísta, cuja finalidade seria purgar a nova geração.

As afinidades entre Machado e Turguêniev são consideráveis: a delicadeza e o cuidado na representação dos estados interiores, a "isenção" problemática da voz narrativa, a ênfase na concepção da autonomia estética, a imensa circunspecção vocabular, a nostalgia mordaz de seus personagens maduros etc. Na relação apaixonada entre aristocracia rural e pequenas classes urbanas, melancolia e misantropia surgem como motivos masculinos centrais, contrapostos à presença de mulheres fortes.

Se Machado conhecia *Pais e filhos* desde 1868, a relação entre a impossibilidade da remissão dos afetos de Félix e Lívia, em *Ressurreição*, e a ligação amorosa frustrada entre o médico niilista Bazarov e a viúva Anna Sergeyevna se reforça e se impõe. A surpresa da descoberta do amor inatingível e do irredutível mistério do outro; o temor de que este amor seja emanação de uma convenção romântica espúria; uma comunidade que insiste numa vida de etiquetas e cerimônias alheias; um médico niilista e misantropo, que ao mesmo tempo deseja e teme ser ressuscitado pelo amor; a figura do bacharel volúvel e crédulo; uma viúva rica, bela, inteligente e desencantada com a vida, que aguarda sem expectativas a sempre adiada restauração da vida familiar; aristocratas anacrônicos, protegidos pelos limites de uma propriedade rural improdutiva, e que intuem com resignação a sua própria superação; enfim, uma sociedade arcaica que crê modernizar-se pela falsidade ideológica da sua elite, todos esses são temas comuns aos dois romancistas. Mas o dilema de *Pais e filhos* é, sobretudo, aquele do conflito moral entre duas gerações que põem em disputa seus critérios de orientação para uma vida justa; sobre como se deve viver uma vida moderna num país que ainda caminhava a passos lentos rumo a uma modernidade contraditória, não raro artificiosa. E essa pode ser a ligação entre o romance russo e os de Machado.

Ora, o romance da consciência enleada começa no Brasil certamente antes da publicação de *Dom Casmurro*; mas é nele, através da reminiscência ruinosa de Bento Santiago, que se delineia a versão mais pujante, e talvez até hoje a mais sutil, do herói brasileiro em desacordo consigo. Desatando as memórias, o narrador faz a crônica íntima da derrocada de sua espécie. Aí está o Segundo Reinado evocado por um advogado ressentido que, entre mimoso e iracundo, acusa sua esposa de cometer adultério com um amigo do casal; uma leviandade atroz, já que a suspeita da bastardia do filho único leva o narrador a provocar a extinção da sua própria estirpe. A autobiografia de Bento Santiago, sétimo romance de Machado, possui o pendor das formas trágicas e põe no centro da nossa relação com a obra, a modo de exposição retrospectiva, o problema do reconhecimento do dano, do entendimento das motivações do outro e da atribuição da culpa.

O laconismo expressivo e, não raro, ambivalente é característico no narrador. Lembremos como ele menciona — sem relatar — a morte de Capitu, sua esposa. Ao longo dos 148 capítulos em que Bento expõe sua história, amargura e idílio se entrelaçam de modo a impedir que o leitor possa separar com clareza a visão do jovem Bentinho da avaliação da sua transformação danosa no velho Casmurro. O que ficou para trás é irrecuperável, mas a queda, a disjunção pesarosa entre o presente do narrador e sua juventude imaculada, tem origem certa, e esta jaz na infidelidade que ele atribui à companheira.

Distribuído no Rio de Janeiro no início de 1900, numa época em que a recente nação brasileira atravessava um período marcado pelas primeiras tentativas de se desvendar pela memória do seu século XIX, o romance de Machado convive com a nascente memorialística nacional e com a afirmação do ensaio historiográfico. Concomitante ao entusiasmo dos positivistas com a Primeira República, às suas próprias crises e à denúncia naturalista dos costumes tropicais, *Dom Casmurro* reedita com brandura, e bastante a contrapelo das tendências da época, a fórmula que o seu autor empregara quase vinte anos antes em *Memórias póstumas*. Ele insiste na figura do narrador cabotino, inconfiável e anacrônico, que dessa vez se recorda da plenitude e do soçobro de uma vida amorosa abortada pela sua desconfiança de Capitu.

O romance inicia uma tradição nacional fecunda e ainda pouco explorada em seus temas e técnicas comuns. A mesma nostalgia, doce e amarga, que imprime à narrativa machadiana seu vigor peculiar e o mesmo assombro causado pela tentativa de compreensão de uma figura feminina — enigmática em sua capacidade de revelar o herói à sua revelia — marcam *Dom Casmurro* e uma das principais linhas da ficção brasileira. *Macunaíma* (1928) de Mário de Andrade, *São Bernardo* (1936) de Graciliano Ramos, *Grande sertão: veredas* (1956) de Guimarães Rosa, *Avalovara* (1973) de Osman Lins, *A hora da estrela* (1977) de Clarice Lispector e, mais recentemente, *Coivara da memória* (1991) de Francisco Dantas comungam da mesma característica nascida com o narrador machadiano Bento Santiago: a memória de ficção restaura o narrador — ou o protagonista — no confronto com as próprias limitações, que expõem sua consciência moral pela fidúcia num sentimento gorado, geralmente associado a uma mulher-enigma. Curiosamente, em quase todas essas narrativas a autoanálise do herói ou o escrutínio de suas motivações chega a ponto de invocar metáforas do sagrado e uma reflexão contumaz sobre a relação entre benevolência e malícia, entre viver e narrar-se.

A única obra que antecipa a contribuição de *Dom Casmurro* à literatura brasileira é *Lucíola*, publicado por José de Alencar em 1862. Paulo Silva, talvez nosso primeiro memorialista de ficção complexo, além de tentar reescrever *A dama das camélias* à luz das Epístolas de São

Paulo, a fim de mascarar a pequenez dos seus motivos e a fonte de sua própria humilhação, acaba descobrindo na memória das suas aventuras com a mais audaz e pura das cortesãs do Império um prazer incomensurável e igualmente pedagógico. Eis a lição que Machado parece ter tomado de um parágrafo de Alencar e de alguns versos de Shakespeare: as faltas apenas podem ser expiadas pela própria rememoração; é somente através da memória que os desejos se tornam plenamente inteligíveis.

Ao longo da história da crítica literária brasileira, a avaliação de *Dom Casmurro* mudou após a publicação do livro de Helen Caldwell, *The Brazilian Othello of Machado de Assis*, em 1960. Depois de sessenta anos de leituras do romance, Caldwell propôs pela primeira vez a hipótese da inocência de Capitu, baseada na ideia de que Machado reescrevera a tragédia de Shakespeare nas memórias de um narrador inconfiável que fundia Otelo e Iago em sua tentativa de convencer o leitor de que sua Desdêmona, Capitu, era de fato culpada.

A presença de autores estrangeiros, do teatro renascentista aos ironistas do século XVIII, na obra de Machado, evidencia um aspecto importante do seu uso de traços estilísticos pouco familiares à narrativa latino-americana. Shakespeare é sem dúvida o autor ao qual Machado se refere mais sistematicamente. Em um levantamento incompleto, Caldwell diz ter encontrado 225 referências diretas a vinte peças diferentes. Embora essa presença se faça sentir em quase todas as principais obras de Machado, tal ligação nunca foi interpretada no sentido de esclarecer como ele se beneficia da afiliação. O interesse de Machado em Shakespeare é, sobretudo, um interesse no teatro como seu gênero favorito, e na dissimulação como tema. Na sua obra, a tragédia de *Otelo* é referida diretamente mais de trinta vezes e descrita como uma das maiores conquistas da literatura. Entretanto, essa atenção ao mouro de Veneza não é exclusiva de Machado. Caldwell ignorou o contexto literário no qual o jovem autor foi influenciado por aspectos do drama elisabetano à época do surgimento do realismo teatral no Rio de Janeiro.

Iago

Shakespeare é, sem dúvida, o autor de maior presença em Machado, além de formar parte essencial de sua biblioteca, figurando em duas coleções de obras completas, sendo uma delas em moderna tradução francesa, comentada. Foram as adaptações neoclássicas de Shakespeare, realizadas por Jean-François Ducis no final do século XVIII, em particular *Othello; ou le more de Venise* (1793), que exerceram uma influência decisiva no estabelecimento do teatro romântico, posto em cena pela companhia do ator e empresário João Caetano. Esse fato marcou o apreço da geração de Machado por alguns dos temas do dramaturgo inglês.

    O teatro brasileiro moderno nasceu do modo como escritores e atores interpretaram a reavaliação que o romantismo francês fez da tragédia neoclássica. A primeira tragédia nacional, *Antônio José*, de Gonçalves de Magalhães, foi encenada em 1838 e publicada no ano seguinte. Oscilando entre o rigor do modelo clássico e a flexibilidade formal e temática dos românticos, Gonçalves de Magalhães invoca Racine e Shakespeare contra os excessos teatrais do romantismo corrente, que lhe parecia "uma orgia da imaginação, sem fim algum moral, antes em seu dano". Um dos alvos do dramaturgo brasileiro era o prefácio de *Cromwell*, publicado em 1827 por Victor Hugo, que por sua vez também reivindicava Shakespeare como base da investida romântica contra as unidades dramáticas — de tempo, espaço e ação — do neoclassicismo francês.

Tomando o drama como o encontro da poesia com a verdade — e do ideal com a modernidade —, Victor Hugo afirmava que Shakespeare "é o drama; e o drama [do real], que funde num mesmo sopro o grotesco e o sublime, o terrível e o ridículo, a tragédia e a comédia, o drama é o caráter próprio da terceira época da poesia, da literatura atual". Essa interpretação do desenvolvimento da poesia teria consequências importantes para o teatro brasileiro do século XIX. Gonçalves de Magalhães reagiu contra a ênfase que a soma do grotesco com o sublime, e a equivalência entre natureza e verdade, possuía no prefácio do poeta francês. Aliado ao romantismo em apenas algumas das suas teses, o dramaturgo brasileiro optou por um ecletismo que encontrava na curiosa conjunção entre liberalismo romântico e a sobriedade formal do neoclassicismo os fundamentos de sua distinção entre o drama e a tragédia: o primeiro representando o homem na história, em suas particularidades concretas, e o último encenando situações gerais, cuja universalidade era capaz de garantir certa aproximação à reflexão filosófica. Em ambos os casos, a função do teatro era revelar a beleza, definida por Gonçalves de Magalhães, a partir de suas leituras de Victor Cousin, como a expressão da verdade moral. A tragédia nacional nascia por um libelo contra a tirania, inspirado por um lado no ideal de liberdade do romantismo francês e, por outro, na nostalgia da virtude e da harmonia neoclássicas. O ecletismo que caracteriza a obra teatral de Gonçalves de Magalhães revela o modo ambivalente como os modelos europeus eram adaptados ao cenário cultural brasileiro, produzindo anacronismos que tentavam conciliar, em um Império de economia escravocrata, o racionalismo iluminista com os princípios do liberalismo romântico.

Entretanto, foi um ator e empresário — e não um conjunto de obras ou um único dramaturgo — que dominou o teatro brasileiro da primeira metade do século XIX. João Caetano dos Santos havia estreado na primeira tragédia nacional e viria a ocupar uma posição central no surgimento do teatro brasileiro como instituição. O Shakespeare invocado por Gonçalves de Magalhães para apoiar suas reivindicações de decoro iluminista era, contraditoriamente, o Shakespeare neoclássico adaptado por Jean-François Ducis às normas do palco francês pós-1789. Um ano antes de atuar em *Antônio José*, João Caetano tinha representado o *Otelo* de Ducis em tradução do próprio Gonçalves de Magalhães. Entre 1837 e 1860, o ator brasileiro encenou esse *Otelo* neoclássico 26 vezes, juntamente com adaptações semelhantes de *O mercador de Veneza*, *Macbeth* e *Hamlet*.

Othello; ou le more de Venise, de Ducis, foi encenado pela primeira vez em Paris no Théâtre de la République, no dia 26 de novembro de 1792, primeiro ano da República francesa. A reinterpretação de Ducis, que havia chocado o público francês com a morte de Desdêmona, chegava ao Brasil com quase cinquenta anos de atraso, quando o romantismo europeu já havia reavaliado positivamente o drama shakespeariano pelo que nele havia de incontido; pela mistura de níveis e registros sociais e linguísticos; pelo léxico às vezes grotesco; pela sua sexualidade franca; pela ambivalência moral dos personagens etc.

Ducis procurou eliminar quase todos esses elementos que caracterizavam a variedade cênica shakespeariana.

Ele evitou dar ao seu Otelo a tez escura, o que em sua opinião "teria a vantagem de não revoltar os olhos do público e, sobretudo, os das mulheres". Na adaptação, o herói e sua amada ainda são noivos, evitando portanto a possibilidade do adultério. Desdêmona — em Ducis, Hédelmonde — é assassinada com um punhal, método julgado mais humano. Os protestos do público fizeram com que o dramaturgo alterasse sua versão depois das primeiras apresentações e reescrevesse a conclusão trágica da obra, oferecendo em sua primeira edição ambos os desenlaces: o funesto e o que reconciliava os protagonistas. Ducis também modifica consideravelmente a apresentação da perfídia de Iago:

> Estou convencido de que enquanto os ingleses podem observar tranquilamente as manobras de tal monstro [Iago] em cena, os franceses jamais suportariam sua presença, ainda menos assistir-lhe desenvolvendo toda a extensão e profundidade da sua malícia. É o que me leva a ocultar o personagem que o substitui, tão fracamente na minha peça, até o desenlace final [...]. É, pois, com uma intenção muito determinada que escondi cuidadosamente dos meus espectadores esse personagem atroz, a fim de não revoltá-los.

Bastante sugestivo do novo etos republicano francês, o comedimento do autor diante da malícia de Iago — fundado a partir de um juízo moralizante com relação ao público — seria responsável pelo enfraquecimento do valor ético que a tragédia shakespeariana originalmente continha; um detalhe que não passaria em branco nem ao romantismo brasileiro nem a Machado.

João Caetano

Otelo foi o papel que mais marcou a carreira de João Caetano. Décio de Almeida Prado sugere que a fascinação do ator brasileiro com a obra vem menos de sua admiração por Shakespeare, ou Ducis, e mais do desejo de emular seu verdadeiro modelo de palco, o ator francês Talma, bastante conhecido pelo repertório shakespeariano. O Otelo neoclássico de Ducis iria adquirir uma intensidade romântica exuberante nas mãos de João Caetano, que se celebrizou representando o papel caracterizado como africano de pele escura, alternando-se entre estados emocionais extremos; entre sussurros e rugidos que procuravam destacar a natureza feroz de uma alma sublime, atormentada pela dúvida. Comentando sua interpretação do papel, o próprio João Caetano afirma:

> Lembro-me ainda que quando me encarreguei do papel de Otelo, na tragédia *Mouro de Veneza*, depois de ter dado a este personagem o caráter rude de um filho do deserto, habituado às tempestades e aos embates, entendi que este grande vulto trágico quando falava devia trazer à ideia do espectador o rugido do leão africano, e

que não devia falar no tom médio da minha voz; recorri por isso ao tom grave dela e conheci que a poderia sustentar em todo o meu papel.

Há aqui as possíveis marcas do Shakespeare do prefácio de *Cromwell*, entendido por Victor Hugo como a encarnação do drama moderno, que toma o real na combinação do grotesco com o sublime, e é capaz de chegar à verdade do homem contemporâneo pela harmonia dos contrários. A interpretação que João Caetano deu a Otelo emulava essa percepção romântica que iguala o herói trágico a forças e entidades da natureza. O herói brando de Ducis retornava, pelo ator brasileiro, às origens. Nesse sentido, o anacronismo do repertório trágico brasileiro, na sua opção pelo Shakespeare neoclássico de Ducis, era atualizado cenicamente no tenso gestual romântico da interpretação de João Caetano. E essa foi a maneira como Shakespeare acabou sendo recebido no Brasil durante a primeira metade do século XIX.

Aos poucos, os autores românticos no Brasil se dão conta da enorme perda do conteúdo dramático envolvido nesse processo de adaptação romântica brasileira de uma interpretação neoclássica francesa de um dramaturgo renascentista inglês. Na fase inicial da carreira de João Caetano, o sucesso de público de *Otelo* desatou nele uma preferência por encenar peças cuja intensidade dramática estava relacionada à traição e à infidelidade. Décio de Almeida Prado sugere que, no palco brasileiro, seguiu-se a *Otelo* um verdadeiro ciclo de peças sobre a "dialética do ciúme — a alternância furiosa entre o amor e o ódio" —, expressa em obras como *Zayre*, de Voltaire, *Zulmira* e *Ackmet e Rakima*, de Antônio Xavier, e *Fayel*, de Baculard de Arnaud. Quando o tema é capaz de produzir, no Brasil, o primeiro drama romântico de qualidade — a peça *Leonor de Mendonça*, de Gonçalves Dias —, João Caetano se nega a encená-la, deixando o autor extremamente decepcionado.

Leonor de Mendonça foi ao palco em 1846. Ela se baseia num episódio histórico ocorrido em Portugal, em 1512. Convencido de que sua esposa havia cometido adultério com um dos serviçais, o duque de Bragança ordena sua morte. Na peça, a despeito de suas súplicas, a duquesa Leonor de Mendonça é incapaz de convencer o marido de que era inocente. O duque tem a certeza reforçada pela existência de uma fita pertencente à esposa, que, tal como o lenço de Desdêmona, tinha sido encontrada em posse do provável amante, o jovem Alcoforado. Ecoando Otelo e Hamlet em sua extrema inconstância e desconfiança — e atormentado pela memória da morte do pai —, o duque acusa, julga e condena a esposa. Leonor, contrariamente ao desvario do marido, se caracteriza por uma prudência que ela própria define como o dever da sua posição. Não há a presença da malícia de Iago, que no Brasil já havia sido minimizada desde a versão de Ducis.

Num casamento sem amor, como o de Leonor com o duque, o tema do adultério se insinua quase legitimamente, para logo ser excluído, inocentado e, mesmo assim, punido. A condenação sem culpa se transforma no principal motivo da peça. A motivação para tal ato parece vir da posição que ambos, o duque e a duquesa, ocupam um em relação ao outro. No monólogo sobre os motivos de sua morte, Leonor afirma: "O duque é bem cruel e todavia eu sou como ele, sou talvez pior do que ele, e morrerei!... Morrerei porque sou fraca, morrerei porque sou mulher!..." Gonçalves Dias realiza uma denúncia bastante avançada da condição da mulher. Uma das contribuições desse drama para a literatura brasileira está no fato de a heroína descobrir aspectos ignorados de si mesma quando sonda o mal que lhe imputava o duque. Tal malícia parece emanar furtivamente da relação falhada entre os protagonistas, que tomados isoladamente eram afáveis e inocentes. Há uma ligação sugestiva entre subordinação e culpa na maneira como se relacionam o duque, a duquesa e o jovem Alcoforado. Antes definida pela simples pureza, em seu autoexame Leonor toma de empréstimo de seu marido certa impermanência nervosa, sugerindo que a ausência de comunicação entre ambos faz parte das características trágicas de sua própria posição na família. Ela afirma: "Imprudentemente me prodigalizais impropérios e convívios, senhor duque. Fui criada em vossa casa, foi vossa mãe quem me educou. Atentai que parte de quanto me dizeis recai sobre quem se encarregou da minha educação." E ele responde: "Por quê? Conheço almas fáceis que se persuadem que ser virtuosa é ser fingida e que para ser impune basta ser habilmente criminosa. Outras há que nascem propensas para o crime e com o instinto do vício no coração. Há criaturas assim!"

O diálogo propõe a pergunta fundamental da peça: de onde vem o mal? Ela anuncia o tema do desenlace de *Dom Casmurro*. Respondendo às acusações do duque, Leonor parece desafiá-lo a interpretar a origem da conduta que ele lhe atribui, levantando a possibilidade de que a gênese desse mal poderia residir no seio da própria família atormentada do duque. A hipótese é descartada em favor de uma explicação essencialista. O duque de Bragança a acusa não apenas de incorporar o mal em si, mas também de possuir a faculdade de dissimulá-lo, tornando fingimento e perfídia termos equivalentes. Leonor pede mais tempo de vida para explicar-lhe o erro. Impaciente e determinado, o duque a arrasta para fora de cena, decidido a executá-la pessoalmente.

Produzido como consequência indireta da vaidade do ator João Caetano, em sua devoção a Shakespeare, o drama *Leonor de Mendonça* é o primeiro momento em que a literatura brasileira medita, através do tema do adultério, sobre a relação entre malícia e sociedade na composição da motivação dos personagens. A perfídia dissimulada de Iago — que havia sido censurada pelo etos neoclássico de Ducis e transposta para o Brasil pela leitura romântica de João Caetano — agora volta ao palco no primeiro drama nacional sobre o engano. Em *Leonor de Mendonça*, Gonçalves Dias dissolve Iago no ambiente social que envolvia os protagonistas, tornando a heroína uma vítima de relações das quais ela não pode escapar. A condenação de Leonor não pode ser explicada exclusivamente pelo ciúme cego do duque, já que o casamento não estava baseado no amor entre ambos. A duquesa foi vítima da sua posição, e o duque de Bragança acaba sendo, de certo modo, condenado a algoz num drama em que a ausência de comunicação restringe a liberdade do indivíduo e pune o livre-arbítrio. A maldade se encontrava imperceptivelmente repartida entre os personagens, inclusive na própria Desdêmona romântica de Gonçalves Dias. O romantismo brasileiro despersonalizava o caráter maldito que encantava Victor Hugo no *Otelo* de Shakespeare. Em *William Shakespeare*, publicado em 1864, o poeta francês viu Otelo como a majestosa noite que havia se apaixonado pela aurora, Desdêmona. Para Hugo, ao lado de Otelo, que é a noite, há Iago, que é o mal. O mal, a outra forma da sombra. A noite é apenas a noite do mundo; o mal é a noite da alma [...]. Contra a brancura e o candor, Otelo o negro, Iago o traidor, que horror! Essas ferocidades da sombra conspiram, uma rugindo, outra zombando, para o estrangulamento trágico da luz.

Iago é apontado por Hugo como complemento a Otelo. A malícia torna-se parte do homem de bem. Há nessa visão uma sutileza no tratamento da perfídia das motivações humanas que se opunha tanto à herança neo-clássica — presente em *Leonor de Mendonça* — quanto ao melodrama popularizado no Brasil. Entretanto, na década de 1860 o drama romântico já dividia as atenções do público, não apenas com o melodrama, mas também com o realismo teatral.

Outro realismo

O romantismo dedicou-se ao tema da liberdade. A suspensão do tráfico de escravos, em 1850, liberou grande quantidade de capital, que seria utilizado em investimentos na modernização da economia e do aparelho urbano. O realismo no teatro brasileiro faz parte desse período de relativo progresso e ampliação das camadas médias e diversificação da vida cultural na Corte. Partindo do interesse romântico na liberdade, o teatro realista realizou a celebração da moderna família burguesa, ainda quase inexistente no Brasil. O realismo rejeitou no palco a fantasia e o drama histórico romântico em favor de peças francesas contemporâneas, ou obras nacionais que tematizavam a sociedade brasileira da época. O movimento foi representado, no Rio de Janeiro, por um grupo de atores, críticos e dramaturgos que fundaram, em 1855, o Teatro Ginásio Dramático, inspirados pelo Gymnase Dramatique francês. Machado, então aos 16 anos, educou-se esteticamente pela sua participação nos debates entre o Ginásio Dramático e a companhia de João Caetano, que à época ainda era o representante do romantismo teatral e do melodrama nacional. Dez anos depois, em 1865, quando o teatro realista começa a perder espaço para o teatro musicado de comédia, Machado já havia se transformado no "mais importante [crítico teatral] do período, o que melhor documentou a reforma realista implementada pelo Ginásio".

O realismo teatral brasileiro teve, sobretudo, duas intenções: criar uma *mise-en-scène* mais natural, evitando o exagero do estilo da interpretação romântica; e oferecer uma lição moral ao espectador da obra, demonstrando a necessidade da adoção de uma ética burguesa. A conciliação do amor com o dinheiro, a manutenção de uma família monogâmica, a sátira ao exagero romântico e à vaidade aristocrática eram temas frequentes no repertório realista. Em 1862, a peça *O protocolo*, de Machado, voltava em termos realistas ao tema de *Leonor de Mendonça*.

Uma esposa fiel (Elisa), desencantada com o amor matrimonial, é cortejada por um aventureiro romântico (Venâncio), que ameaça a estabilidade da família. Tanto a esposa quanto o marido (Pinheiro) são céticos com relação ao amor romântico e à paixão matrimonial. Mas a possibilidade da infidelidade se insinua como uma espécie de capricho calculado, que a esposa poderia utilizar para punir a indiferença do marido. Quando ele é informado pela prima (Lulu) da ameaça, tem em mente as intenções de um Otelo comedido e patético: arrancar as orelhas do amante. Ao que sua esposa lhe pergunta: "Mutilado ele, que pretende fazer da mesquinha Desdêmona?" O marido a devolveria à casa do pai. Mas nada disso ocorre. As responsabilidades de marido e esposa são invocadas, o aventureiro é expulso da família e a comédia elude a tragédia através de uma racionalização burguesa dos costumes, em que o diálogo sincero restaura a paz da família. A falta dessa capacidade havia causado a condenação de Leonor. Na peça de Machado, a exclusão da malícia pela razão, e em favor da harmonia dos costumes e do gestual refreado, evocava o desenlace conciliador do *Otelo* de Ducis. De certo modo, a ênfase dos realistas brasileiros na sobriedade e na lição moral — que havia banido Shakespeare do palco nacional — aproximava-os do comedimento neoclássico.

Essa racionalização da conduta no drama realista brasileiro era parte da tentativa de trazer a naturalidade para a representação teatral. O caráter "natural" da cena, do gestual e da interpretação deveria somar-se a seu fim moralizante, reproduzindo a realidade, mas introduzindo nela pequenas alterações que contribuíssem para a educação moral do público. Foi neste sentido que Machado traduziu com entusiasmo a peça *Suplício de uma mulher*, de Alexandre Dumas Filho, encenada pelo Ginásio Dramático em 1865. O tema fascinou a geração realista: uma esposa trai o marido com o melhor amigo da família e chega a ter do amante uma filha que o marido acreditava ser sua. (Atenção ao paralelo com *Dom Casmurro*.) Quando tudo se revela, o marido toma uma decisão racional, que pune todos os envolvidos. O engano e o adultério são superados astuciosamente pela deliberação calculada, que toma o castigo como demonstração pública do dano; a esposa e o amante são condenados a aparecer diante da opinião pública como exemplos da ingratidão e da infâmia. Machado comenta seu interesse na peça e na própria tradução, num folhetim, afirmando que a obra de Dumas está cheia de "intenções morais" no seu tratamento do adultério e que a "moralidade de uma obra consiste nos sentimentos que ela inspira". O tema do adultério aberto era considerado perigoso. Não esteve presente de modo ostensivo na primeira fase do romance machadiano, mas voltaria em seu romance maduro. *Memórias póstumas*, *Quincas Borba* e *Dom Casmurro* formam uma trilogia sobre um problema que apenas se insinuara na produção contística e teatral do jovem Machado.

Há uma contradição interessante na maneira como o realismo teatral procurou criar uma impressão verossímil da realidade nacional. De acordo com a teoria da "quarta parede", tal como entendida pelos autores e diretores brasileiros, o espectador deveria estar entregue ao desenvolvimento de uma experiência verossímil; uma experiência que poderia ocorrer quotidianamente na vida do público e na qual ele pudesse se reconhecer. Mas a importação do modelo e dos temas franceses ameaçava a verossimilitude da representação da matéria nacional. A família burguesa, autônoma, monogâmica, formada por profissionais liberais, caracterizada por uma ética de conduta racional e organizada pelos princípios de igualdade, liberdade e fraternidade não encontrava equivalente no Brasil do Segundo Reinado. A família brasileira permanecia patriarcal, semirrural, baseada no princípio do apadrinhamento e organizada, em sua economia e intimidade, pelo trabalho escravo pelo menos até 1888. De certa forma, o espírito iluminista e racional do teatro realista francês falseava a verossimilitude de sua adaptação no Brasil. Isso não impediu o relativo sucesso e a produção de peças que tematizavam essa ambiguidade da sociedade brasileira, no seu processo inicial de urbanização.

Roberto Schwarz interpreta *Senhora*, de Alencar, e os primeiros romances de Machado como racionalizações da família patriarcal brasileira. Para ele, os princípios burgueses inerentes à forma do romance romântico europeu não encontravam equivalentes no processo social brasileiro dos anos 1870. Na realidade, dilemas semelhantes aos que marcaram o romance romântico brasileiro já estavam presentes, quase vinte anos antes, no teatro realista nacional. No Brasil, o realismo teatral se antecipou ao realismo no romance e foi contemporâneo da vocação que alguns críticos atribuem exclusivamente à prosa romântica. Quando o romance romântico brasileiro começa a enfrentar sua crise, nas últimas obras de Alencar e primeiras de Machado, tentando encontrar maneiras de representar os costumes contemporâneos, fiéis ao cenário nacional, o teatro realista já havia enfrentado o problema sem, no entanto, encontrar uma solução adequada. Na tradução, nas adaptações e encenações, o realismo meditou no palco sobre o modo como a ação deveria ser representada, para que ela garantisse, plausivelmente, seu efeito moral. Assim, o teatro realista criou um gestual, um estilo de representação cênica e um repertório de temas que, vinte e cinco anos depois, seriam relevantes para a passagem do romantismo ao realismo na prosa de ficção.

Por causa de sua ansiedade em representar situações racionais e transparentes, o realismo no teatro procurou punir o vício e condenar a dissimulação. A capacidade de enganar, de trair, de ocultar a traição, de fingir-se inocente, criando uma vida dupla, era um dos usos impuros e antiéticos da razão dramática. Presente no ciclo romântico das peças sobre o ciúme e nos vilões realistas, que ameaçavam as famílias, o tratamento da faculdade do engano foi um ponto importante na maneira como o drama romântico, o teatro realista e o romance de Machado lidaram com a questão da representação da ação humana, da sua racionalidade e do seu valor.

A educação estética de Machado deu-se através da participação como crítico de teatro no movimento do realismo dramático brasileiro, entre 1855 e 1865; movimento que se contrapunha ao melodrama e à tragédia romântica, representada pelo grupo de João Caetano. A composição dos protagonistas dos primeiros romances de Machado, entre 1872 e 1878, segue uma orientação análoga àquela adotada no teatro pela reforma realista da *mise-en-scène* romântica, que, quase dez anos antes do romance romântico machadiano, valorizara a matéria contemporânea, um gestual de cena mais natural, o contraste de personagens rumo a um desenlace moral, a celebração do racionalismo na organização da conduta e o elogio de uma nova ética familiar. Quando, em seu antológico ensaio "Notícia da atual literatura brasileira", publicado em 1873, Machado investe contra a tendência de se considerar a cor local requisito e critério de valor para a literatura nacional, ele tem em mente outro tipo de romance, o romance moral, como sinônimo do que considerava ser a mais alta aspiração do gênero.

> Pelo que respeita à análise de paixões e caracteres são muito menos comuns os exemplos que podem satisfazer à crítica; alguns há, porém, de merecimento incontestável. Esta é, na verdade, uma das partes mais difíceis do romance, e ao mesmo tempo das mais superiores. Naturalmente exige da parte do escritor dotes não vulgares de observação, que, ainda em literaturas mais adiantadas, não andam em rodo nem são partilha do maior número.

É no mesmo contexto que, entre 1855 e 1878, referências a Shakespeare estiveram presentes na reflexão machadiana sobre a arte: inicialmente como aliado romântico a Victor Hugo na batalha contra as versões neoclássicas das tragédias shakespearianas de Ducis; em seguida, como aliado realista na rejeição do gestual, das motivações e do vocabulário romântico de José de Alencar e João Caetano; finalmente, Shakespeare surge como sinônimo do potencial humanista da arte, no ataque de Machado ao naturalismo de Zola, realizado em sua resenha de *O primo Basílio*, de Eça de Queirós.

Motivado pelo contexto específico da recepção do drama europeu no Rio de Janeiro de sua juventude, Machado encontra em algumas peças do dramaturgo inglês — sobretudo em *Hamlet, Otelo* e *Romeu e Julieta* — uma linguagem sobre a arte e sobre a relação que a ficção mantém com o real. Nessas obras, ele vê os elementos que supõe ser parte essencial da atividade de criação. Machado usa personagens e cenas de Shakespeare para ilustrar, aprofundar e corrigir o desenvolvimento de seus protagonistas. A percepção aguda que muitos deles possuem de suas próprias transformações está relacionada à capacidade de encontrar relações entre suas vidas e aquelas dos heróis shakespearianos; fato que se torna evidente na relação entre Bento Santiago e Otelo.

Afinal, *Dom Casmurro* compartilha com o *Otelo*, de Shakespeare, a conjunção entre malícia e formação do juízo, que resulta numa estética do êxtase e da transformação. E do teatro ao romance, Machado faria o translado desses temas de mãos dadas a Victor Hugo.

Hugo

A edição da quinta-feira, 15 de março de 1866, do *Diário do Rio de Janeiro* trazia uma breve nota anunciando uma ansiada tradução, em folhetim, do romance mais recente de Victor Hugo, *Os trabalhadores do mar*. A notícia menciona Machado de Assis, então um jovem poeta, crítico literário e autor de quatro comédias e um volume de poesias, como tradutor da obra; segundo a nota, "a edição original deve chegar brevemente, e vem encontrar os ânimos já dispostos e ansiosos". O romance estava sendo publicado em Paris no mesmo mês e, ao contrário dos demais folhetins europeus, a tradução brasileira começou a ser lida no Rio de Janeiro praticamente ao mesmo tempo de sua divulgação na França, antes mesmo que os exemplares do livro fossem distribuídos na América Latina. A primeira experiência de largo fôlego de Machado com o gênero do romance foi, portanto, sua autoria da tradução dessa obra. A partir de então, seu interesse no gênero passou a crescer. Em 1870, ele assumiu, a contragosto, a tradução de *Oliver Twist*, de Charles Dickens. Menos de dois anos depois, em 1872, portanto mais velho e bem mais experiente em outros gêneros do que seus contemporâneos eram quando se arriscaram no romance, Machado publicou *Ressurreição*.

Há vários elementos nessa tradução de Victor Hugo que se relacionam à subsequente preferência de Machado por narrativas que descrevem a formação do caráter moral. Em *Os trabalhadores do mar*, Hugo buscava, segundo ele próprio, concluir uma trilogia sobre os desafios fundamentais ao espírito humano: o credo religioso, a vida em sociedade e os obstáculos da matéria bruta, ou seja, a natureza. *Notre-Dame de Paris* e *Os miseráveis* tinham explorado, respectivamente, os percalços às soluções humanas para os dois primeiros problemas. O novo romance abordava o conflito do homem com o universo natural, que se coloca como desafio ao entendimento e acaba gerando, pela multiplicação de crenças e superstições, um mundo interior profundo. Abordando um tema conflituoso, *Os trabalhadores do mar* conclui o projeto do escritor contando a história de um pequeno povoado da ilha de Guernsey, no Canal da Mancha, onde o próprio Victor Hugo tinha passado o exílio, entre 1852 e 1870. A tradução brasileira não inclui a digressão histórica e geográfica que abre o romance — presente apenas em edições subsequentes. A exposição minuciosa dos aspectos naturais e sociais do objeto da narrativa era uma característica hugoana que já tinha marcado seus romances anteriores.

Comum também a alguns romances de Balzac, embora menos integrados ao enredo que as digressões de Hugo, esse estilo de narração deixaria marcas na literatura brasileira, em por exemplo *Os sertões*, de Euclides da Cunha, cuja separação e o tratamento minucioso dos elementos do tema, além da rica densidade imagética, evocam o estilo hugoano. A tradução de Machado, no entanto, conduz o leitor diretamente à porção do conflito humano, ao longo do qual se desenha um enredo simples, em torno de quatro personagens principais. Ao contrário de *Os miseráveis*, cujas digressões se encontravam interpoladas à ação do romance, e no qual a simbologia cristã de expiação da culpa definia a personalidade do herói Jean Valjean, em *Os trabalhadores do mar* o protagonista é desenvolvido a partir de um modelo mítico. Gilliatt se origina no padrão helênico do homem capaz de subjugar a natureza bruta pela variedade de seus talentos físicos, mais do que por sua perspicácia, como é o caso do Ulisses de Homero. Embora Hugo proponha um mundo humano em oposição ao natural, ambos são moldados em franca continuidade, repartidos entre o bem e o mal; um mundo, portanto, mais afim à ficção de Alencar. Machado, ao contrário, estava longe de se deixar atrair pela composição de Gilliatt, cujo caráter visionário e misógino fora sublimado em sua reconversão ao elemento natural, pelo suicídio.

Em seu prefácio ao romance, comentando a trilogia, Hugo firma que "a estas três fatalidades que envolvem o homem [os dogmas religiosos, os preconceitos sociais e as interdições do elemento natural], junta-se a fatalidade interior, o *ananke* supremo, o coração humano". A luta de seres humanos movidos por cobiça, medo e amores desencontrados num mundo avesso às súplicas, descrito em linguagem detalhista, de léxico variado e simbólico, foi a feição que mais impressionou o jovem Machado. No romance, as paixões que animam os protagonistas são exemplares; elas se afirmam quando estes se encontram sozinhos e o narrador nos dá acesso às suas histórias privadas e consciências. De todos os personagens, o capitão Clubin parece ter deixado marcas profundas na imaginação machadiana da malícia. Depois de ter planejado, por toda a vida, uma existência aparentemente honrada e respeitável, Clubin — o hipócrita absoluto —

provoca o naufrágio do único barco a vapor da ilha, símbolo da modernidade em meio a uma população supersticiosa. O vilão escapa jubiloso, com uma pequena fortuna roubada ao patrão. Tal como seriam todos os protagonistas futuros de Machado, Clubin é um artífice da desfaçatez e um beneficiário da vida dupla. Eis um resumo da definição de seu ressentimento, na sugestiva tradução machadiana:

> Causa náuseas beber perpetuamente a impostura. A meiguice com que a astúcia disfarça a malvadez repugna ao malvado, continuamente obrigado a trazer essa mistura na boca, e há momentos de enjoo em que o hipócrita vomita quase seu pensamento. [...] O hipócrita é um titã-anão. [...] Por que motivo condenaram-no assim a essa tortura de adular, de rastejar, de comprazer, de fazer-se amar e respeitar, e trazer dia e noite no rosto um rosto que não era dele? Dissimular é uma violência imposta. Odeia-se diante de quem se mente. [...] Arrancar a máscara, que livramento! A consciência de Clubin alegrou-se por ver-se hediondamente nua, e por tomar livremente um banho ignóbil no mal. [...] Ser estimado aborrece. Admira-se a franqueza da degradação. Olha-se cobiçosamente a torpeza que se mostra tão a seu gosto na ignomínia. Os olhos obrigados a baixar-se têm muitas vezes destes olhares oblíquos. [...] Obrigar a multidão a examinar-te é reconhecer a tua força. [...] Estar exposto é ser contemplado. [...] Ser desmascarado é uma derrota, mas desmascarar-se é uma vitória.

A passagem guarda a centelha dos protagonistas de Machado: a importância da dissimulação, não como possibilidade do sujeito, mas como condição necessária para a satisfação das suas aspirações, é um tema glosado extensamente ao longo de sua ficção. Todas as heroínas dos romances da primeira fase demonstram o caráter rotineiro e universal do fingimento e da máscara. Elas reiteram e corrigem Clubin, o vilão de Hugo, no sentido de tomar o artifício como única possibilidade de emendar a má fortuna dos seus nascimentos e superar a vergonha de suas origens. As motivações da vilania de Clubin e da perspicácia dessas primeiras heroínas de Machado são análogas: o desejo de corrigir sua posição na sociedade obriga-os ao disfarce dos seus motivos; a prática de uma vida marcada pela duplicidade, em geral, causa agudeza e ressentimento; finalmente, a posição instável os dota de uma alma mais densa e sutil, que transparece sob a forma de olhares elusivos, uma metáfora que perpassa toda a obra de Machado e se amplia no personagem de Capitu, em *Dom Casmurro*, trinta e três anos mais tarde. Tanto em Hugo quanto em Machado, a humilhação engendra almas profundas. Entretanto, o uso racional e saudável da dissimulação, que as primeiras heroínas machadianas da retidão moral praticam, não parece estar presente nos demais romances machadianos; inclusive em seu incômodo romance de estreia, que nascera sob a promessa de um verso de Shakespeare.

A malícia

O capítulo em que Clubin revela sua natureza maliciosa, intitulado "Alumia-se o interior de um abismo", contém muitas das características dos protagonistas machadianos: a capacidade de mascarar sentimentos e intenções resulta de um passado vergonhoso, ou está associada ao ressentimento criado por um desejo reprimido de autonomia e distinção. As primeiras heroínas de Machado aprenderam — talvez com o vilão de Hugo — que a dissimulação, em vez de ser apenas *uma* das possibilidades da vida, era a principal condição da interação em sociedade, além de um modo de se alcançar o contentamento. Machado parece ter tomado Clubin como um Iago hugoano, que trama com o mar e é subjugado por ele. Levando-se em conta suas publicações após a tradução de *Os trabalhadores do mar*, podemos inferir que o que Machado reteve deste romance relaciona-se menos às qualidades míticas de Gilliatt, o herói altruísta de Hugo, e mais ao repertório de imagens associadas aos motivos do vilão.

Comparado ao mar, embora derrotado por ele, o traiçoeiro Clubin é o personagem mais profundo do romance. Para ele, como seria o caso dos heróis e das heroínas de Machado, consciências são moradas abismais.

Como sugere o narrador de Hugo, só os olhos conseguem expressar a profundidade de mentes elusivas. Uma das características do romance é sua misoginia, traduzida por imagens marinhas, não raro sexualizadas: "Em certos pontos, a certas horas, contemplar o mar é sorver um veneno. É o que acontece, às vezes, olhando para uma mulher." O mar também é descrito como "carcereiro" e dissimulado. Os olhos são definidos como as janelas da alma, porção moral do indivíduo. A imagem nos leva de volta a Shakespeare, pois há uma ligação forte entre *Os trabalhadores do mar* e a avaliação que Hugo fez das peças de Shakespeare.

Dois anos antes de publicar o romance, já exilado, Hugo escreveu um livro intitulado *William Shakespeare*, que deveria ter servido de introdução à nova tradução de seu filho das obras completas de Shakespeare. O texto de Hugo terminou crescendo mais do que o previsto e se transformou num tratado sobre o gênio criativo. Ao apresentar uma versão de *Os trabalhadores do mar* para o inglês, Ernest Rhys nota que "não é demais conectar o novo e amplo trabalho criativo [que se seguiu ao ensaio de Hugo sobre Shakespeare] com o duplo estímulo artístico proveniente dessa condição de solidão e de estreita familiaridade com a mente teatral daquele 'gigante da grande arte de todos os tempos'". Hugo viu em Shakespeare um herdeiro de Ésquilo, não de Homero. Sua comparação nos leva de volta ao repertório de imagens que fascinou Machado:

> Ponhamos, a modo de exemplo, esses dois poetas, Homero e Ésquilo, na presença de Helena. Homero foi imediatamente conquistado, e a admira; sua atenção é um perdão. Ésquilo se

deixa tocar, mas permanece grave. Ele chama Helena de "flor fatal"; e então completa, "alma tão serena quanto o mar tranquilo". Mas um dia Shakespeare dirá, "falsa como a onda".

O elo entre a Helena de Ésquilo e a Desdêmona de Shakespeare é, para Hugo, uma evidência de que a grandeza da imaginação e a intensidade metafórica da linguagem são traços essenciais que ligam os dois poetas. Em sua opinião, Shakespeare ampliou a perspectiva de Ésquilo sobre a astúcia feminina. *"Perfide comme l'onde"*, pérfida como a onda, era a versão mais popular da resposta de Otelo a Emília, logo após a morte de Desdêmona: *"She was false as water."* Machado traduziu o verso para o português seguindo a versão francesa. Em uma crônica de 28 de maio de 1865, intitulada "Conversas com as mulheres", ele escreve: "Pérfida como a onda, diz Otelo; e nunca mais uma imagem viva e mais bela exprimiu o perjúrio de uma mulher amada." No ano seguinte, se refere a Otelo no conto "Astúcia de marido". Em 1867, um ano mais tarde, escreveu um conto sugestivamente intitulado "Onda", não apenas citando o mesmo verso, mas também usando pela primeira vez, em enredo seu, a afiliação que se tornaria um dos seus motivos favoritos.

A conexão é clara: o primeiro grupo de referências a esse tópico data da época em que Machado estava lendo e traduzindo Hugo. Em meados da década de 1860, seu interesse em Otelo foi influenciado pela recepção de Hugo e Alfred de Vigny; à época, a versão que este fez de *Otelo*, para o francês, já estava disponível no Brasil. Porém, até então, Machado não se diferencia de seus contemporâneos, cujo interesse na tragédia havia sido suscitado, como vimos, pelo enorme sucesso das encenações de João Caetano, no Rio de Janeiro, entre 1837 e 1860. Mais do que qualquer dramaturgo, ele teve um papel fundamental no desenvolvimento do teatro romântico. A maioria das suas montagens, no entanto, usava a tradução portuguesa, feita por Gonçalves de Magalhães, de adaptações neoclássicas francesas de Shakespeare, realizadas por Jean-François Ducis. Essa adaptação representava, tal como notou Joaquim Nabuco, uma "tripla pulverização". A presença de Hugo na literatura latino-americana, em especial na poesia, serviu para deslocar o interesse anacrônico nas versões neoclássicas francesas de Shakespeare, particularmente em *Otelo*, que permaneceu o papel mais importante de João Caetano.

Machado comentou essa mudança na recepção romântica de Shakespeare. Ao resenhar Álvares de Azevedo, ele diz: "Amava Shakespeare, e daí vem que [Azevedo] nunca perdoou a tosquia que lhe fez Ducis." Com tal consciência, ele se tornou o primeiro escritor brasileiro a incorporar Shakespeare em sua obra, sem endossar a visão romântica — em muitos casos, hugoana — do dramaturgo inglês. Mesmo assim, manteve o entusiasmo de Hugo por Shakespeare. E não há dúvida quanto à importância de *Os trabalhadores do mar* para o ingresso, relativamente tardio, de Machado no gênero do romance. Seu interesse na dissimulação e na introspecção toma forma criativa poucos anos mais tarde, quando, em 1872, publica *Ressurreição* e escolhe por herói um noivo desconfiado à maneira de Otelo. A relação de Hugo com o interesse do jovem Machado nos temas do ciúme, da inveja e do fingimento se torna aparente no elo metafórico entre os olhos e o mar, entre a dissimulação e a formação de consciências profundas.

Muito da caracterização moral dos personagens de Machado pode ser sintetizada por outra citação da sua tradução de *Os trabalhadores do mar*: "Os olhos obrigados a baixar-se têm muitas vezes destes olhares oblíquos." A obsessão de Machado por olhares impregnados de vida moral domina seus romances e atinge o ponto máximo nos olhos de ressaca de Capitu. Alfredo Bosi é o intérprete moderno mais atento ao motivo do olhar machadiano. A obliquidade, em particular, se torna um traço compartilhado por todas as heroínas da sua primeira fase, que lidam com os impasses e o eventual triunfo de consciências deslocadas em meio à impossibilidade de evitar a emergência das próprias emoções morais: a vergonha, a culpa e o ressentimento motivam sua conduta.

Ressurreição, que apresenta o primeiro Otelo de Machado, é um estudo sobre o desenvolvimento de dois personagens que lutam com memórias de relacionamentos românticos falhados. Referências a *Medida por medida* e *Otelo* armam o espaço dentro do qual o cínico Félix evolui da apatia social a um desinteresse malicioso no outro. O autoengano tem um papel fundamental na maneira como Félix lida com a incapacidade de confiar nos outros. Sua predisposição a enganar é causada por experiências passadas, que desatam uma antiga falha de caráter evidente nos ciúmes que o herói sente da noiva, antecipando o desenvolvimento mais complexo do tema em *Dom Casmurro*. Como vimos, os três romances seguintes de Machado, todos serializados em periódicos da época, apresentam o que então era um subgênero popular: o *portrait de femme* balzaquiano, adaptado ao gosto nacional por Alencar, em *Luciola*, *Diva* e *Senhora*. Ao comentar as realizações de Alencar dentro do limitado cânone do romance romântico brasileiro, Antonio Candido ressalta tal conexão:

> Sentimos em Alencar a percepção complexa do mal, do anormal ou do recalque, como obstáculo à perfeição e como elemento permanente na conduta humana. É uma manifestação da dialética do bem e do mal que percorre a ficção romântica, inclusive a nossa. No menos característico Manuel Antônio de Almeida, vimos que não existe; em Bernardo [Guimarães] ela se atenua, sob a influência de um otimismo natural e sadio. Em Teixeira e Sousa e em Macedo, aparece como luta convencional dos contrários, para atingir, em Alencar, um refinamento que pressagia Machado de Assis.

As heroínas de Alencar fazem parte de um mundo em que preocupações corteses e mundanas são sublimadas pela confiança na redenção do amor. Suas intuições sobre o engano e a malícia, embora purgadas pelo desenlace redentor, antecipam o que viria a ser a base machadiana. Os melhores romances de Alencar, assim como os quatro primeiros de Machado, abraçam uma aceitação serena da dissimulação, além de sua possível distorção, quando transformada em prática da malícia. Quando se dedica à representação do disfarce calculado, como traço que ao mesmo tempo reforça e ameaça a sociedade, o romance se beneficia, no Brasil, de uma força peculiar. Tal como sugere Roberto Schwarz, a sociedade brasileira era uma combinação desconfortável de economia escravocrata com ideologia liberal. Essa vida moral complexa e deslocada é objeto de três dos quatro primeiros romances machadianos, que apresentam os dilemas das ambiciosas, embora conscienciosas, heroínas. Como apontei na primeira metade deste ensaio, essas narrativas possuem uma trama semelhante: jovens solteiras, de origem simples, humilhadas pela orfandade ou pela ilegitimidade, têm uma capacidade única para a dissimulação, o que lhes permite superar sua posição social e um sentido inerente de vergonha ligado a seu passado. Essas heroínas vivem como agregadas em famílias patriarcais incompletas, e o universo social ao qual aspiram pertencer parece não ter sido feito para elas. Todas buscam corrigir, com habilidade e moderação, os acidentes que as puseram numa posição insatisfatória.

A relação de Machado com Shakespeare, e seus desdobramentos, a meu ver explica, em parte, o relativo salto adiante que essas obras representam, reunindo o mergulho na consciência do personagem com os ardis da retrospecção narrativa. Aliás, esses romances *são* retrospectivos: todos se passam entre as décadas de 1850 e 1860, afastando-se de doze a vinte anos da época de sua própria publicação. Retratam um tempo nacional que nem é contemporâneo nem chega a ser parte de um passado histórico. Também olham retrospectivamente no sentido narrativo do termo, pois suas tramas evoluem a partir dos vestígios do passado das heroínas: elas permanecem atentas ao que fizeram ou ao lugar de onde vieram. Podemos concluir que o primeiro Machado caracteriza-se pela preferência por retratos morais, em que a representação de dilemas associados ao valor e às emoções de autoexame ganham destaque, invocam a presença do passado e substituem a ênfase romântica na trama convencional e imaginosa de um amor redentor.

Shakespeare

Uma comparação final entre Machado e Alencar nos leva de volta a Shakespeare. Na noite de núpcias Aurélia, a heroína de *Senhora*, é descrita com base em suas inclinações literárias:

> Aurélia não gostava de Byron, embora o admirasse. Seu poeta querido era Shakespeare, em quem não achava o simples cantor, mas o sublime escultor da paixão. Muitas vezes aconteceu-lhe pensar que ela podia ser uma heroína dessa grande epopeia da mulher, escrita pelo imortal poeta. No dia do casamento, sua imaginação exaltada chegou a sonhar uma morte semelhante à de Desdêmona.

A imaginação de Aurélia resume o uso típico de Shakespeare no romantismo brasileiro. A morte é tomada como desejo romântico de êxtase e renúncia. Machado, ao contrário, segue um caminho diferente. Em *Ressurreição*, o vilão Luís Batista realiza um plano shakespeariano, para "multiplicar as suspeitas do médico [Félix], cavar-lhe fundamento no coração a ferida do ciúme, torná-lo em suma instrumento de sua própria ruína. Não adotou o método de Iago, que lhe parecia arriscado e pueril; em vez de insinuar-lhe a suspeita no ouvido, meteu-lha pelos olhos".

Dois anos mais tarde, em *A mão e a luva*, Guiomar encontra o homem que iria escolher como marido depois de assistir a *Otelo*. Em *Helena*, o pai da heroína recorre ao conselho de Brabâncio a Otelo para se consolar da traição de sua esposa: "*Look to her, Moor, if thou hast eyes to see;* | *She has deceived her father, and may thee.*" Olha para ela, Mouro, se tens olhos para ver; | Ela enganou o pai, e o mesmo a ti vai fazer. Finalmente, em *Iaiá Garcia*, Estela, depois de sofrer a humilhação de um beijo roubado, tem o sentimento de vergonha comparado às manchas de sangue de Lady Macbeth. Essas referências não são casuais. No contexto de cada romance, são usadas como modo de aprofundar, por analogia e contraste, as motivações e o autoconhecimento dos protagonistas. Machado usa a intertextualidade como maneira de imaginar mundos em que a inocência não exclui a máscara. Essa foi a principal contribuição dos seus quatro primeiros romances à literatura brasileira. Eles desenvolvem e comentam as peças preferidas de Machado. O impacto de Shakespeare no desenvolvimento do romance brasileiro do século xix está ligado à sua convicção de que o romance deveria retratar o desenvolvimento do personagem através de uma construção plausível da motivação. E Machado cita outra vez *Otelo*, como apontei a propósito de sua insatisfação com o naturalismo, na famosa resenha do romance de Eça de Queirós, publicada em 1878.

Ao longo de sua obra, "Otelo de Shakespeare está presente na trama de vinte oito contos, peças e artigos". As referências de Machado ao drama shakespeariano vão de 1859 a 1908, ano de sua morte; num contexto mais amplo, entretanto, essa influência foi pouco estudada. Em *Machado de Assis: influências inglesas*, Eugênio Gomes propõe que Machado usou Dickens, Fielding, Lamb, Sterne, Swift e Shakespeare como prova de erudição e evidência de sua afinidade literária com o *humour* inglês; fato surpreendente, dada a afinidade cultural dos escritores brasileiros com a França, no período. Na versão revisada do livro, publicado em 1939, Eugênio Gomes inclui Victor Hugo junto aos autores ingleses, mas prefere analisar a ascendência hugoana quase exclusivamente na poesia de Machado. O mesmo crítico publicou um estudo bibliográfico intitulado *Shakespeare no Brasil*, cuja maior parte é dedicada, naturalmente, ao mesmo autor. Sua conclusão, um tanto decepcionante, é que "Machado de Assis bebeu muito do manancial de Shakespeare, em cujo culto nenhum outro escritor o excederia no Brasil do seu tempo". No mesmo ano, Celuta Moreira Gomes reuniu uma bibliografia abrangente de vários materiais escritos sobre — ou relacionados — a presença de Shakespeare no Brasil. Mais recentemente, Silvia Mussi da Silva Claro mapeou, numa tese de doutorado, as edições de Shakespeare publicadas até a morte de Machado e disponíveis nas bibliotecas às quais ele tinha acesso. Também rastreou as encenações no século XIX de peças de Shakespeare no Rio de Janeiro, realizadas por João Caetano, além das que foram produzidas pelos atores italianos Ernesto Rossi e Tommaso Salvini. A crítica também examina a presença de Shakespeare nas crônicas machadianas: "As citações de Shakespeare nas crônicas de Machado de Assis", conclui ela, "funcionavam qual facho de luz sob o qual o autor analisava os acontecimentos diários. A ficção era uma perspectiva a partir da qual o cronista olhava a realidade". Com apenas uma exceção, esses estudos representam a principal contribuição sobre o tema da afiliação literária de Machado. São estudos em sua maioria descritivos, e nenhum se propõe a responder por que Machado escolheu Shakespeare como um motivo recorrente, e como essa presença pode ter influenciado seu desenvolvimento como romancista.

A única exceção, talvez, seja a monografia de Helen Caldwell sobre *Dom Casmurro*, que exerceu forte influência na percepção que temos de Machado como um romancista que precisa ser lido contra as intenções manifestas dos seus narradores. Caldwell argumenta que uma revisão cuidadosa da influência de *Otelo* em *Dom Casmurro* poderia esclarecer a estrutura do romance, além de redefinir a questão da culpa da heroína. O livro deu início a um longo debate sobre o valor das intenções do autor e as implicações estilísticas, políticas e históricas dos seus narradores indignos de confiança. Não pretendi reavaliar a contribuição de Caldwell, mas oferecer evidências alternativas para uma possível origem do interesse específico de Machado no repertório de imagens ligadas à culpa e ao fingimento. Como procurei demonstrar, esse conjunto de imagens se relaciona à estruturação dos primeiros romances, na sua conexão com o impacto que Hugo teve na recepção de Shakespeare; tema que nos leva de volta ao objeto da tragédia de Otelo — os ciúmes na origem da culpa — e seu desenvolvimento em *Dom Casmurro*.

5. Os fins da imaginação

Quem se indaga é incompleto.
Clarice Lispector

Iago

Resumindo sua visão do romance, Tolstoi ressaltou a obsessão do século XIX com o tema do adultério. Suas realizações mais notáveis nessa senda, *Anna Kariênina* e *A sonata a Kreutzer*, não são meras reflexões literárias sobre a infidelidade, mas narrativas nas quais a suspeita e o engano aparecem como situações em que o autoexame é questionado em meio a um mundo onde a realização incondicional dos desejos é invariavelmente postergada. Ao contrário das explorações do mesmo tema realizadas por Hawthorne, Flaubert, Eça de Queirós e Zola, Machado parece ter seguido um caminho semelhante ao de Tolstoi. Ele se diferencia, entretanto, ao adotar Shakespeare e os moralistas do século XVIII como modelos para sua sondagem da vida interior e do engano moral. Seus romances são sobre indivíduos que tentam justificar os próprios motivos, enquanto desconfiam dos outros e são, ao mesmo tempo, incapazes de resolver a dúvida sobre se viveram ou não uma vida justa para consigo e com os demais. A mudança de foco do adultério para as emoções morais associadas a essa experiência — como o ciúme, a vergonha, a culpa, o remorso e o ressentimento — caracteriza o modo como Machado tratou o que, talvez, tenha sido o tema literário mais querido de sua época.

Suponhamos, por um momento, que Otelo, apesar de viver uma vida conjugal feliz, passe a ter ciúmes de Desdêmona depois de vê-la chorar a morte de um amigo próximo. Imagine, além disso, que na impossibilidade de verificar as suspeitas, Otelo aos poucos se torne seu próprio Iago, e a única "prova ocular" disponível seja a semelhança entre seu único filho e o amigo morto. Não há saída ou solução possível para essa dúvida. Otelo, então, manda sua família para o exílio e vive uma vida de reclusão e amargor. Como ele contaria a história de sua conversão da confiança à malícia? E o que essa suposição nos diz sobre a particularidade do romance brasileiro?

O capítulo 135 de *Dom Casmurro* se intitula "Otelo". Impressa em Paris, em 1899, essa autobiografia ficcional chega ao Rio de Janeiro no momento em que o Império, substituído pela República havia apenas dez anos, era, aos poucos, tomado como objeto de memórias literárias e da moderna historiografia nacional. O romance de Machado nos apresenta as lembranças de Bento, herdeiro de uma família decadente de latifundiários e marido que se acredita traído pela esposa. Tomado de ciúmes e ímpetos de reparação, Bento vaga pelo Rio do Segundo Reinado:

> De noite fui ao teatro. Representava-se justamente *Otelo*, que eu não vira nem lera nunca; sabia apenas o assumpto, e estimei a coincidência. Vi as grandes raivas do mouro, por causa de um lenço — um simples lenço! —, e aqui dou matéria à meditação dos psicólogos deste e de outros continentes, pois não me pude furtar à observação de que um lenço bastou a acender os ciúmes de Otelo e compor a mais

sublime tragédia deste mundo. Os lenços perderam-se, hoje são precisos os próprios lençóis; alguma vez nem lençóis há e valem só as camisas. Tais eram as ideias que me iam passando pela cabeça, vagas e turvas, à medida que o mouro rolava convulso, e Iago destilava a sua calúnia. [...] O último ato mostrou-me que não eu, mas Capitu devia morrer. Ouvi as súplicas de Desdêmona, as suas palavras amorosas e puras, e a fúria do mouro, e a morte que este lhe deu entre aplausos frenéticos do público.

Este é um dos vários momentos em que narrador e protagonista se confundem no âmbito de sua constituição moral e literária. A ação do romance se passa entre 1857 e, possivelmente, o final da década de 1890. A ida de Bento ao teatro se dá, ao que tudo indica, no final da década de 1870, coincidindo com as apresentações a que o autor alude nos textos do período. Mas, com exceção da surpresa de Bento ao assistir a *Otelo* pela primeira vez, o romance se refere a esta e a outras peças de Shakespeare desde o nono capítulo. Apesar da vontade, Bento nem sufoca Capitu nem envenena o filho, que ele acredita ser fruto de Escobar. Machado nunca cedeu aos exageros dos românticos e dos naturalistas brasileiros. Seu estilo estritamente anticlimático abranda e ironiza qualquer sugestão melodramática. O homem velho e desdenhoso em que se transforma seu protagonista parece não se dar conta de que ele próprio pode ter sido o responsável pelo fim dos Santiago; sua extinção representa o encerramento de uma velha ordem que, mesmo assim, se recusa a transigir com qualquer outro estrato social ou mentalidade.

O narrador de Machado, que chamo Dom Casmurro para diferenciá-lo do protagonista Bento, é marcado por *Otelo* do começo ao fim. Essa tragédia dá forma ao desenvolvimento narrativo do romance de modo, ao mesmo tempo, esclarecedor e elusivo. O capítulo 62, por exemplo, intitulado "Uma ponta de Iago", retrata o primeiro ataque de ciúmes adolescentes de Bento. Dirigindo-se desdenhosamente a um leitor talvez ainda ignorante do paralelo com a vida de Otelo, o narrador conclui que desde muito cedo Capitu, seu primeiro e único amor, pode ter sido culpada de trocar olhares furtivos e flores com um dândi da vizinhança:

> E... quê? Sabes o que é que trocariam mais; se o não achas por ti mesmo, escusado é ler o resto do capítulo e do livro, não acharás mais nada, ainda que eu o diga com todas as letras da etimologia. Mas se o achaste, compreenderás que eu, depois de estremecer, tivesse um ímpeto de atirar-me pelo portão fora, descer o resto da ladeira, correr, chegar a casa do Pádua, agarrar Capitu e intimar-lhe que me confessasse quantos, quantos, quantos já lhe dera o peralta da vizinhança. Não fiz nada. Os mesmos sonhos que ora conto não tiveram, naqueles três ou quatro minutos, esta lógica de movimentos e pensamentos. Eram soltos, emendados e mal emendados, com o desenho truncado e torto, uma confusão, um turbilhão, que me cegava e ensurdecia.

A atenção à origem e à morfologia das palavras mostra como Machado ligou as vidas e os nomes de seus personagens a referências diversas. "Santiago", por exemplo, pode ser tomado como uma alusão histórica a São Tiago, ou como um oximoro shakespeariano, Santo Iago. A passagem anterior também ressalta a conjunção, típica neste narrador, entre rememoração e organização da percepção moral. Ao narrar-se, redescobre ou projeta, em si e nos outros, traços de seu dilema. A desconfiança se expressa, em Bento, pelo alargamento da imaginação, pelo exercício do devaneio, que ao mesmo tempo o cega e esclarece seus sentimentos. Sonho, fantasia e arte — o soneto, o panegírico, a ópera e a peça — desempenham funções análogas. Páginas adiante, no capítulo "Uma reforma dramática", o narrador volta a Shakespeare e propõe uma inversão no modo como as tragédias eram encenadas: ele sugere que comecemos pelo suicídio de Otelo, logo após o assassinato de Desdêmona, e sigamos *retrospectivamente* rumo ao desenlace da peça; o que culminaria, aos olhos de Bento, é claro, no sentimento ansiado e ilusório da felicidade conjugal. Aqui o método de composição de Dom Casmurro se torna mais evidente e esclarece um uso importante que Machado fez das referências a Shakespeare. Através do que podemos chamar de identificação imaginativa, o narrador ressentido vê na impossível restauração da harmonia o único modo de chegar ao autoconhecimento e ter acesso a relações com alguma aparência de equilíbrio. Nesse sentido, o romance retrata os impasses morais de Bento, em seu uso de digressões alegóricas, delírios, sonhos e obras de ficção, a fim de comentar e resolver impasses ora reconhecidamente imaginados, ora tomados como verdadeiros apenas pela sua verossimilhança.

    Por um lado, Shakespeare é uma das fontes literárias usadas pelos narradores astuciosos de Machado; por outro lado, essas peças parecem ter informado a própria busca machadiana de novos modos para garantir profundidade psicológica aos protagonistas, fazendo-os existir sob a impressão ou sob o desejo de estarem vivendo vidas e dramas que já foram vividos anteriormente. Típico da maioria das heroínas e dos heróis machadianos, tal recurso à fantasia aponta para uma visão peculiar do uso de mundos imaginados como espaço em que personagens e narradores podem superar seus obstáculos e suas dissensões morais. No caso, Bento toma Otelo como espelho da sua própria condição e, portanto, como meio de esclarecer — ainda que enganosamente — seus próprios desejos e emoções. Contudo, como narrador do seu próprio fado, Bento retira as conclusões opostas àquelas que parecem sugeridas pela tragédia do mouro de Veneza. *Dom Casmurro* é a história da perda da inocência. Ao longo do romance, entretanto, na medida em que a virtude cede aos ciúmes e à amargura, há um contraste pungente entre as motivações expressas por Bento, para narrar-se, e o conteúdo efetivo de suas memórias, que o desautoriza e chega a denunciá-lo.

Uma das diferenças mais expressivas entre os primeiros quatro romances de Machado e *Memórias póstumas* ou *Dom Casmurro* é a amplitude do tempo narrativo e a função do passado. Os primeiros romances retratavam eventos restritos a um tempo mais preciso e uniforme, limitados a um período que se estende de um a dez anos de duração. Nestes casos, os protagonistas precisam lidar com seu passado, mas os romances, sem exceção, são sobre pessoas que se debatem para superá-lo e têm no futuro a meta de seus motivos e ações. O fardo do passado é, ao mesmo tempo, pendência moral e debilidade dos protagonistas da primeira fase. Por outro lado, os romances maduros também apresentam um retrato do passado que oferece termos e fundamentos para que possamos entender as motivações dos heróis e narradores. No entanto, com exceção de *Quincas Borba*, seus protagonistas agora são autores das próprias histórias; e os romances se dedicam a sujeitos ruinosos, obcecados pela restauração. Narradores de si, mesclam passado e presente e insinuam versões dos seus desenvolvimentos morais que invariavelmente acabam implicando o outro. A narração torna-se mais idiossincrática, e a história pessoal, não as ações presentes, é apresentada como meio de invocar o passado e reparar o eu. O que as primeiras heroínas desejavam esquecer passa a ser, precisamente, o único objeto de Brás, Bento e, de modo diverso, também do conselheiro Aires: a nostalgia desloca qualquer sentido de futuro, a questão de como viver a vida vem à tona e assume a proeminência, mesmo a despeito das convicções do narrador. Os romances machadianos da retidão feminina e do caráter moral cedem espaço às narrativas de protagonistas masculinos questionáveis em seus padrões ambivalentes de percepção ética.

É neste contexto que *Dom Casmurro* retoma o longo relacionamento entre Machado e Shakespeare. A decisão machadiana de compor uma versão moderna de *Otelo* não pode ser vista com surpresa, nem tampouco considerada irrelevante. *Dom Casmurro* adotou tanto o método quanto a técnica de Brás Cubas: o narrador charmoso, autobiográfico e inconfiável, obcecado pela conjunção conflituosa entre autoconhecimento e evasão da culpa. Neste romance, Machado fez o marido de Anna Kariênina narrar o fado do casal; permitiu a um Otelo malicioso que ele próprio contasse sua versão da tragédia, fazendo o autoengano, a insinuação e a retrospectiva deslocarem qualquer sinal de confiança.

Se adotarmos a perspectiva do jovem Bento, *Dom Casmurro* se revela uma narrativa sobre a impossibilidade de evitar o sentimento de culpa, sobre uma queda inescapável. Ao contrário da maioria de seus contemporâneos, as referências de Machado a Shakespeare não foram esporádicas nem ornamentais. Elas servem ao propósito de aprofundar as crises e revelações que seus protagonistas têm sobre si. Essas referências reclamam para a literatura brasileira uma relação incomum, para a época, com a literatura europeia; uma que traz para nosso repertório o anacronismo fino e a paródia sutil como passo adiante rumo à modernidade estética. *Dom Casmurro* é, indubitavelmente, a culminação da longa afiliação de Machado à literatura inglesa, de onde o escritor brasileiro buscava extrair perspectivas novas sobre a relação entre mundos de ficção e o mundo da vida. O resultado para o nosso romance foi uma maior ênfase no desenvolvimento psicológico do personagem e nas emoções que se revelam através de dilemas éticos, característicos dos narradores e heróis machadianos; uma feição que diferencia sua obra das demais tendências entranhadas na ficção brasileira. Com Bento Santiago a invenção da pessoa, para a ficção nacional, se completa e aduz o leitor a um mundo em que a desconfiança, o autoengano e a nostalgia são traços tão frequentes e naturais quanto um simples aperto de mão.

Outros heróis

Shakespeare é um dos lastros da representação machadiana da pessoa moral. O uso que Machado fez de referências ao drama shakespeariano foi constante, embora tenha mudado entre as duas fases. Em *Ressurreição*, Luís Batista, o rival de Félix, imita e corrige o método de Iago para destilar sua malícia; em *A mão e a luva*, uma encenação de *Otelo* prefigura o triunfo da mútua eleição racional do par amoroso; em *Helena*, o pai da heroína sublima a traição de sua esposa citando o pai de Desdêmona: "Ela enganou seu pai, diz Brabâncio a Otelo, há de enganar-te a ti também"; em *Iaiá Garcia*, Estela experimenta o ápice da vergonha de sua posição de agregada numa comparação dos beijos, que lhe foram impostos pelo filho da casa, com a cena do sonambulismo de Lady Macbeth, "*Out, damned spot!*". Em todas essas ocasiões, e em dezenas de referências presentes nos contos, crônicas e poesias da primeira fase, as citações de Shakespeare servem para definir personagens ou eventos e ampliar sua intensidade dramática. As referências pontuam momentos de esclarecimento moral dos protagonistas. Mas a partir do final da década de 1870, o uso dessas citações se transforma consideravelmente.

Já comentei que em sua publicação original o romance *Memórias póstumas* começava por uma epígrafe da comédia pastoral *Como gostais*, usada na abertura do primeiro capítulo que a *Revista Brazileira* imprimiu em março de 1880. Há uma grande afinidade entre a natureza da heroína de Shakespeare, Rosalind, e as protagonistas machadianas anteriores a Brás Cubas; além da sugestiva relação deste último com Jaques e Hamlet. É nesse sentido que, nos capítulos 1, 15, 25, 88, 98, 108 e 129, de *Memórias póstumas*, as peças *Hamlet, Macbeth, Otelo* e *Como gostais* são referidas nos instantes em que o narrador se dá conta de sua própria transformação como protagonista de *sua* história. Shakespeare é usado, sobretudo, para assinalar a mudança ocorrida no personagem e percebida pelo narrador póstumo. Um exemplo desse uso está na identificação que Brás estabelece entre sua hipocondria — causada pela primeira experiência com a morte, a de sua mãe — e a melancolia de Jaques, o casmurro de *Como gostais*.

Também em *Quincas Borba* as citações de *Otelo*, *A tempestade* e *Hamlet* são usadas em tom de paródia pelo narrador impessoal, mas intrusivo, a fim de se endereçar ao leitor implícito e guiar a própria leitura da obra. Explorando o encantamento que as mulheres, e Sofia em particular, experimentavam frente ao vaidoso e leviano Carlos Maria, o narrador compara o desejo comedido dessas esposas, na iminência do adultério — ainda "sem a realidade nem o perigo da culpa" —, com o "espectador que se regala das paixões de Otelo, e sai do teatro com as mãos limpas da morte de Desdêmona". Para os narradores machadianos, *a arte é capaz de oferecer acesso à experiência representada com a vantagem da isenção de suas sequelas efetivas*. Mais adiante, o narrador compara os ciúmes que

Sofia sentia de Rubião, mesmo sem amá-lo, novamente ao sentimento de Otelo, justificando um pela existência do outro, e aprofundando pela ironia a transformação do caráter de Sofia:

> Ciúmes? Seria singular que esta mulher, que não tinha amor àquele homem, não quisesse dá-lo de noivo à prima, mas a natureza é capaz de tudo, amigo e senhor. Inventou o ciúme de Otelo e o do cavaleiro Desgrieux, podia inventar este outro de uma pessoa que não quer ceder o que não quer possuir.

É nesse sentido, bem específico, que podemos afirmar que há uma tendência, nos romances de Machado, a fazer com que alguns dos seus principais protagonistas definam a percepção de suas transformações pelo contraste, não raro paródico, com heróis e cenas de Shakespeare.

Desdêmona

Dom Casmurro combinou a nova técnica e a intuição de Brás, sobre a relação entre sinceridade, ficção e morte, com temas e tipos da primeira fase machadiana, e, em particular, com a gravidade dissimulada das primeiras heroínas. É fato que *Dom Casmurro* retoma aspectos de *Ressurreição*. Em ambos, um profissional liberal desobrigado do trabalho se deixa dominar pelos ciúmes e passa a desconfiar de sua companheira. Seus juízos e atitudes os levam a arruinarem a possibilidade de construir famílias funcionais, e ambos, de diferentes maneiras, se condenam à solidão. Félix não consegue ressuscitar uma alma falhada pela desconfiança das pessoas, e Bento acaba por converter-se num misantropo, encerrando consigo a estirpe dos Santiago. Os romances têm as marcas de *Otelo*, e Helen Caldwell já apontou os pontos de contato entre as duas obras machadianas e a peça de Shakespeare.

 A crítica, no entanto, parece enxergar na tragédia inglesa pouco mais do que o álibi que inocenta Capitu. Em sua opinião, se *Dom Casmurro* reescreve a história do mouro, combinando no narrador-protagonista tanto Iago quanto Otelo, Capitu, pelo paralelo, deveria gozar da inocência de Desdêmona... Tal é a sugestão de *The Brazi-*

lian Othello of Machado de Assis; curiosamente, em última instância, a autora se pergunta por que Machado tinha deixado a solução da culpa de Capitu para juízo do leitor.

Mas se permanecermos atentos à história do teatro brasileiro, a interpretação de Caldwell tem duas limitações: não considera a origem do interesse de Machado em Shakespeare, nem a função que as referências a *Otelo* desempenham no corpo da obra machadiana e em sua concepção do fenômeno literário. Já sugeri como algumas dessas questões podem ser resolvidas pela consideração da relação orgânica *entre* os romances de Machado, bem como pela análise do interesse do autor nas imagens e percepções popularizadas, desde a década de 1860, por Victor Hugo.

Na advertência à tradução francesa de *Otelo* que foi utilizada por Machado, publicada em 1872, Émile Montégut chama atenção para as modificações que Shakespeare realizara a partir da história original de Cintio. De todas as traduções francesas da época, a escolhida por Machado era a mais moderna e, em muitos sentidos, a mais acadêmica, contando com prefácios detalhados e notas que procuravam esclarecer o texto original e as opções do próprio tradutor. Alguns argumentos de Montégut são fundamentais para a compreensão do modo como Machado leu *Otelo*. Segundo o tradutor francês, Shakespeare havia feito o melodrama original de Cintio desaparecer, dentro de uma tragédia doméstica, pela alteração, entre outras coisas, da relação que Desdêmona mantinha com a sociedade da República de Veneza. Shakespeare introduziu a figura do pai, Brabâncio. Desse modo, Desdêmona deixava de dispor de si mesma e passava a ligar-se à aristocracia italiana de modo incômodo, dado seu casamento com o general mouro:

> Quando Brabâncio pleiteia sua causa ao doge, não é apenas um pai ultrajado que demanda justiça, é um membro dessa aristocracia tão exclusiva que pede a seus irmãos que vinguem a honra que lhe foi ofendida por um soldado a serviço deles.

Outra modificação que Montégut julgava essencial era a transposição da revelação da malícia de Iago para o início da tragédia, que Shakespeare converte em motor da peça e motivo da transformação do herói. Para o tradutor, *Otelo* era a demonstração irrefutável de que a tragédia poderia abraçar o tema da vida privada, com sucesso; e que, guardadas as devidas proporções, a tragédia de Otelo era atual, no sentido de fazer o espectador moderno se referir a dramas da vida íntima burguesa contemporânea. Finalmente, Montégut encerra sua apresentação da tradução afirmando que Desdêmona:

> É a mais tocante e a mais interessante, porém não a mais pura e mais casta das heroínas de Shakespeare; [...] a paixão à qual ela cede é menos uma paixão do coração que uma paixão da cabeça e da inteligência.

Para o tradutor francês, o amor de Desdêmona estava marcado desde o início por certa perversidade, aquela de quem se oferece como uma vítima que expiaria a vida tumultuosa do mouro. Desdêmona — ao mesmo tempo uma Capitu e, talvez, uma espécie de Bento — se casa como quem estende um favor e obtém, ou espera obter, em retorno a devoção do outro, que recebe o benefício mirando de baixo. De sua posição, ela gozaria da imensa voluptuosidade do sacrifício voluntário, um sentimento que não era estranho a vários personagens de Machado, em seu uso extenso da dialética do favor, tal como já tinha sido expresso em "Almas agradecidas", um dos contos do período em que Machado intensificou suas leituras de Shakespeare, em francês, com auxílio de Hugo e Montégut. "A gratidão de quem recebe um benefício é sempre menor que o prazer daquele que o faz."

Machado estudou os comentários de Montégut com atenção, podendo tê-los à disposição desde a época da publicação dos primeiros romances. No caso de *Dom Casmurro*, essas advertências do tradutor francês parecem se incorporar à própria composição do romance, no paralelo com a peça. Tal como a tragédia do mouro, o romance não é sobre o adultério, tema que encantava o naturalismo. É sobre as paixões que animam o narrador em sua volúpia de explicar o outro, de interpretar as motivações alheias, pela dúvida que o consome e pelo desejo de encontrar simetria, unidade e correspondência entre sua vida e a de personagens imaginados. Adultério não é paixão, nem sentimento nem emoção. Os ciúmes, sim. E pode haver ciúmes sem adultério.

As sugestões de Montégut parecem ter frutificado, primeiro, numa ênfase na relação assimétrica que as duas famílias, os Santiago e os Pádua, mantinham na sociedade; segundo, na importância da cena entre Otelo e Brabâncio, citada em *Helena* mais de vinte anos antes e reescrita no episódio do beijo de Capitu e Bentinho, na casa dos Pádua. A possível influência da perspectiva do tradutor francês sobre Machado também se faz notar na fusão de elementos de Desdêmona e Otelo no personagem de Bento, tornando-o vítima de si mesmo e herdeiro da disposição que Montégut via na heroína de Shakespeare em gozar do casamento como a extensão de um favor. Em sua interpretação das relações entre *Otelo* e *Dom Casmurro*, Helen Caldwell propõe outro modo de explicar a composição de Bento Santiago. Ela argumenta que o narrador machadiano, embora querendo moldar-se pela figura de um Otelo inocente, trazia em si mesmo seu próprio Iago. Mas Machado pode ter encontrado no tradutor francês uma interpretação de *Otelo* que ressaltava aspectos semelhantes àqueles presentes na malícia — e mesmo na perversidade — que o narrador Dom Casmurro enxergava em Capitu, culpando-a por ser semelhante na posição, ambição e capacidade para a dissimulação presente nas heroínas machadianas anteriores. De fato, para um leitor familiarizado com a tendência das protagonistas da primeira fase, a possibilidade da culpa de Capitu se impõe de modo ainda mais tentador, dada a insistência do romancista em representar mulheres capazes de aspirações e motivos — embora nem sempre de ações — semelhantes aos que Dom Casmurro imputava a Capitu.

O mal

Eis como Bento arremata suas memórias, num capítulo sugestivamente intitulado "E bem, e o resto?":

> Agora, porque é que nenhuma dessas caprichosas me fez esquecer a primeira amada do meu coração? Talvez porque nenhuma tinha os olhos de ressaca, nem os de cigana oblíqua e dissimulada. Mas não é este propriamente o resto do livro. O resto é saber se a Capitu da praia da Glória já estava dentro da de Matacavalos, ou se esta foi mudada naquela por efeito de algum caso incidente. Jesus, filho de Sirach, se soubesse dos meus primeiros ciúmes, dir-me-ia, como no seu cap. IX, vers. 1: "Não tenhas ciúmes de tua mulher para que ela não se meta a enganar-te com a malícia que aprender de ti." Mas eu creio que não, e tu concordarás comigo; se te lembras bem da Capitu menina, hás de reconhecer que uma estava dentro da outra, como a fruta dentro da casca.
>
> E bem, qualquer que seja a solução, uma cousa fica, e é a suma das sumas, ou o resto dos restos,

a saber, que a minha primeira amiga e meu maior amigo, tão extremosos ambos e tão queridos também, quis o destino que acabassem juntando-se e enganando-me... A terra lhes seja leve! Vamos à *História dos subúrbios*.

Para o narrador, a culpa de Capitu torna-se inteligível — mesmo que visível indiretamente — apenas quando tomada como a história da *pessoa* de Capitu, de seu potencial de transformação. A esposa é uma síntese de todas aquelas moças capazes de escamotear suas intenções e seus motivos. Bento supõe encontrar nela a plena liberdade de consciência característica da maturidade de Iaiá. A constância de Capitu — se a "da praia da Glória já estava dentro da de Matacavalos" etc. — é tomada pelo marido, com terror, como sendo a afirmação da possibilidade de que, na sua multiplicidade, haja uma faceta invisível para ele, e dirigida contra ele. Bento toma a *capacidade* de fingir como *evidência* do engano; optando, assim, pela solução mais negativa possível para descrever o que seria aquele traço estável de inteligência na esposa. Por outro lado, a possibilidade de explicação relacional da culpa transfere para um "caso incidente" a origem do malefício. Essa possibilidade é logo descartada por Bento. Antes de fazê-lo, porém, o narrador ilustra seu comentário retirando de um dos livros deuterocanônicos sapienciais, o Eclesiástico (9:1), uma ressalva à própria convicção: "Não tenhas ciúmes de tua mulher para que ela não se meta a enganar-te com a malícia que aprender de ti." A sugestão bíblica para explicar a natureza das motivações humanas como transmissíveis, sobretudo em seu potencial nocivo, tão enfatizada no Antigo Testamento, fascinou Machado. Tal atenção do Eclesiástico nos propõe uma noção do ciúme, como sentimento moral, que já se encontrava posta em Números (5:14-15), onde no espírito da lei da pureza a redação sacerdotal judaica prescreve uma oferta de purgação da desconfiança do marido — a oblação de ciúme —, em ritual ungido pelo elemento da água e dirigido ao sentido da visão, onde se dá a aparência da culpa.

A única maneira de tornar visível a falta de Capitu é apanhá-la na *imaginação* da relação entre os quatro envolvidos: o casal, o filho e o amigo; e tomar tal relação, ampliada pela conjectura, como prova da transgressão. A imposição da imaginação por sobre o real; o sonho calando o concreto; o devaneio por cima do presente, tudo isso traduz o processo em que a autonomia de um se sobrepõe à do outro. E aquele potencial para a metamorfose, trabalhado pelo autor ao longo dos seus seis romances anteriores, subitamente mostra a face reversa — ou a ampliação de seu escopo —, quando a plena autonomia se converte em dano, e o dano do objeto amado é vivido como danação do próprio eu.

Uma vez que ele não pode prescindir da intenção, o mal radical é sempre um projeto. Ele pressupõe, como ponto de partida, uma condição de plena liberdade. É nesta condição que a escolha é feita no sentido da transgressão de um pacto entre iguais e, sobretudo, entre fortes e fracos. Quando pensado radicalmente, o mal implica a indiferença frente a uma visão afirmativa da vida humana e à reiteração desse pacto de mútuo entendimento. Em *Dom Casmurro*, a imputação do dolo — ou seja, a passagem da falibilidade à falta — vem casada biblicamente com a figuração adâmica da fruta-mulher. E o versículo apontado pelo narrador nos leva, de maneira ainda mais sugestiva, na direção contrária: na direção da origem masculina da malícia, ou da sua inerente condição de partilha.

Isso importa porque mostra que até o último instante a visão da responsabilidade permanece relacional, modal, admitindo a possibilidade do avesso das situações. Que Bento considere a esposa infiel, está bem. É justo. É saudável, pois garante a ela um espaço, aliás, verossímil para seu interesse por Escobar, um homem social e moralmente mais próximo a ela do que o próprio marido. Sua tentativa de aniquilação do caráter da esposa — daquela aniquilação do sujeito que aqui se esboça com minúcia e nostalgia — reitera até o penúltimo instante a condição de liberdade que subsiste no reconhecimento da individualidade do outro antes da queda. É o que nos aponta Alfredo Bosi:

> A intuição do caráter singular da pessoa amada resiste até mesmo à conversão do amor em ódio que a suspeita da traição instilou no parceiro que se crê enganado. Bento, no auge dramático do romance (capítulo "Capitu que entra"), abriga em si, ao mesmo tempo, o *personagem* tomado de ciúme feroz, que já o levara à beira do assassínio, e o *narrador* fenomenológico sensível às mínimas expressões de Capitu.

A metamorfose se radica nesta mudança de atitude do sujeito consigo e com os demais, inclusive e principalmente com relação àqueles que permaneceram os mesmos. Mas é na organização do caso sob a forma de uma confissão que Bento leva a tese a mudar de natureza, quando então o narrador interfere intencional e levianamente na exposição da pessoa-alvo, imputando-a o dolo e a malícia da queda do casal.

Por um instante, tomemos o romance como uma sugestão sobre como seguir adiante e sobre o que buscar, no esclarecimento da relação entre ver e julgar; entre imaginar a falta e cometê-la.

Em seu arremate, Bento — desejoso de entender a suposta traição — levanta a possibilidade de que ele esteja na origem do dano e de que a responsabilidade pela ruína, afinal, também seja sua; ou então ela é inverossímil e, portanto, desinteressante ou mesmo incompreensível. Aqui o narrador confessional intui o viés de sua litania e mascara o terror de tal percepção. O fechamento desta porta é o último sopro daquela condição de liberdade que perfaz o instante antes da incursão intencional no dolo; esse sopro vem da perspicácia da confissão como forma narrativa. Dom Casmurro repete aquela intuição kantiana sobre o aspecto reflexivo e contraditório da imputação do mal radical a terceiros, ou seja: na afirmação "ela é má por natureza", o próprio dedo que aponta se acusa, pois na denúncia da inerente potencialidade do outro para o mal, o objeto da acusação é a própria espécie.

A naturalidade do mal — e, portanto, sua condição radical — provém da universalidade presente em nossa capacidade de quebrar um pacto, mover-se contra os outros, negar-lhes espaço. Levando os termos de Kant ao texto machadiano, está claro que Bento enxerga em Capitu o exercício dessa potência comum a ambos, condição que o marido insiste em tomar como qualidade exclusiva da esposa. Eis sua autoacusação. A intuição kantiana leva o raciocínio de Dom Casmurro a uma tautologia suspeitosa. Porém, o giro do narrador é tão vigoroso que chegou a levar consigo a opinião de alguns dos seus comentadores mais delicados; Augusto Meyer, por exemplo, acaba convencido de que, "[e]m Capitu, há um fundo vertiginoso de amoralidade que atinge as raias da inocência animal". E aquela "fruta dentro da casca", de que nos fala o marido ao fim da narrativa, confirma mais uma vez, aos olhos do crítico, a metamorfose da mulher em criatura "de energia livre, sem desfalecimentos morais, [que] não sabe o que seja o senso da culpa ou do pecado". O efeito buscado é grave. E a história é longa, já foi comentada por críticos atentos a cada detalhe dessa operação. À grande maioria deles, no entanto, praticamente não interessou a volta ao tema aqui tratado.

O mal se torna projeto de aniquilação do outro quando se converte num ciclo de negação da autonomia alheia. Na recusa do direito de resposta à esposa; no isolamento dela e do filho; na denegação iracunda mas silenciosa dessa filiação; no ressentimento dirigido a um amigo morto; na preferência por soluções fantasiosas para dilemas reais e coletivos; na rotina do rancor; na compulsão à dúvida dos motivos do outro; na imposição irrestrita e unilateral dos desejos do eu; em todos esses casos, verificados conjuntamente apenas em *Dom Casmurro*, um projeto está em cena: o da assimetria contínua nas relações que caracterizam a vida afetiva e moral do narrador. Esse interesse tão meticuloso na *denegação da imaginação na vida de terceiros* — como uma criança que mantém o foco da lupa com muito empenho, aguardando o momento em que o inseto se encrespa para a morte —, tal interesse levado a cabo como ruína da vida, e travestido em nostalgia da vida ativa, é talvez a única forma de se tornar o mal radical visível a olho nu. E isso, no entanto, não se fez sem aquela dose certa de humor machadiano.

Comentando as linhas de força e a genealogia da reflexão filosófica nas narrativas de Machado, Benedito Nunes aponta três momentos em que a burla do autor duvida ao mesmo tempo que leva adiante o legado que tomara de empréstimo. No tocante à relação entre literatura e vida, o crítico aponta sintomaticamente para *Dom Casmurro*:

> Finalmente, [há] o paralelo da vida com uma ópera proposto pelo velho tenor aposentado, Marcolini, a Bentinho: a partitura fora escrita por Satanás [...] e o libreto, por Deus. A obra, como sabemos, é executada fora do céu. Pode-se ver nesse paralelo, sem dúvida, uma ramificação da ancestral polaridade do bem e do mal, da ordem e da desordem, do equilíbrio e do desequilíbrio, da harmonia e da desarmonia, disseminada nos escritos de Machado, às vezes de forma aguda, como na parábola da "A igreja do Diabo". Do ponto de vista intertextual, a cena é uma fusão do "Prólogo no céu", do *Fausto* de Goethe, com o ato bíblico da rebelião dos anjos. Modificam-se, contudo, grandemente, as circunstâncias: o desafio do Diabo é musical, e a contenda, em vez de produzir revolta e exclusão, transforma-se em comparsaria.

A imaginação do mal, como uma constante na trama machadiana, resolve-se aqui por uma colaboração entre opostos, tornando o espetáculo da vida projeto de uma espécie inerentemente dual; uma sugestão que radica a história da pessoa no campo da leitura e desloca a constituição do sujeito, literalmente, rumo ao mito da perda da inocência.

Otelo

Shakespeare surge para Bento como ápice da imaginação que define a vida humana. No nono capítulo de *Dom Casmurro*, ele apresenta a alegoria da vida como uma ópera cujo libreto foi escrito por Deus e a música composta por Satanás: "O poeta inglês não teve outro gênio senão transcrever a letra da ópera, com tal arte e fidelidade, que parece ele próprio o autor da composição; mas evidentemente, é um plagiário." Na alegoria, a boa execução da obra de arte, fruto de um plágio, alcança a "verossimilhança, que é muita vez toda a verdade", tal como expresso no capítulo seguinte. Mais adiante, no capítulo 135, a tragédia de Otelo é tomada por Bento como um comentário à sua vida. *Otelo* parece, às vezes, pontuar o desenvolvimento dos personagens em *Dom Casmurro*. Um desses instantes chama a atenção pela coincidência com os versículos do Eclesiástico e de Números aos quais Bento se refere no remate das suas memórias.

Na tragédia de Shakespeare, Desdêmona tem por acompanhante Emília, a esposa de Iago. Num pequeno monólogo sobre a origem da inconstância e da infidelidade feminina, esta — sendo, ironicamente, a responsável pela entrega do lenço que funcionaria como suposta prova cabal de infidelidade — se dirige à recém-casada Desdêmona da seguinte maneira:

> Mas de verdade acho que a culpa é dos maridos
> Se suas esposas caem. Digamos eles amoleçam
>   nos deveres
> E derramem nossas joias no colo alheio;
> Ou então estourem em ciúmes perversos,
> Atirando-nos amarras; ou digamos que nos
>   batam,
> Ou reduzam nossa mensalidade por gosto,
> Ora, nos ressentimos: e muito embora tenhamos
>   graça,
> Tiremos alguma desforra. Que os maridos
>   saibam
> Suas esposas têm desejos como eles: que veem e
>   cheiram
> E têm paladar para o doce e o amargo
> Como os maridos também. O que estão fazendo
> Quando nos trocam por outras? É esporte?
> Acho que é. É a luxúria que dá isso?
> Acho que sim. É a fraqueza que assim engana?
> Isso também. E não temos nossos afetos?
> Desejo de esporte e fraqueza, como os homens
>   têm?
> Então que nos usem bem: senão fiquem sabendo,
> O mal que fazemos, seus males nos ensinam a
>   fazê-lo.

Aqui está a mesma motivação da ressalva levantada por Bento à sua convicção de que Capitu era culpada *ab ovo*, por natureza. Emília apresenta um argumento semelhante àqueles que parecem ter sido tomados de empréstimo por Dom Casmurro a Iago, na primeira cena do quarto ato: *"knowing what I am, I know what she shall be."* Sabendo quem sou, eu sei o que ela vai ser. Emília considera os ciúmes e a traição frutos da interação, do trato e das convenções; vê traição quem já foi traidor; ciumento, só quem já se sentiu objeto de ciúmes. A plausibilidade e a recorrência desse motivo, descartada em duas linhas pelo narrador de *Dom Casmurro*, põe um espelho diante de Bento. A mesma hipótese é levantada em outros textos de Machado. Seu interesse nos ciúmes é, acima de tudo, um interesse no problema da deliberação ética: como reconhecer nos outros a substância e o resultado das minhas próprias escolhas. A propósito da questão ética na obra shakespeariana, Stanley Cavell interpreta *Otelo* como uma tragédia epistemológica e vê no fado do herói a conspurcação do corpo e da pessoa moral, resultante da adoção de uma postura cética com relação ao outro. Cavell compara *Otelo* a *Conto de inverno — The Winter's Tale*:

> Primeiro, ambas as peças envolvem uma perturbação no poder de conhecer a existência do outro (como sendo casto, intacto, tal como o sujeito crê conhecer esse outro). [...] Segundo, em ambas as peças as consequências da recusa em conhecer o outro, tal como ele é, converte se numa imaginação empedrada [imóvel, morta].

A imaginação empedrada de Bento é aquela de um ator trágico ciente de sua falha trágica, e para quem a vida encenada se concentra naquele instante anterior à consciência — ou à admissão — da responsabilidade na representação. Bento novamente copia aquele último minuto de autoengano que dá ao derradeiro solilóquio de Otelo sua dimensão patética maior:

> Falem de mim como sou. Nada esgotado
> Nem soado em qualquer malícia. Então digam
> De alguém que amou sem razão, mas bem demais;
> Alguém sem zelo fácil, mas se alarmado
> Perplexo ao extremo; alguém cujas mãos,
> Como as dum índio torpe, jogaram fora uma pérola
> Mais rica que sua tribo; alguém que de olhos vencidos
> Embora estranho ao humor dissolvente
> Chora tanto quanto as acácias árabes
> Entornam sua pele de goma alva e medicante.

Otelo se consola considerando sua perda um ato involuntário, fruto do excesso de amor tornado fúria; o que, segundo ele próprio, não condizia com sua índole. Assim, a admoestação se converte em congraçamento; e o marido, motor da queda, se apresenta como vítima de circunstâncias ou forças maiores que seu desejo de harmonia.

É claro que a consequência mais palpável desse ato, já apontado por Pedro Meira Monteiro na sua discussão do último narrador machadiano, é que a suavidade da queda, tornada retraimento, se traduz em perda do futuro. Tal como sugere Kant — e, a seu modo, também Iaiá Garcia — apontar o mal, vê-lo no outro, é enxergar-se capaz dele, pois o eu e o outro são frutas de uma mesma espécie. E a tentativa de disjunção metafísica, e unilateral, entre marido e esposa, no caso de *Dom Casmurro*, esbarra no paradoxo da universalidade do sujeito: uma universalidade talvez rechaçada por Bento, mas reiterada pela própria obra de Machado. É assim que toda mitologia da queda, contada como tentativa de resgate do passado, resvala naquela abolição do futuro. A tragédia, afinal, é a passagem do cosmos ao caos. E nisso o legado machadiano não inspirou muitos continuadores, já que o etos otimista de grande parte da narrativa nacional — nos romantismos, nos modernismos, nos regionalismos — tomou a direção contrária:

> Passados cem anos da morte de Machado de Assis, a crítica especializada já nos dá elementos bastantes para aprofundar a investigação desse *futuro abolido*, a que se ligam a desaceleração do tempo e a sensação de que tudo segue governado pela infidelidade. No refreamento está também, salvo engano, o elemento "classicizante" de Machado de Assis, o qual, significativamente, incomodaria sobremaneira à crítica modernista, de tom francamente nacionalista, de um Mário de Andrade. Mário amava e desamava Machado, porque não podia suportar, afinal, uma mensagem tão rarefeita em relação ao futuro.

Toda tragédia encena a morte do futuro. E numa sociedade em que a redenção é sempre possível — pelo favor, pela harmonização dos contrários, pela comunhão com a nação —, a tragédia não tem lugar. Por isso, pensar o mal radicalmente é pensar os limites na imaginação de qualquer cosmogonia; é também pensar a finalidade dos projetos que uma comunidade, ou um narrador, arma para si.

As pessoas

A confissão é a reencenação, em nossa consciência, da passagem da falibilidade à falta; da possibilidade à execução. E toda confissão, como aponta Paul Ricoeur, tomada como discurso do sujeito sobre sua condição, nos leva à filosofia; tomada como consciência da singularidade desse sujeito, nos leva à ética; tomada como expressão particular de sua linguagem, finalmente, nos leva à poesia. O sublime doce-amargo na confissão de Bento vem da meticulosa articulação entre esses três níveis, bem como do tom sutil de evocação de um amor perdido, um amor que deveria espelhar aquele dos seus próprios pais. O sintoma mais característico do mal é o estado de crise e eventual ruptura da ligação que há entre o sujeito e aquilo que consideramos mais sagrado. E nessa queda, algo da sintomatologia de nossa experiência com o mal resulta numa via de mão dupla, pois o sujeito que promove a ruptura e pratica o gesto nocivo — ciente do gesto nocivo — sente-se ele mesmo vítima de algo maior: o transe, a possessão, o rapto vingativo, a cegueira da paixão, entre outros, são modos de imaginarmos uma origem para atitudes que nos levam além de nós mesmos, e para longe de qualquer reciprocidade para com o outro.

Dessa forma, pode-se entender como e por que o capitão Clubin, aquele grande hipócrita de Victor Hugo, e a figura astuta do marido machadiano que se vê ludibriado compartilham o vezo de se tomarem, eles próprios, como vítimas de um processo anterior, mais amplo, total. Talvez por isso, Ricoeur nos remeta de volta à máxima agostiniana segundo a qual a pergunta sobre a origem do mal — *unde malum?* — deveria na verdade ser reposta, mais radicalmente, na pergunta sobre por que escolhemos agir mal, pois "qualquer mal cometido por alguém é mal sofrido por alguém. Fazer o mal é fazer alguém sofrer". O mal, tomado como objeto que nos leva a pensar de modo diferente, exige um roteiro de imaginação. Ele cobra da ficção a mesma aposta na cautela com que as relações humanas e a liberdade são organizadas. A visão de narradores e personagens sobre a mudança própria e alheia é condição de possibilidade para que a malícia se converta em matéria de reflexão literária.

Nos romances de Machado, a imaginação da pessoa moral — aquela capaz de imaginar o mal — está marcada pela presença da assimetria, por uma dissimilaridade que habita o próprio protagonista. A dissimilaridade é a raiz do seu conceito de pessoa: aquele aspecto do sujeito que diz respeito ao que ele deve aos demais e, por isso, também envolve a possibilidade da falta para com o outro. Essa noção é expressa, nas narrativas, pela aptidão do herói ou do narrador para imaginar-se desigual a si mesmo e examinar-se pelo recurso à fantasia, comparando sua vida a outras, ficcionais e históricas. Tal como comentei, essa metamorfose vigorosa na construção da identidade íntima e social do sujeito, comumente associada à modernidade, imprime à narrativa machadiana seu tom ao mesmo tempo atual e historicamente situado. Porém, como ressalta Dain Borges, a exaustão das referências e dos temas históricos — ou seja, a localização ideológica específica do discurso machadiano — não esgota nem retira do texto preocupações que alcançam outros contextos e situações humanas. Comentando o conto "O espelho", ele sugere que "um dos grandes temas machadianos é o fim da inocência do jovem brasileiro da elite, através de sua iniciação aos enganos e corrupções da vida adulta"; sugere, também, que tal metamorfose geracional encontra um paralelo sócio-histórico na passagem da pastoral escravocrata do Império brasileiro à especulação moral e financeira da crescente burguesia, durante a iminência da abolição e da República.

Há aqui uma proposta fecunda sobre a atenção machadiana à *alma*, substrato moral da pessoa, tomada a partir de um complexo contraponto entre o nacional e o cosmopolita. O confronto entre a minudência da matéria histórica contemporânea e o alcance mais geral dos temas literários, segundo o próprio historiador, deve ser resolvido sem que o privilégio de um dos termos precise ser levado a termo de síntese total para a obra de Machado. Em "O espelho", por exemplo, na comparação intertextual com "Barba Azul", o conto de fadas de Charles Perrault, "a provocação de Jacobina (e de Machado) está no horror de se olhar no espelho — e dar-se conta de que o baú dos contos de fadas está completamente vazio. A alternativa ao nada é fazer o que Jacobina fez, vestir o uniforme tolo que é nossa 'alma exterior', e crescer". Dessa forma, nas ligações entre os contos e os romances, entre a história, o diálogo intertextual e a reflexão filosófica, torna-se mais evidente que a pugna do eu consigo é pugna com o tempo e com a *presença* incômoda dos outros; e isso até o fim: por exemplo, "o conselheiro Aires tenta viver por um tempo longe da rotina em sociedade, mas é logo tomado pela necessidade de estar com os outros. O argumento de Machado sobre a alma brasileira parece ser que a alternativa a uma identidade formada pela trivialidade das interações sociais é o vazio". Ora, tal vazio — aquela região de destituição, *regio egestatis*, de que nos fala Agostinho — é precisamente o enfado machadiano daquele sujeito fendido, nosso igual de espécie, cujo futuro aboliu-se e que se busca pela retrospecção; um sujeito para quem o mal surge pela rota da imaginação e da metamorfose. E isso não exclui, de maneira alguma, a localização historicamente específica dos dilemas e projetos dessas pessoas.

Mas a perda da inocência de Iaiá e Bentinho — na sua conversão em Dom Casmurro — nos leva a pensar sobre qual seria o objeto do conhecimento envolvido nesse processo de *perda*, e de *imaginação* da perda. Pois, em ambos os casos, há, segundo os próprios narradores, uma falta que produz fantasias. E se a passagem da inocência à queda está associada ao conhecimento de algo nos outros, ou em si mesmo, por que então essa perda narrada se coloca como uma porta para a astúcia? É curioso que um traço comum às narrativas sobre o caminho da falibilidade à falta seja o fato de que a aquisição do novo conhecimento, ou a consciência do talento inato, não vem necessariamente acompanhada de qualquer ganho cognitivo; não é uma informação aprendida e que se possa esquecer. A metáfora epistemológica da perda da inocência, frequentemente travestida em figuração sexual, na verdade traduz uma temática moral clássica: o autoexame. A perda da inocência — ou o conhecimento do mal —, requisito para a constituição da *pessoa*, aponta para uma metamorfose específica. O objeto desse novo eu é, ao mesmo tempo, uma visão sobre o outro e um *projeto* de revisão do sujeito: "Embora certo tipo de conhecimento esteja em geral associado à perda da inocência, tal perda de fato não consiste em algo além de um modo diferente de sentir o que já estava dado diante de si desde sempre. Nada novo é apreendido; algo novo é sentido sobre o que já se sabia."

É assim que o mal supõe a metamorfose em direção a uma ruptura; a uma reavaliação do que já está posto, não podendo por isso prescindir da liberdade da mirada e da escolha de um caminho a seguir. E a metamorfose, por sua vez, pressupõe haver latente no eu uma ou mais possíveis divisões, que são atualizadas como parte da radicalização na mudança de papéis frente aos demais: tal como nos lembra o antropólogo Gilberto Velho, a divisão do eu é um salto entre diferentes planos que fazem parte da relação entre os projetos que o sujeito faz para si e as possibilidades de sua plena realização. Lembremos, finalmente, que toda metamorfose nos leva a uma mudança de forma e a uma atitude que traduz a paisagem mental e cultural em redor, já que a transformação apenas se coloca como possibilidade para o sujeito dentro de sua relação com os demais e com o grupo. "Sendo uma transição reversível entre aspectos contrastantes do mesmo ser, a metamorfose traz consigo os opostos como aspectos alternantes de entidades inteiriças." São trajetórias de mudança radical. Ora, a malícia, a dissimulação e a máscara são formas de reversibilidade às quais o sujeito recorre para passar a ser, ou parecer, o que era antes. A transformação individual característica da formação da pessoa é parte da economia simbólica da coletividade, por isso a queda ou o amadurecimento do indivíduo é muitas vezes pontuado por ritos de passagem coletivos. Tal vontade ou capacidade de voltar a assumir as formas de antes está enraizada na caracterização dos personagens e narradores machadianos; vem daí a impressão de seu dinamismo moral e de seu apego a vidas e eventos passados.

Chama-se nostalgia nossa vontade de tomar ambas as partes desse eu fendido como semelhantes. É por isso que *o recurso à simetria é o gesto mais característico do sentimento nostálgico*; como, por exemplo, querer refazer a casa da infância na maturidade: é o caso de Bento. Esse esforço de anulação do aspecto progressivo da vida se torna ainda mais radical quando a simetria é buscada não entre as duas bandas da vida vivida pelo eu, mas entre uma vida vivida e outra imaginada. Por exemplo, é o caso de Rubião, em *Quincas Borba*. Mas entre as variantes machadianas para o tema, há uma grande diferença. O mal entra em cena apenas quando o impulso simétrico é tomado também, e principalmente, na falta de reciprocidade para com o outro; como intenção de apagamento daquele espaço de liberdade que há entre os sujeitos e que é, ele próprio, precondição da escolha *contra* o outro. O mal explora essa disjunção; é um impulso ao mesmo tempo simétrico e desigual.

Por isso o mal é um convite a se pensar de modo diferente. E eis a contradição, entre tantas, a mais provocativa: o mal é uma prática cuja mera concepção significa o mergulho no ato, pois concebê-lo é partilhar desse fel; é encontrá-lo como possibilidade do sujeito inocente. A graça daquele pesadelo picante de Agostinho é que seu dilema nos leva a ver que o sonho é e não é parte do sujeito; e que o passado reconstituído pela nostalgia é e não é parte do sujeito; e que nossa intuição da malícia alheia *não é* e também *já é* malícia em nós mesmos. O circuito é estreito, mas precisa ser desvendado com cuidado. A imaginação machadiana da constituição da pessoa se arriscou nessas profundidades. Para falarmos dela, é preciso imaginarmos nossa própria presença dentro desse poço.

O tempo

Machado insiste, através das várias relações que há entre seus próprios textos — e destes com os de outros escritores —, no aspecto valorativo que o gênero do romance encerra: a longa narrativa de ficção possibilita ao leitor o contato com perspectivas, dilemas e deliberações que produzem empatia e catarse. O drama de Capitu resume, no destino de um só personagem, o fado das primeiras heroínas machadianas quando postas em um mundo povoado pela sensibilidade de Brás, que promove o escrutínio impiedoso das motivações de terceiros a fim de encobrir o que motiva esse mesmo escrutínio. Casando-se com Bentinho, Capitu realizara as aspirações mais ousadas de Helena, Estela e Sofia — três personagens que marcam a progressão do tratamento machadiano da mulher assolada por projetos em que a superação da humilhação traz consigo a sublimação pelo sonho ou a possibilidade do adultério. Porém, Capitu — tal como a Desdêmona traduzida para o francês por Montégut — parece recusar essas soluções.

Somado à caracterização histórica detalhada, um dos traços peculiares dos heróis-narradores maduros de Machado é o fato de todos estarem radicados num exílio voluntário frente a seu próprio tempo. Brás é o paradigma dessa situação. Dom Casmurro, seu amargurado contraponto num tempo diluente. Finalmente, com o conselheiro Aires tal distanciamento se humaniza em face da proximidade da morte. O tempo em *Dom Casmurro* avança em ritmo de recordação, fazendo o enredo ir adiante menos pela sucessão de eventos do que pelo comentário e pela digressão. A figura de Dom Casmurro se apresenta como intérprete da vida de Bento, e sua narrativa demonstra ao leitor que histórias sempre necessitarão de outras histórias para serem contadas de maneira convincente. Essa imposição de uma *dupla cronologia* e da alegoria como pressupostos necessários à atividade de significação se encontra exemplificada em vários momentos do romance: na explicação do título, na alegoria da ópera e dos vermes, no sonho com o Imperador e com o bilhete de loteria de Pádua, na história de Manduca e do barbeiro. O primeiro paralelo essencial entre Otelo e Bentinho é o fato de ambos deixarem que seus sentimentos sejam instruídos pelo olhar alheio; os dois precisam de José Dias e de Iago, respectivamente, a fim de poderem enxergar o que de fato desejavam ver. Eles compartilham, também, uma imaginação sensualista e fértil, povoada por imagens marcadas pelo apelo plástico ao concreto e ao exemplo figurado. Mas a imaginação de Bento não corresponde à de Dom Casmurro, embora ambos não possam prescindir de paráfrases e citações para se revelarem.

 A abertura de *Dom Casmurro* apresenta ao leitor três características fundamentais do narrador: seu aborrecido estado de trânsito entre dois tempos, representados pelo antigo centro do Rio e pelo presente subúrbio do Engenho Novo; seu solipsismo convicto, não raro expresso por uma indiferença leviana dirigida a terceiros; e sua obsessão por ilustrar e oferecer interpretações para os termos de sua narração. O próprio título do romance vem da ironia de um jovem com pretensões a poeta que procurava revelar, pela alcunha "Dom Casmurro", a natureza ensimesmada do narrador e, ao mesmo tempo, seus laivos de aristocrata.

Ao adotar a alcunha como título das memórias, o narrador encenava, já no capítulo de abertura, o primeiro gesto de condescendência: "O meu poeta do trem ficará sabendo que não lhe guardo rancor. E com pequeno esforço, sendo o título seu, poderá cuidar que a obra é sua. Há livros que apenas terão isso dos seus autores; alguns nem tanto." É preciso não confundir seus motivos com a pura arrogância. Bento é um narrador sutil; e há obras que apenas se completam pela releitura. Voltar ao primeiro capítulo, após a conclusão do romance, permite ao leitor apreciar a sugestão alegórica da citação. O livro, a obra, a peça, o drama e a ópera são tomados como termos de comparação à vida. A imagem proposta pela citação do primeiro capítulo é semelhante às demais desenvolvidas no romance: a relação entre autor e obra se apresenta para Bento, ou Dom Casmurro, como uma relação de descendência; como a conexão entre criador e criatura, na qual a última herda do primeiro os traços de sua própria natureza. Por extensão, no romance tal relação é a mesma entre pai e filho, em que o primeiro empresta ao segundo o lustre de seu nome e a segurança de uma genealogia confirmada, o que faltava às heroínas da primeira fase. Lida em concordância com o desenlace da obra, a ironia que Dom Casmurro reverte ao inoportuno poeta da abertura do romance — pela adoção da sua alcunha como título da narrativa — revela o traço mais amargo desse narrador: "Há livros que apenas terão isso [o título] dos seus autores; alguns nem tanto" deve ser lido como "há filhos que apenas terão isso [o nome] dos seus pais; alguns nem tanto".

Dom Casmurro é o romance no qual essa intuição de traição e bastardia, tomada como revelação humilhante de um plágio, é transformada em dúvida contumaz e método de composição; essa dúvida ressoa por toda a narrativa, convertida — pelo pretenso assombro de uma consciência ante a possibilidade de explicar a origem de um gesto nocivo — na ávida incapacidade do narrador de enxergar o que está fora de si, fora dessa consciência que não deseja encontrar a malícia consigo. Pode-se concluir que esta é a razão pela qual o narrador não pôde cumprir com o objetivo de sua própria narrativa: "atar as duas pontas da vida." Tal como havia sido o caso de Félix, em *Ressurreição*, também Bento procura salvar-se pelos sortilégios do autoengano, pela imaginação retrospectiva; e neste último aspecto, anuncia a derradeira criatura de Machado, o conselheiro Aires.

Aires

Esaú e Jacó nos apresenta ao conselheiro José da Costa Marcondes Aires, o derradeiro personagem-autor machadiano a realizar o diagnóstico melancólico de um tempo em vias de superação. Após a pequena retrospectiva que leva o leitor a repassar os eventos relacionados ao nascimento dos gêmeos Pedro e Paulo, filhos de Natividade — de quem o próprio conselheiro é um antigo e devoto admirador —, Aires desata suas impressões num suposto memorial:

> Noite em casa da família Santos, sem voltarete. Falou-se na cabocla do Castelo. Desconfio que Natividade ou a irmã quer consultá-la; não será decerto a meu respeito.
>
> Natividade e um padre Guedes que lá estava, gordo e maduro, eram as únicas pessoas interessantes da noite. O resto insípido, mas insípido por necessidade, não podendo ser outra cousa mais que insípido. Quando o padre e Natividade me deixavam entregue à insipidez dos outros, eu tentava fugir-lhe pela memória, recordando sensações, revivendo quadros,

viagens, pessoas. Foi assim que pensei na Capponi, a quem vi hoje pelas costas, na Rua da Quitanda. Conheci-a aqui no finado Hotel de D. Pedro, lá vão anos. Era dançarina; eu mesmo já a tinha visto dançar em Veneza. Pobre Capponi! Andando, o pé esquerdo saía-lhe do sapato e mostrava no calcanhar da meia um buraquinho de saudade.

Afinal tornei à eterna insipidez dos outros. Não acabo de crer como é que esta senhora, aliás tão fina, pode organizar noites como a de hoje. Não é que os outros não buscassem ser interessantes, e, se intenções valessem, nenhum livro os valeria; mas não o eram, por mais que tentassem. Enfim, lá vão; esperemos outras noites que tragam melhores sujeitos sem esforço algum. O que o berço dá só a cova tira, diz um velho adágio nosso. Eu posso, truncando um verso ao meu Dante, escrever de tais insípidos:

Dico, che quando l'anima mal nata...

O estilo telegráfico, o uso do diminutivo, a reiteração do termo "insípido" — como nome e qualificativo —, o movimento retrospectivo que resgata o sujeito do fastio presente, a sensualidade da ruína feminina, a extinção de anos de paixões e pessoas que, antes, pareciam grandiosos, tudo colabora para um quadro sintético de placidez e causticidade. O conselheiro estranha a companhia presente e vai buscar-se pelo buraquinho da meia de uma dançarina enxovalhada pelo tempo. Desse modo, desdenha de sua companhia, dos bem-sucedidos, e recupera a verve na vontade de solidão, revivendo paixões mortas, então atiçadas pelo arroubo da memória reparadora. Para Aires a vida, desse modo, voltava a ter gosto, parecendo dizer que foi mesmo boa, embora hoje seja apenas insípida. A nota registrada no memorial do conselheiro repete o próprio movimento da narrativa: vai buscar no passado o momento anterior ao sucesso ou à ruína. É essa fissura no tempo, um tempo de *cronologia dupla*, como apontei, que marca a consciência da extinção, traço característico dos narradores machadianos.

Mas o diagnóstico que Aires faz do tempo presente é ainda mais profundo. Ele realiza uma triagem de almas, assistindo à sanha vaidosa das famílias Santos e Batista, ou seja, os pais dos gêmeos e os pais da disputada Flora; sanha que revela a fragilidade de suas consciências ocupadas em adivinhar o futuro e tirar a sorte na loteria política e financeira. Aquela página registra o início da disjunção entre Aires e seus pares e prefigura sua identificação com a jovem Flora. O verso da *Divina comédia* faz coro com o adágio popular lembrado pelo conselheiro. A epígrafe provém do canto V de Dante; mais precisamente, do círculo em que Minos, o grandioso rei de Creta, de corpo monstruoso e juízo são, é transformado pelo poeta num porteiro do purgatório cuja missão é separar os que merecem expiar seus pecados daqueles que são irrecuperáveis. Mais adiante, o confronto de Aires com o tempo é destacado na sua postura frente à história dos homens, e corroborada pela flor eterna que o conselheiro traz na botoeira.

Tal como nos demais romances, a consciência da duração é, para esses protagonistas, modo de se morrer aos poucos. O desejo de viver produz uma obsessão pela memória, que alonga o tempo e ilude a morte. A saudade disfarçada em burla é, no mundo machadiano, um sentimento perene. O indivíduo se torna *pessoa* apenas quando evoca tempos idos e se regala nisso; a reminiscência é quase um traço atávico. Eis o que o narrador, colando-se à imaginação de Aires, nos diz a propósito da relação entre memória, pessoa e aniquilação:

> Conheci um homem que adoeceu velho, se não de velho, e despendeu no rompimento final um tempo quase infinito. Já pedia a morte, mas quando via o rosto descarnado da derradeira amiga espiar da porta entreaberta, voltava o seu para outro lado e engrolava uma cantiga da infância, para enganá-la e viver.

Esaú e Jacó sugere que a formação da consciência do sujeito passa pela aceitação de sua extinção no tempo e apenas se contrapõe a ela pela imaginação e pela reminiscência, atividades que plenificam a constituição do eu. A pessoa moral em Machado se sonda e busca na incompletude a razão de *ser pessoa*, já que seu aperfeiçoamento e a atenção a si é um poço incomensurável. Aires sabe disso, mas como um semideus aposentado, exerce sua "vocação de descobrir e encobrir". A arte desse narrador emula e se condensa em perfeita figuração da diplomacia. A resposta de Aires para esse mundo é característica: "Alonguei-me fugindo e morei na soedade"; Aires recorre ao padre Bernardes a fim de glosar sua desunião com o tempo presente e seu entorno. Não é preciso acrescentar que a saudade, a reminiscência ruinosa, é talvez o modo mais marcante da segunda fase de Machado, povoada que está de heróis que desconfiam da modernidade. Sofrem da perda de si Brás, Rubião, Bento e Aires. A saudade é um sentimento marcado pela ausência. Em

Machado, ela parece ser um componente essencial da caracterização do personagem como pessoa: vidas só dão a impressão de terem sido vividas quando olham para trás em busca de unidade e reparação. Nesse sentido, os narradores do tempo perdido desatam fantasias rumorosas para lidar com a ideia da própria falta que sentem de si.

Retrospectivamente

Publicado em 1904, *Esaú e Jacó* é um romance de simbologia mais abstrata que a maioria dos anteriores; obra distinta por uma intricada conjunção entre a matéria histórica e a fabulação simbolista. O resultado é um enredo mais tênue que os outros romances de maturidade. A posição de seu narrador é, em parte, uma novidade. *Esaú e Jacó* é narrado em terceira pessoa. Entretanto, pela advertência, sabemos que a narrativa é o último caderno do memorial do conselheiro Aires, que por sua vez é um dos personagens do próprio romance. É difícil, à primeira vista, reconhecer a sutileza desse contraponto entre narrador e personagem. Ambos colaboram. Mas Aires não narra o romance; participa da história, e, aos poucos, é possível perceber como elementos que perfazem sua imaginação e sua visão de mundo "contaminam" ou definem instantes da postura do suposto narrador onisciente.

Alencar já tinha usado a mesma mistura de assinaturas autorais em *Lucíola* e *Diva*, a fim de criar um jogo de autoridade e perspectiva entre personagem, narrador, autor implícito e editor fictício das obras. Mas, na virada do século, um modo mais útil de abordar tal distinção é tomar de empréstimo a Henry James a ideia de narrador impróprio, que se apresenta na terceira pessoa, mas que não é onisciente; ou cuja onisciência é parte interessada na trama. Nesses casos, o narrador impessoal se cola de tal modo à consciência do protagonista que seu acesso ao mundo, ainda que irrestrito, retém o viés da experiência do herói. Assim, o narrador não é o personagem, mas paira acima dele como apêndice de sua consciência. *Esaú e Jacó* pode ser tomado como uma história que pertence a Aires, que por ele foi concebida, ou registrada, muito embora não seja sua voz a que organize e apresente o enredo; nem esta seja a história de sua própria vida.

É comum encontrarmos entre os leitores uma opinião reticente sobre o romance. Da fase madura, este é o mais estranho; o que mais se arrasta entre a fluidez da trama, o recurso à sensibilidade romântica e certo gosto em plantar charadas e epigramas sobre eventos ou personalidades históricas. A impressão de enfado que ouvi de muitos alunos e leitores amigos tem uma explicação simples. Quase todos os romances anteriores, após *Memórias póstumas*, têm um foco mais restrito: dedicam-se ao desenvolvimento e à crise de um único indivíduo. Brás nos conta a *sua* vida — é certo que com os poderes de um biógrafo onisciente, já que nos fala do além; em *Quincas Borba*, a vida de Rubião ocupa a narração da primeira à última página do romance, e temos um narrador impessoal, mas opinativo. Em *Dom Casmurro*, há um caso clássico de autobiografia confessional; Bento revê sua formação sentimental a fim de compreender as razões da própria queda, cuja responsabilidade atribui a Capitu.

No entanto, em *Esaú e Jacó* o foco narrativo é muito mais dúbio. É a história de Pedro e Paulo? Do amor deles por Flora? Da ascensão dos Santos e das tribulações políticas dos Batista? É um romance histórico? O foi, não foi; é, não é; é meu, é seu, que marca a eterna disputa dos gêmeos — um republicano, outro monarquista — às vezes pesa aos olhos do leitor e nos traz o próprio enfado de que Aires é testemunha. A sem-razão das disputas é marcada pela pequenez, pela irrelevância e arbitrariedade dos motivos. Afinal, a oposição perene e total é inverossímil, e cansa o conselheiro, que de resto vê toda variedade de opiniões no coração do homem; e no coração dos gêmeos, enxerga só o que não poderia haver em estado puro: aquela perfeita simetria na discórdia.

Talvez, em parte por isso, o foco flutue entre o estado de desconexão de Aires com o seu tempo e o fervor comezinho dos demais — exceto Flora — para com as bandeiras rutilantes do presente: o abolicionismo, a República, o ideal do progresso positivista, a maré dos ministérios e o Espiritismo, que vinha dar feição científica ao sentimento religioso. Aires não desdenha desses fervores, como o fez Brás; nem rechaça a conduta alheia, insinuando a maledicência, como é o caso de Dom Casmurro. O conselheiro, em vez disso, ouve a todos, mas no tempo de balançar a cabeça, dizendo que sim, que todos podem estar certos, aponta também para o lado oposto e pede que consideremos o caso de o contrário ser, de fato, a verdade. Tal posição ideológica é reproduzida pela situação do narrador onisciente, sempre parcial. O vocabulário e o tom da frase são muitas vezes o de Aires, da sua visão de mundo e dos seus valores. Tanto ele quanto seu narrador, por exemplo, desdenham de Santos pelos mesmos motivos: o aspecto mundano de sua atividade, a conveniência simplória e mística na sua visão do sagrado, a vaidade da fortuna recente e, às vezes, grosseira.

Aos olhos do conselheiro, a modernidade fluminense parece ter vindo de supetão; e observando os gêmeos brigarem por tudo, e por Flora, e seus pais praticarem a adivinhação e o calculismo, Aires vê o Brasil moderno desnorteado, buscando distanciar-se do legado de um passado recente e abraçando um presente marcado pelas arbitrariedades de uma superstição racionalizada. Enquanto caminha pelo Rio e saúda tipos graciosos, o tempo enterra logradouros, troca tabuletas, rebatiza ruas e vielas, leva consigo ambulantes e fura as meias de dançarinas que, antes, pareciam ter a verve da beleza inexaurível. Aires vê o dinheiro mudar de mãos e estranha modos, lugares e eventos que há pouco eram familiares. A modernidade, às vezes, parece cansar o velho conselheiro; e não será descabido pensar que nesse personagem o próprio Machado tenha condensado a nostalgia e o enfado que alguns nomes de sua geração sentiram frente aos contornos da ordem e do progresso. Sem ser monarquista, Aires, no entanto, jamais se rende aos arroubos republicanos; professa todos os credos; diz ser, naquele mundo, a última alma tolerante. Trata-se da vaidade da contemplação desconfiada, que se enfrenta ao entusiasmo dos demais pela modernização; uma que convive e não raro é guiada pelas adivinhações da cabocla do Castelo, pela crença na transmigração das almas e na predestinação do fado político. Aos olhos de Aires, essa modernidade enfastia e repete os vícios de tempos imemoriais.

 E a morte de Flora? Exagero romântico tardio? Nevoeiro simbolista? Velho gosto machadiano pelo sacrifício da beldade impenetrável? Não acho que a morte de Flora represente a impossibilidade da escolha humana diante da diversidade dos seus apetites: ao contrário, é a recusa da concessão ao menos. É o rechaço da transigência com a imperfeição. A perfeição em Machado de Assis não é mais do que apenas a *busca* da própria perfeição; movida pela carência de sentido, a procura faz o espírito. Vejamos como Aires se justifica a Flora por tê-la chamado de "inexplicável":

> Inexplicável é o nome que podemos dar aos artistas que pintam sem acabar de pintar. Botam tinta, mais tinta, outra tinta, muita tinta, pouca tinta, nova tinta, e nunca lhes parece que a árvore é árvore, nem a choupana choupana. Se se trata então de gente, adeus. Por mais que os olhos da figura falem, sempre esses pintores cuidam que eles não dizem nada. E retocam com tanta paciência, que alguns morrem entre dous olhos, outros matam-se de desespero.

Não é difícil ver aqui um comentário ao próprio artesanato de Machado e, ao mesmo tempo, àquela insaciabilidade que invoca o velho tema do enigma da profundidade moral, sempre elusiva e cambiante, mas afinal revelada pelos olhos. O comentário prenuncia, também, a extinção de Flora: a moça que se entregará ao pó pela recusa em se deixar render por Pedro e Paulo, inelegíveis em seu egoísmo da discórdia pela discórdia.

Se quisermos forçar um paralelo entre esse mundo imaginado por Machado e a sociedade brasileira na transição para uma república, agora sim, assentada sobre o trabalho livre, é possível enxergar em *Esaú e Jacó* uma comunidade de pessoas cuja pequenez dos motivos, o recurso à superstição e ao casuísmo político, além da própria idolatria científica, parecem ter sufocado as utopias de progresso da geração de intelectuais como, por exemplo, Euclides da Cunha.

Dois anos antes do romance de Machado, não foi *Os sertões* que nos deu a crônica de um observador que julgava certo o passo firme da modernidade brasileira? E não foi ele quem, após Canudos, cedeu ao embaraço de duvidar do moderno, da patente, da sua própria missão de bastião das luzes republicanas? E se olharmos para trás, para a geração anterior, não vemos também em Joaquim Nabuco o sentido do olhar rebaixado pelo embaraço da saudade do mundo de antes? Nabuco relembra seu engenho Massangana com a mesma candura do olhar que Aires aponta para o Rio do Segundo Reinado. O conselheiro fez com que seu narrador mirasse a História com certa desconfiança, como repetição e farsa, causando no leitor uma sensação sutil: o enfado que esses homens parecem sentir com a chegada do moderno. É essa mirada lamentosa e resignada que faz coro com *Os sertões*, de Euclides da Cunha, e *Minha formação*, de Joaquim Nabuco, ambos da mesma época da redação de Aires; um coro de desencanto ante o que parece ser a ruína prematura de um futuro que mal acabara de começar. Essas obras são contemporâneas das várias manifestações de nostalgia e interesse pelo passado recente do Império. No período, o saudosismo monárquico está expresso em *D. João VI no Brasil*, de Oliveira Lima, em *Um estadista do Império*, do próprio Nabuco, e também nas *Primeiras memórias*, do Barão do Rio Branco, que Machado menciona em sua correspondência de 1903. Juntamente à carta que José Veríssimo enviou a Machado, instando-o a escrever as *suas* memórias, essas obras podem ter funcionado como mote, ou um motivo, que nos ajuda a entender a opção do autor pela reminiscência de um diplomata, um observador da história social e íntima, cuja agudeza de espírito denuncia o retorno de velhos dramas humanos num ambiente marcado pela mudança política e econômica. No penúltimo romance de Machado, esse futuro que se deixa abolir é simbolizado pela inexplicável Flora.

Flora

Flora, de certo modo, celebra todas as heroínas machadianas anteriores, todas aquelas mulheres excepcionais, cujo feito maior foi romper com o laço das suas origens, superar o obstáculo da orfandade, da bastardia, da dependência ou do desamor, para guiar suas vidas a gosto. Mas o que nelas tinha sido autonomia pela ação, em Flora será libertação pela recusa. Seu estado contemplativo, sua inclinação musical, seu olhar fluido e a vagueza dos gestos, travestidos em indecisão, revelam na realidade um protesto pela atenção ao sublime. Em *Dom Casmurro*, o memorialista busca no passado as razões da ruína e arremata seu libelo prometendo ocupar-se de uma história dos subúrbios. *Esaú e Jacó* começa com uma subida a uma das franjas do Rio, onde uma mãe zelosa busca um oráculo que lhe antecipe o futuro de seus gêmeos. Bento Santiago hesita entre crer que as pessoas são aquilo que são e a admitir que seu trato com os demais lhes modifica e enforma o caráter. *Esaú e Jacó* encena um mundo em que as pessoas decidem o que são, mas cedem ao misticismo, por medo ou pelo conforto da vaidade; quem não se conforma é o conselheiro aposentado ou a virgem inexplicável. *Dom Casmurro* alicia o leitor na contemplação da ruína que foi o passado de Bento; *Esaú e Jacó* nos convida a imaginar o que pode ser o futuro dos gêmeos Pedro e Paulo, o futuro dos grandes homens que vão dirigir a República, da qual Aires e Flora cedo se retiram. Capitu morreu por abraçar um mundo velho; Flora, por recusar o mundo novo. Em *Dom Casmurro*, encontramos a falsa paz da mirada que restaura o que ficou para trás; em *Esaú e Jacó*, o discreto terror de se deparar com crianças extraviadas pela vaidade de acreditar na imortalidade das suas opiniões mais recentes.

Há, sim, um modo de se olhar para a vida e dizer que ela vale pouco. Mas esse não foi o modo de Machado, e esse não é o estilo do conselheiro Aires. Num mundo onde qualquer réstia de inteireza moral é aniquilada pelo desejo incontrolável de saciar a fome de certeza, de prazer e de controle sobre o outro, surge o diplomata como demiurgo excepcional, habitando uma história talvez colorida pelas tintas da própria casmurrice, uma casmurrice agora moderada e lúcida pela aceitação da morte. Aires pertence àquele filão de imaginações que glosaram o tema do coração humano impotente diante do desgoverno das próprias carências. Tal como Brás e Bento, o conselheiro morde e sopra. Para burlar o tempo e o fastio do presente, sua imaginação faz para si o contorno da posteridade e se regala no consolo da reminiscência. O tempo, como nos diz o narrador, é "rato roedor das cousas", é "tecido invisível em que se pode bordar tudo". A aceitação da morte é um giro de espírito complicado e sutil. O próprio Brás, dono de voz mortiça, nos fala montado nela, como se a subjugasse. Rubião — que morre ainda estando vivo, e, aliás, morre duas vezes, como o Quincas Berro D'Água, de Jorge Amado —, quanto mais próximo a ela, à morte, mais imagina a vida melhor do que de fato fora. Dom Casmurro, por sua vez, se recusa a aceitar a velha indesejada das gentes. Mas eis que passou o tempo da bulha, tempo de Brás Cubas; passou o tempo da expiação humanizadora, tempo de Rubião; e passou também o tempo da inculpação vexada de Bento Santiago. Com o conselheiro, é chegada a hora da resignação; da sabedoria reconciliada com o silêncio, através de uma sensualidade lírica e contemplativa. Está ali, na figura de Aires, o último mundo robusto de Machado: um mundo sobre os fins do próprio homem. Mundo que nos aponta, pela boca fechada e polida de um diplomata, o quanto vale a vida vaidosa.

Nesse sentido, *Esaú e Jacó* é um compêndio de temas e técnicas machadianas. A epígrafe de Dante, "*Dico, che quando l'anima mal nata...*", sintetiza o romance e ilustra o interesse de Machado numa topografia do espírito: a jornada como autodescobrimento. Subidas e descidas na paisagem geográfica e social do Rio ilustram os caminhos da formação da pessoa humana. Pode-se criticá-lo por ser fatalista ou determinista? Talvez. Aires emenda o adágio "a ocasião faz o ladrão" de maneira essencialista: "A ocasião faz o furto, o ladrão nasce feito." Estamos de volta à hipótese de Bento sobre Capitu. Ambos os livros são sobre a transmissão da experiência. Mas a lei hereditária parece não funcionar para espíritos de exceção, como Flora:

> Se alguém quiser explicar este fenômeno pela lei da hereditariedade, supondo que ele era a forma afetiva da variação política da mãe de Flora, não achará apoio em mim, e creio que em ninguém. São cousas diversas. Conheceis os motivos de

Dona Cláudia; a filha teria outros que ela própria não sabia.

O narrador afasta a possibilidade de que a hesitação do amor de Flora, frente a Pedro e Paulo, pudesse ser uma contraparte romântica da maleabilidade do costume político de seus pais. Na verdade, o caráter extraordinário de Flora é sua *dissimilaridade* para com os próprios pais; um tema aparentemente banal, mas que se conecta à percepção que Aires tem da moça como ser "inexplicável". Num romance obcecado pela hereditariedade, por mecanismos de divinação, por apostas na roleta política, pela busca de leis da predeterminação, que regem almas transmigradas, renascidas, conflituosas etc., Flora repõe o mesmo enigma de Capitu. De onde vem o caráter de uma pessoa? De onde vem a malícia ou a grandeza dos seus motivos?

Parece-me que, de um ponto de vista mais geral, o narrador ironiza a ansiedade humana que busca sentido e correspondência entre a vida vivida e os desejos do indivíduo. Aires e Flora fogem disso, ou ao menos estabelecem outra relação com o tempo. O narrador se aproxima da consciência de Aires e copia a verve do memorialista Bento Santiago, que também toma de empréstimo um verso de Goethe para definir a divisão da sua pessoa. No caso de *Esaú e Jacó*, é Flora quem se caracteriza pela incorporação da dualidade, assim como no passado tinha sido o caso da própria Natividade, mãe dos gêmeos: "Ai, duas almas no meu seio moram!"

Por que a advertência do romance chama a atenção do leitor para o fato de que a vaidade não era um dos defeitos de Aires? Ele e Flora, sua extensão feminina, fadada à desconexão com o presente, servirão de termo de comparação para os demais; além de servirem de abrigo para um mundo em um de seus eternos espasmos de mudança em direção ao mesmo. Numa carta da época, Machado diz a Nabuco que, se tivesse fôlego, a única obra que gostaria de escrever seria um novo Eclesiástico: "Não há nada de novo debaixo do céu, tudo é vento e tudo passará." Todos os romances de Machado, até *Esaú e Jacó*, este também incluído, são sobre pessoas vaidosas e ansiosas em prosperar frente à opinião pública, pessoas que não se conhecem. Tal como Isaac, o pai de Esaú e Jacó, no mito bíblico, elas não enxergam e são facilmente iludidas pelos seus desejos. No mito, a origem da dissensão entre os gêmeos está na astúcia que um tem para imitar o outro e fazer-se parecer com o que de fato não é; eis, novamente, um velho tema machadiano refeito agora pelas tintas do impressionismo finissecular. Também a divisão da personalidade — um tema de *Dom Casmurro* e *Memórias póstumas* — volta a incidir sobre a relação das pessoas consigo. Flora vive o drama em público. E Aires experimenta a mesma sensação nas suas reminiscências e introspecções; ele é um Bento sem a sanha vingadora e ressentida. Abrandou-se pelo enfado com o humano, pelas cócegas de ser pai. Os próprios gêmeos, Pedro e Paulo, afinal não podem ser considerados alegorias das posturas monárquica e republicana; são, diz o narrador, as duas inclinações que movem e moram nos homens: a "inquietação" e a "conservação".

A imaginação de possibilidades caracteriza Brás, Rubião, Bento e Flora. Todos sofrem da incontinência da fantasia e têm a capacidade de conceber o modo como o mundo seria se escolhas e circunstâncias diversas tivessem sido o caso. Num tempo infinito, o homem desenvolve todas as virtudes e vícios possíveis: "Todos os contrastes estão no homem." Há, de modo mais suave e às vezes burlesco, uma obsessão pelo contraste entre verdade e aparência; o tema enganoso da semelhança como identidade de substâncias. Como sugeri, o juízo que Aires e o seu narrador compartilham sobre Flora ecoa o subtexto de *Dom Casmurro*: "Nem sempre os filhos reproduzem os pais." Talvez, ser inexplicável — como Aires se refere a Flora — seja desafiar relações de semelhança e continuidade, como Flora — que era musical e introspectiva, de ambições mais altas e nobres — em relação a seus pais, cuja pequenez das motivações melindra Aires e é alvo de seu sarcasmo. Flora, tal como Orfeu, é vencida pelo próprio sentimento de amor e pela insaciabilidade da imaginação.

Assim, *Esaú e Jacó* evoca um motivo iniciado com Brás, cuja estratégia do recordo salvador deu também a Bento seu método e um alvo. Diz o narrador de *Memórias póstumas*:

> Creiam-me, o menos mal é recordar; ninguém se fie na felicidade presente; há nela uma gota da baba de Caim. Corrido o tempo e cessado o espasmo, então sim, então talvez se pode gozar deveras, porque entre uma e outra dessas ilusões, melhor é a que se gosta sem doer.

Aires observa as pessoas enquanto elas tentam observar o futuro; Flora é seu objeto preferido. A mudança social surpreende e atordoa a todos, menos a Aires. Mesmo assim, ele não descrê no humano nem cai no niilismo ou na misantropia. Aires insta os outros a agirem, a tomarem decisões. Aliás, sua paternidade frustrada repete o fado de Brás, Rubião e Bento; tal como eles, Aires é o "pai que não foi, que teria sido". Sua relação com Flora pode ser entendida como uma afinidade sensual entre pai e filha, que evoca a relação entre paternidade, incesto e morte característica de heroínas anteriores, como Iaiá Garcia e Helena. Mas, ao contrário dos demais heróis e narradores machadianos maduros, Aires melhora com a vida, abranda-se com o tempo; ganha em suavidade e busca vencer o próprio tempo imaginando a vida dos outros, ali presentes, e não a vida vivida por ele mesmo. É um contemplador dos homens, não um desdenhador deles. Há, em nossa imaginação da vida dos outros, ao mesmo tempo traço de solidariedade e lastro de perigosa malícia.

A imaginação

A passagem para o século XX está contida entre as publicações de *Dom Casmurro* e *Esaú e Jacó*: duas reflexões amargas sobre a modernidade brasileira, realizadas a partir do exame de mundos interiores. Entre a presença de um narrador-protagonista imerso numa diacronia nostálgica (Bento) e um personagem-autor que paira acima da temporalidade corruptível (Aires), o romance machadiano faz uso da autobiografia de ficção como testemunha de importantes transições sociais, políticas e estéticas que são, com frequência, adensadas nas relações estabelecidas com outras tradições literárias. Seus protagonistas e narradores são capazes de organizar a apresentação de tempos simultâneos, em narrativas que procuram dramatizar suas próprias transformações, lançando mão de referências a outros textos ou personagens, com grande atenção a Shakespeare. Na chamada segunda fase, o romance se desenvolve num sofisticado contraponto entre os personagens — que ora se retiram do tempo (como Brás e Aires) e ora se deixam render por ele (como Rubião e Bento) — e o presente das obras, marcado pelo fim do século e seu ideário positivista. Demarcações temporais — a passagem do Império à República, do escravismo ao trabalho livre, da infância à vida adulta — formam o palco em que os protagonistas experimentam a artificialidade das convenções dos seus tempos, enquanto intuem a própria ruína, percebida no modo como procuram explicar a mudança nos outros.

Em praticamente todos os romances, a relação entre imaginação, dissimulação e arte reitera a importância da introspecção, da memória e da criação narrativa como sondagens da pessoa moral. O problema do autoconhecimento — e, por extensão, o do autoengano — se coloca de modo palpável para todos esses heróis e heroínas. Tentei mostrar como a origem desse mundo jaz nos primeiros romances do autor e em contos de transição, como "A chinela turca". Neles, o mundo interior e propriamente individual dos protagonistas é capaz de gerar *personas* distintas, a fim de articular a apresentação do sujeito no espaço público e reconciliá-lo com seus demônios ou expectativas. Volto a insistir no fato de que essa operação narrativa se baseia na atenção minuciosa ao conceito moderno da pessoa moral, de sua autonomia e individuação.

Em *Memórias póstumas* uma consciência que se perscruta revive sua vida pela memória de fatos e sensações passadas. Aqui se dá o início do memorialismo como modo narrativo machadiano por excelência. Grande parte da força desse romance advém da divisão do tempo entre um presente narrativo intemporal, fora da vida, e o presente da narração em ritmo de reminiscência voluntariosa. Da intricada relação entre as idas e vindas no tempo emerge a possibilidade do autoconhecimento, que é descartada em favor de uma invencível elisão da responsabilidade. O narrador capcioso faz uso de uma engenhosa proliferação de teorias, citações e alusões literárias, recompondo uma memória digressiva e alegórica. Com Brás, dá-se o início de um filão de obras em que personagens e narradores se ocupam em desvendar os motivos alheios; são romances sobre a possibilidade de entender o que motiva as escolhas e a conduta do outro. São também sobre a necessidade — consciente ou não — de mascarar-se; herança segura das primeiras heroínas machadianas.

Em *Quincas Borba*, um herói mais humano volta a ser narrado a partir de uma perspectiva onisciente. O narrador, no entanto, impõe-se como presença individual e perquiridora. Sem ser o objeto de um romance de tese, Rubião é, no entanto, um teste do humano. É um herói que oscila entre o determinismo e o livre-arbítrio; o rumo da sua vida passa a depender do modo como o protagonista — homem simplório — lida com o legado pecuniário e intelectual de seu amigo filósofo. Hereditariedade (simbólica) e herança (monetária) anunciam o tema que voltaria no romance seguinte. Com Rubião, esse herói mais próximo ao cômico, povoado por delírios, sonhos e uma imaginação grandiosa e pródiga, é sacrificado; redime e denuncia, dessa forma, seus amigos mais próximos como falsos amigos. Volta o tema da amizade e insinua-se um paralelo forte com *Dom Quixote*. Juntamente a *Memórias póstumas*, *Quincas Borba* retoma e aprofunda o romance psicológico, irônico e avesso a dramas naturalistas.

Com *Dom Casmurro* estamos num mundo afim ao espírito de Brás, onde a malícia se apresenta disfarçada em peles de burla e nos convida a mirar o outro com desconfiança. Há muita sedução nessa visão sardônica, principalmente quando em jogo está a possibilidade de se evitar a responsabilidade frente ao outro, maculando-o pela atribuição da culpa. O narrador memorialista, com fumos de vingança, busca redimir o tempo ruinoso. A pergunta fundamental do romance é sobre a origem da malícia. Qual a fonte da maldade astuciosa, e onde está o limite entre o amor e o engano? Novamente, somos contaminados — esse é o método de Machado — pela sedução dessa perspectiva e levados a julgar com o narrador, ou por ele.

Nos romances maduros, a mudança dos heróis está associada à revelação de perspectivas novas, não raro contrastantes, sobre o caráter do protagonista e do narrador. Um aspecto essencial dessas narrativas está no papel desempenhado pela atividade de imaginação valorativa da voz narrativa, ou do protagonista, sobre os demais personagens.

Embora Machado raramente tenha se pronunciado a respeito disso, o valor que parecia enxergar no gênero do romance está ligado a uma relação de simetria que se estabelece, por um lado, entre leitor e obra, e por outro, entre o personagem e a sua imaginação de si. Ou seja, a relação que certos narradores e protagonistas mantêm com outros personagens se modifica na medida em que os primeiros se dão conta das possibilidades que eles próprios têm de se imaginarem diferentes do que são, ou de se compararem a outros entes de ficção. A transformação de Brás, Rubião, Bento e Aires explica-se pela capacidade que possuem de se colocarem como projetos, como possibilidades, como exemplos e mesmo paráfrases de outras vidas; ou encontrar em obras de arte comentários relevantes para as suas próprias vidas. Esses heróis da imaginação ululante se transformam na medida em que conseguem se redefinir — e também definir os outros — pelo recurso à ficção, saltando das suas experiências imediatas a um mundo de fantasias, para aí rever dilemas e ensaiar soluções que possam ser válidas no retorno à vida efetiva. E já que parte da estratégia de composição dos personagens e, sobretudo, dos narradores de Machado é o recurso ao exemplo, ao comentário e à paráfrase de outras obras, a hipótese de uma presença shakespeariana sistemática nos auxilia na compreensão do processo criativo dos romances. Talvez assim possamos entender melhor o que o motivou a cometer uma das suas raras hipérboles na apreciação de outro autor:

> Um dia, quando já não houver império britânico nem república norte-americana, haverá Shakespeare; quando não se falar nem inglês, falar-se-á Shakespeare. Que valerão então todas as atuais discórdias? O mesmo que as dos gregos, que deixaram Homero e os trágicos.

A presença de Shakespeare em Machado não o torna, necessariamente, melhor escritor; nem suas narrativas, mais bem realizadas ou complexas. No entanto, a insistência em temas, obras, personagens e cenas shakespearianos mostra que ele manteve no autor inglês uma espécie de coleção de recursos para responder às suas inquietações sobre a relação entre a imaginação e o mundo da vida. Tal repertório parece estar associado ao que ele acreditava ser a característica essencial do romance, uma prática que nos retira da vida pela imaginação e nos remete de volta a ela com um possível saldo: o do estranhamento dos modos como as pessoas se colocam frente às demais. No romance experimentamos a sensação de progressão e unidade que raramente se encontra na vida habitual. Pela leitura, testemunhamos um campo de experiências singulares sem, no entanto, arcarmos com suas consequências objetivas. Conhecemos sentimentos novos, ou já intuídos, que antes, talvez, permanecessem sem expressão verbal. Nesse instante em que o mundo da vida para e cede suas frações ao recurso da imaginação e ao ensaio de suas convenções, o leitor acompanha a formação de emoções e memórias. Podemos, então, avaliá-las, compará-las com as nossas e retornar do mundo de ficção trazendo perspectivas e sugestões para responder a impasses que a própria vida nos impõe no meio de seu caminho; impasses para os quais a invenção humana cria termos e contextos *significativos*, sejam eles imaginados, como os de Bento Santiago, ou vividos, como sabemos serem os nossos.

Uma cronologia de Shakespeare na obra de Machado de Assis

Data	Obra de Machado	Em livro	Obra referida	Transcrição
1859, 4 de outubro a 4 de novembro	"Madalena" (conto)	*Dispersos de Machado de Assis* (1965)	*Romeu e Julieta* (adaptação)	"Madalena foi sentar-se junto de seu piano, mas começava a tocar um dueto da ópera *Romeu e Julieta*" (110) [Autoria duvidosa: Moreira de Azevedo?]
1859, 21 de outubro	"Ofélia" (poesia)	*Dispersos de Machado de Assis* (1965)	*Hamlet*	(129) [Título do poema]
1859, 13 de novembro	Crítica teatral sem título publicada em *O Futuro*	*Crítica teatral* (1937)	Geral	"não precisa a consciência pública para avaliar o desempenho da *Elisa de Valindo*. Não se comenta Shakespeare, admira-se" (96)
1859, 4 de dezembro	Crítica teatral sem título publicada em *O Futuro*	*Crítica teatral* (1937)	Geral	"Como diz um crítico moderno, Shakespeare dá a comer e a beber a sua carne e o seu sangue" (112)
1861, 24 de julho	"Os mineiros da desgraça" (crítica)	*Crítica teatral* (1937)	Geral	"como diz um escritor, Shakespeare: dá a comer e a beber a sua carne e o seu sangue" (164)
1861, 16 de dezembro	"Comentário da semana" (crônica publicada no *Diário do Rio de Janeiro*)	*Crônicas*, vol. 1 (1937)	*Otelo*	"O teatro não é um bazar, e se é, que estranhas mercadorias são estas, chamadas *Otelo*, *Atalia*" (93)
1861, 16 de dezembro	"Comentário da semana" (crônica publicada no *Diário do Rio de Janeiro*)	*Crônicas*, vol. 1 (1937)	Geral	"e como devem soar mal nos centros comerciais os nomes de Shakespeare, Molière" (93-94)
1862, 15 de setembro	Crônica publicada em *O Futuro*	*Crônicas*, vol. 1 (1937)	*Como gostais* [*As you like it*]	"e cada um foi depor-lhe nas mãos um poema dramático, tirado um da comédia de Shakespeare, *Como queira*, e outro" (306)
1862, novembro	"O protocolo" (teatro)	*Teatro* (1910)	*Otelo*	"Mutilado ele, que pretende fazer da mesquinha Desdêmona?" (142)

Data	Obra de Machado	Em livro	Obra referida	Transcrição
1862	"O caminho da porta" (teatro)	Teatro (1910)	Romeu e Julieta	"Também eu já trepei pela escada de seda para cantar a cantiga de Romeu à janela de Julieta" (101)
1864	"O anjo das donzelas" (conto)	Contos avulsos (1956)	Romeu e Julieta	"Quinze anos! É a idade das primeiras palpitações, a idade dos sonhos, a idade das ilusões amorosas, a idade de Julieta" (10)
1864, 12 de junho	"Ao acaso" (crônica publicada no Diário do Rio de Janeiro)	Crônicas, vol. 2 (1937)	Otelo	"O papel de Elvira coube à Sra. D.M.E.G.; [...] Iago, pelo Sr. J. da C" (15)
1864, dezembro	"Questão de vaidade" (conto)	Histórias românticas (1937)	Geral?	"as garças humanas brincavam com o elemento a que Shakespeare as comparou" (12)
1864, dezembro	"Questão de vaidade" (conto)	Histórias românticas (1937)	Otelo	"Mas eu, depois de citar Shakespeare no que tocava à identidade das mulheres e do mar" (12)
1865	"Cinco mulheres" (conto)	Contos recolhidos (1956)	Romeu e Julieta, Hamlet	"Quinze anos contava, como Julieta. Como Ofélia, parecia que estava destinada a colher a um tempo as flores da terra e as flores da morte" (255)
1865, 31 de janeiro	"Ao acaso" (crônica publicada no Diário do Rio de Janeiro)	Crônicas, vol. 2 (1937)	Hamlet	"um público a quem se dava o Ângelo, o Hamleto" (289)
1865, 7 de fevereiro	"Ao acaso" (crônica publicada no Diário do Rio de Janeiro)	Crônicas, vol. 2 (1937)	Romeu e Julieta, Otelo	"Não entrais hoje neste folhetim, minhas senhoras, como Julietas ou Desdêmonas" (294)
1865, 28 de maio	"Conversas com as mulheres" (crônica)	Contos e crônicas (1958)	Otelo	"Pérfida como a onda, Shakespeare" (107)
1865, 28 de maio	"Conversas com as mulheres" (crônica)	Contos e crônicas (1958)	Otelo	"Pérfida como a onda, diz Otelo; e nunca uma imagem mais viva e mais bela exprimiu o perjúrio de uma mulher amada" (111)
1865, 28 de maio	"Conversas com as mulheres" (crônica)	Contos e crônicas (1958)	Otelo	"Todos conhecem Otelo, essa obra-prima de Shakespeare, que reuniu no caráter do mouro de Veneza todos os furores do ciúme, todos os ardores da paixão. Que bela cena aquela em que Otelo contempla Desdêmona no leito! Desdêmona morre assassinada, sendo inocente" (111)
1865, agosto	"Tristeza" (poesia)	Dispersos de Machado de Assis (1965)	Otelo	"Ah! Pobre Criança! Triste ludíbrio de funesta estrêla!" (171) [Citação da tradução de Alfred de Vigny? Ver J-M. Massa, Dispersos, p. 512]
1865, 15 de agosto	"Os primeiros amores de Bocage" (crítica)	Crítica teatral (1937)	Geral	"Se a arte fosse a reprodução exata das coisas, dos homens e dos fatos, eu preferia ler Suetônio em casa, a ir ver em cena Corneille e Shakespeare" (183)

Data	Obra de Machado	Em livro	Obra referida	Transcrição
1865, 8 de outubro	"Ideal do crítico" (crítica)	*Crítica literária* (1937)	*Antônio e Cleópatra*	"neste ponto, a melhor lição que eu poderia apresentar aos olhos do crítico, seria aquela expressão de Cícero, quando César mandava levantar as estátuas de Pompeu: 'É levantando as estátuas do teu inimigo que tu consolidas as tuas próprias estátuas'" (15)
1865, outubro	"No espaço" (poesia)	*Falenas* (1870), *Poesias completas* (1937)	*Romeu e Julieta*	"Uma era a de Lovelace, era a outra a de Romeu." "Ia as vozes escutando Das duas almas. Romeu De Lovelace indagava" "Voltou os olhos imensos Para a alma de Romeu": "Cem Lovelaces num dia E em cem anos um Romeu" (224-227)
1866	"Astúcias de marido" (conto)	*Contos recolhidos* (1956)	*Otelo*	"Desde então a questão de Otelo entrou no espírito de Valentim e fez cama aí: ser ou não ser amado, tal era o problema do infeliz marido" (143)
1866, janeiro	"O pai" (conto)	*Contos recolhidos* (1956)	*Romeu e Julieta*	"É preciso acrescentar que o que facilitava esta escalada de Romeu era a solidão do lugar" (47)
1866, 6 de março	"O teatro de José de Alencar" (crítica)	*Crítica teatral* (1937)	*Bem está o que bem acaba* [*All is well that ends well*]	"A peça acaba, sem abalos nem grandes peripécias, com a volta da paz da família e da felicidade geral. *All is well that ends well*, como na comédia de Shakespeare" (214)
1866, 26 de junho	"Lira dos vinte anos" (crítica)	*Crítica literária* (1937)	*Hamlet*	"O poeta [Álvares de Azevedo] fazia uma frequente leitura de Shakespeare, e pode-se afirmar que a cena de Hamlet e Horácio, diante da caveira de Yorick, inspirou-lhe mais de uma página de versos. Amava Shakespeare, e daí vem que nunca perdoou a tosquia que lhe fez Ducis. Em torno desses dois gênios, Shakespeare e Byron, juntavam-se outros" (110)
1866, 26 de junho	"Lira dos vinte anos" (crítica)	*Crítica literária* (1937)	Geral	"Diz-nos ele [Álvares de Azevedo] que sonhava, para o teatro, uma reunião de Shakespeare, Calderón e Eurípides, como necessária à reforma do gôsto da arte" (113)

Data	Obra de Machado	Em livro	Obra referida	Transcrição
1867	"Onda" (conto)	Contos avulsos (1956)	Otelo	"Onda era o nome que lhe deram nos salões. Por quê? A culpa era dela e de Shakespeare; dela, que o mereceu; de Shakespeare, que o aplicou à instabilidade dos corações femininos. [...] *Pérfida como a onda*, disse um dia um dos enganados, vendo-a passar em um carro e indo para a porta do Wallerstein" (63)
1867	"Francisca" (conto)	Contos recolhidos (1956)	Hamlet	"Francisca [...] era um tipo de beleza cândida e inocente de que a história e a literatura nos dão exemplo em Rute, Virgínia e Ofélia" (13)
1867	"Francisca" (conto)	Contos recolhidos (1956)	Romeu e Julieta	"Houve para ambas as entrevistas de despedida, a escada de seda, e a calhandra de Romeu" (15)
1867, janeiro a fevereiro	"Possível e impossível" (conto)	Contos avulsos (1956)	Antônio e Cleópatra	"Vinha à mente a ideia de Cleópatra, era um duplo efeito que o aspecto da moça produzira no espírito e nos sentidos. Quem amasse aquela moça desejaria que, como a Antônio, fosse trasladado para a campa o leito nupcial da vida" (111)
1867, 22 de fevereiro	"Aerólites" (crítica)	Dispersos de Machado de Assis (1965)	Romeu e Julieta	"Aos vinte e um anos admira-se pouco os heróis de Homero, mas chora-se e palpita-se com o pálido amante de Julieta; a cólera de Aquiles vale menos que um suspiro lançado aos ventos da noite no jardim de Capuleto" (238)
1868, abril a maio	"A mulher de preto" (conto)	Contos fluminenses (1870)	Hamlet	"Eis-me na dúvida de Hamleto" (115)
1868, 13 de dezembro	"Pontos e vírgulas" (crônica)	Contos e crônicas (1958)	Hamlet	"Palavras! Palavras! Palavras!" (143)
1870, janeiro	"A vida eterna" (conto)	Contos avulsos (1956)	Hamlet	"Isso é o menos; morrer é dormir, *to die, to sleep*" (85)
1870, 9 de janeiro	"Badaladas" (crônica)	Contos e crônicas (1958)	Vênus e Adônis	"saboreou o comércio das almas pobres que procuram realizar o fabuloso de Vênus e Adônis à mercê de Shakespeare" (200)
1870	"Quando ela fala" (poesia)	Falenas (1870), Poesias completas (1937)	Romeu e Julieta	"*She speaks! O speake again, bright angel!*" (108)
1870	"La Marchesa de Miramar" (poesia)	Falenas (1870), Poesias completas (1937)	Macbeth	"Tu serás rei, Macbeth!" (113)
1870	"Pálida Elvira" (poesia)	Falenas (1870), Poesias completas (1937)	Romeu e Julieta	"Namorados estômagos consomem;	Comem Romeus, e Julietas comem" (185)

Data	Obra de Machado	Em livro	Obra referida	Transcrição
1870	"A morte de Ofélia" (paráfrase)	*Falenas* (1870), *Poesias completas* (1937)	Hamlet	[Paráfrase em verso da cena de *Hamlet*]
1870	"Miss Dollar" (conto)	*Contos fluminenses* (1870)	Geral	"A moça em questão deve ser vaporosa e ideal como uma criação de Shakespeare" (1)
1871, 25 de junho	"Macbeth e Rossi" (crítica)	*Dispersos de Machado de Assis* (1965)	Geral, *Hamlet*, *Otelo*, *Romeu e Julieta*, *Macbeth*, *Rei Lear*, *Coriolano*, *O mercador de Veneza*	"Ernesto Rossi continua a exibir Shakespeare. Depois de *Hamlet*, *Otelo*, *Romeu e Julieta*, apresentou ao público *Macbeth*. Não para aqui; segundo me dizem, vamos ouvir *King Lear* e *Coriolano*, e talvez o *Mercador de Veneza*." "Ernesto Rossi está representando o monólogo do Hamlet; faz o mesmo ponto de interrogação; 'Que é melhor; curvar-se à sorte ou lutar e vencer?'" "E bem entusiásticos foram os que lhe deu o público na representação de *Macbeth*, em que Rossi esteve simplesmente admirável. Não sei que outra coisa se deva dizer. O monólogo do punhal, as cenas com Lady Macbeth, a do banquete, são páginas de arte que se não apagam da memória." "Além do gosto de aplaudir um artista como Ernesto Rossi, há outras vantagens nestas representações de Shakespeare; vai-se conhecendo Shakespeare, de que o nosso público apenas tinha notícia por uns arranjos e de Ducis." "Esta verdade deve dizer-se: Shakespeare está sendo uma revelação para muita gente. O nosso João Caetano, que era um gênio, representou três dessas tragédias, e conseguiu dar-lhes brilhantemente a vida" (417) "Se as peças que nos anunciam forem todas à cena, teremos visto, com exceção de poucas, todas as obras-primas do grande dramaturgo. O que não será Rossi no *King Lear*? O que não será no *Mercador de Veneza*? O que não será no *Coriolano*?" (418)
1871, 29 de outubro	"Badaladas" (crônica)	*Contos e crônicas* (1958)	Hamlet	"Tem razão Hamlet. Há mais coisas entre o céu e a terra, do que sonha a nossa filosofia" (243)
1871, novembro	"O caminho de Damasco" (conto)	*Histórias românticas* (1937)	Hamlet	"Amá-lo-ia ela depois? *There is the rub*, como diz Hamlet" (189)

Data	Obra de Machado	Em livro	Obra referida	Transcrição
1872, janeiro a março	"Rui de Leão" (conto)	Contos recolhidos (1956)	Romeu e Julieta	"Ao mesmo tempo abriu-se a janela de Madalena e o vulto da moça apareceu como Julieta quando esperava Romeu e a escada" (106)
1872, abril	Ressurreição (romance)	Ressurreição (1872)	Medida por medida	"*Our doubts are traitors,* | *And make us lose the good we oft might win,* | *By fearing to attempt*" (Advertência). Ao final do romance: "perdem o bem pelo receio de o buscar" (cap. 24)
1872, abril	Ressurreição (romance)	Ressurreição (1872)	Otelo	"Não adotou o método de Iago, que lhe parecia arriscado e pueril; em vez de insinuar-lhe a suspeita pelo ouvido, meteu-lha pelos olhos" (cap. 9)
1872, 1º de julho	"Guilherme Malta" (crítica)	Crítica literária (1937)	Hamlet	"Ofélia tem uma página. Lélia duas" (121)
1873? (ver bibliografia de Galante de Sousa)	"Aurora sem dia" (conto)	Histórias da meia-noite (1873)	Hamlet, Romeu e Julieta, Otelo	"não lhe era preciso, por exemplo, ter lido Shakespeare para falar do *to be or not to be*, do balcão de Julieta e das torturas de Otelo" (177)
1873? (ver bibliografia de Galante de Sousa)	"Aurora sem dia" (conto)	Histórias da meia-noite (1873)	Romeu e Julieta	"uma sílfide, a minha Beatriz, a minha Julieta, a minha Laura" (186)
1873? (ver bibliografia de Galante de Sousa)	"Aurora sem dia" (conto)	Histórias da meia-noite (1873)	Macbeth	"Há de ter lido *Macbeth*... Cuidado com a voz das feiticeiras, meu amigo" (191)
1873, fevereiro	Monólogo de Hamlet (poesia)	Poesias completas (1901)	Hamlet	[Tradução do monólogo "To be or not to be"]
1873, 24 de março	"Notícia da atual literatura brasileira: instinto de nacionalidade" (crítica)	Crítica literária (1937)	Hamlet, Romeu e Julieta, Otelo, Júlio César	"e perguntarei mais se o *Hamlet,* o *Otelo,* o *Júlio César,* o *Romeu e Julieta* têm alguma coisa com a história inglesa nem com o território britânico, e se, entretanto, Shakespeare não é, além de um gênio universal, um poeta essencialmente inglês" (135)
1873, 24 de março	"Notícia da atual literatura brasileira: instinto de nacionalidade" (crítica)	Crítica literária (1937)	Geral	"mas esta tem suas regras, o estro leis, e se há casos em que eles rompem as leis e as regras, é porque as fazem novas, é porque se chamam Shakespeare, Dante, Goethe, Camões" (144)
1874	"Muitos anos depois" (conto)	Contos esquecidos (1956)	Hamlet	"Flávio povoava a sua imaginação de Ofélias e Marílias, ansiava por encontrá-las" (37)
1874	"Muitos anos depois" (conto)	Contos esquecidos (1956)	Macbeth	"Lhe fosse preciso adquirir uma coroa, — quem sabe? — Laura seria Lady Macbeth" (38)

Data	Obra de Machado	Em livro	Obra referida	Transcrição
1874	"Os óculos de Pedro Antão" (conto)	Contos avulsos (1956)	Romeu e Julieta	"Todas as noites saía o homem de casa, levando a escada que era posta convenientemente para que ele subisse e fosse conversar com Cecília na posição em que Romeu e Julieta se separaram dando o último beijo e ouvindo o rouxinol [...] Queres ouvir o diálogo da despedida de Romeu?" (157-158)
1874, 26 de setembro a 3 de novembro (O Globo)	A mão e a luva (romance)	A mão e a luva (1874)	Otelo	"Uma noite assistira à representação de Otelo, palmeando até romper as luvas" (cap. 2)
1874, 26 de setembro a 3 de novembro (O Globo)	A mão e a luva (romance)	A mão e a luva (1874)	Otelo	"Vassouras não tem Lagrua nem Otelo" (cap. 2)
1874, 26 de setembro a 3 de novembro (O Globo)	A mão e a luva (romance)	A mão e a luva (1874)	Sonho de uma noite de verão	"a desconhecida foi sucessivamente comparada a um serafim de Klopstock, a uma fada de Shakespeare" (cap. 3)
1875, julho a setembro	"Antes que cases" (conto)	Contos esparsos (1956)	Romeu e Julieta	"Alfredo Tavares (é o nome do rapaz) povoara o seu espírito de Julietas e Virgínias, e aspirava noite e dia viver um romance como só ele o podia imaginar" (83)
1875, julho a setembro	"Antes que cases" (conto)	Contos esparsos (1956)	Hamlet	"Seguiria pela rua da Quitanda ou pela rua do Ouvidor? *That was the question*" (85)
1875, julho a setembro	"Antes que cases" (conto)	Contos esparsos (1956)	Romeu e Julieta	"Todavia, o namorado insistiu na entrevista do jardim, que ela recusou a princípio. A entrevista entrava no sistema poético de Alfredo, era uma leve reminiscência da cena de Shakespeare" (98)
1876, fevereiro a março	"To be or not to be" (conto)	Contos fluminenses, vol. 2 (1937)	Hamlet	[Título do conto] (249)
1876, 6 de agosto a 11 de setembro	Helena (romance)	Helena (1876)	Geral	"Poucos dias antes, a bordo, um engenheiro inglês que vinha do Rio Grande para esta Corte, emprestara-me um volume truncado de Shakespeare. Pouco me restava do pouco inglês que aprendi; fui soletrando como pude, e uma frase que ali achei fez-me estremecer, na ocasião, como uma profecia; recordei-a depois, quando Ângela me escreveu. 'Ela enganou seu pai, diz Brabantio a Otelo, há de enganar-te a ti também'" (cap. 25)

Data	Obra de Machado	Em livro	Obra referida	Transcrição
1876, dezembro	"Sem olhos" (conto)	*Relíquias de casa velha*, vol. 2 (1937)	Otelo	"Que outro rival de Otelo há aí como esse marido" (119)
1877, 1º de janeiro	"História de quinze dias" (crônica publicada na *Ilustração Brasileira*)	*Crônicas*, vol. 3 (1937)	Hamlet	"A quem pertencerão as riquezas que se encontrarem? Ao Estado? Aos concessionários da demolição? *That is the question*" (174)
1877, março	"Um almôço" (conto)	*Relíquias de casa velha*, vol. 2 (1937)	Macbeth	"Esta voz que lhe contava antecipadamente as alegrias do futuro, dizendo-lhe à guisa das feiticeiras de Macbeth: Tu serás sócio do Madureira!" (133)
1877, 1º de junho	"História de quinze dias" (crônica publicada na *Ilustração Brasileira*)	*Crônicas*, vol. 3 (1937)	Hamlet	"Pílula, és tu pílula ou comparsa da Empresa Funerária? *It is the rub*" (231)
1877, 1º de setembro	"História de quinze dias" (crônica publicada na *Ilustração Brasileira*)	*Crônicas*, vol. 3 (1937)	Hamlet	"A sepultura é de fácil acesso, mas não dá saída aos hóspedes. Ninguém ainda voltou daquele país, como pondera Hamleto" (262)
1877, novembro	"Um ambicioso" (conto)	*Relíquias de casa velha*, vol. 2 (1937)	Macbeth	"Uma feiticeira de Macbeth bradava-lhe aos ouvidos: Tu serás eleitor, José Candido!" (161)
1877, 1º de dezembro	"História de quinze dias" (crônica publicada na *Ilustração Brasileira*)	*Crônicas*, vol. 3 (1937)	Hamlet	"Tem ou não tem privilégio o Sr. Greenough? *That is the question!*" (296)
1877, 1º de dezembro	"História de quinze dias" (crônica publicada na *Ilustração Brasileira*)	*Crônicas*, vol. 3 (1937)	Hamlet	"Colocado entre as duas pontas de interrogação de Hamlet, o Sr. Greenough prefere *to take arms against a sea of troubles*" (297)
1878, 1º de janeiro a 2 de março (*O Cruzeiro*)	*Iaiá Garcia* (romance)	*Iaiá Garcia* (1878)	Macbeth	"parecia-lhe aquele favor uma espécie de perdas e danos que a mãe de Jorge liberalmente lhe pagava, uma água virtuosa que lhe lavaria os lábios dos beijos que ela forcejava por extinguir, como Lady Macbeth a sua mancha de sangue. *Out, damned spot!* (cap. 6)
1878, 30 de abril	"O primo Basílio" (crítica)	*Crítica literária* (1937)	Otelo	"O lenço de Desdêmona tem larga parte na sua morte; mas a alma ciosa e ardente de Otelo, a perfídia de Iago e a inocência de Desdêmona, eis os elementos principais da ação" (171)

Data	Obra de Machado	Em livro	Obra referida	Transcrição
1878, 30 de abril	"O primo Basílio" (crítica)	*Crítica literária* (1937)	*Hamlet*, *A tempestade*, *Noite de reis* [*Twelfth night*], *Cimbelino* [*Cymbeline*]	"se a *Lisístrata* parecesse obscena demais, podíeis argumentar com algumas frases de Shakespeare e certas locuções de Gil Vicente e Camões [...]. Em relação a Shakespeare, que importam algumas frases obscenas, em uma ou outra página, se a explicação de muitas delas está no tempo, e se a respeito de todas nada há sistemático? Eliminai-as ou modificai-as, nada tirareis ao criador das mais castas figuras do teatro, ao pai de Imogene, de Miranda, de Viola, de Ofélia, eternas figuras" (175)
1878, 30 de abril	"O primo Basílio" (crítica)	*Crítica literária* (1937)	Geral	"Em que pode um drama de Israel, uma comédia de Atenas, uma locução de Shakespeare ou de Gil Vicente justificar a obscenidade sistemática do realismo?" (176)
1878, 21 de maio	"O caso Ferrari" (crítica)	*Crítica teatral* (1937)	*Hamlet*	"Ah! Se o divino autor do Hamlet pudesse ler um caso assim na crônica da Idade Média!" (269)
1878, 9 de junho	"Notas semanais" (crônica publicada em *O Cruzeiro*)	*Crônicas*, vol. 4 (1937)	*Hamlet*	"A quem pertence a obrigação de remover os restos corrutos? *It is the rub*. Resolve-me ou devoro-te" (26)
1878, 28 de julho	"Notas semanais" (crônica publicada em *O Cruzeiro*)	*Crônicas*, vol. 4 (1937)	*O mercador de Veneza*	"E foi o que fez o banqueiro. Abriu-nos o crédito a sorrir, sem se lhe alterar uma fibra do rosto; desmentiu Shylock e todos os seus correligionários" (103)
1878, 11 de agosto	"Notas semanais" (crônica publicada em *O Cruzeiro*)	*Crônicas*, vol. 4 (1937)	*Hamlet*	"sabe toda gente que, abaixo do doce de coco, o que o fluminense mais adora é a boa música. Haverá, e não raros, que jamais possam suportar uma cena do *Cid* ou um diálogo do *Hamlet*" (134)
1878, 18 de agosto	"Notas semanais" (crônica publicada em *O Cruzeiro*)	*Crônicas*, vol. 4 (1937)	*Romeu e Julieta*, *Antônio e Cleópatra*	"O grande mestre é exímio nesses saltos violentos; passa de uma tenda na Síria à galera de Pompeu, e do jardim de Capuleto à cela do pio frade. Não é ele o asno ordeiro e regrado, que obedece às posturas e ao chicote; é o cavalo de Jó, impetuoso como o vento. Pois nem Shakespeare era capaz de imaginar coisa análoga ao caso de Macaúbas" (137)

Data	Obra de Machado	Em livro	Obra referida	Transcrição
1879	"Antônio José" (crítica)	*Crítica teatral* (1937)	Geral	"Não lhe fossem propor graves problemas, nem máximas profundas, nem os caracteres, nem as altas observações que formam o argumento das comédias de outra esfera, nem sobretudo as melancolias de Molière e Shakespeare" (290)
1879, 1º de dezembro	"A nova geração" (crítica)	*Crítica literária* (1937)	Macbeth	"o Sr. Carvalho Júnior [...] não podia seguir o seu modêlo, alcunhado realista, que confessa um *rouge idéal*, e que o encontra em Lady Macbeth, para lhe satisfazer o coração" (199)
1879, 15 de dezembro a 15 de fevereiro de 1880	"A chave" (conto)	*Contos sem data* (1956)	Hamlet	"*Too much of water hast thou, poor Ophelia!* A diferença é que a pobre Ofélia lá ficou, ao passo que tu sais sã e salva" (113)
1880, 15 de março a 15 de dezembro (*Revista Brazileira*)	*Memórias póstumas de Brás Cubas* (romance)	*Memórias póstumas de Brás Cubas* (1881)	Hamlet	"[...] foi assim que me encaminhei para o *undiscovered country* de Hamlet" (cap. 1)
1880, 15 de março a 15 de dezembro (*Revista Brazileira*)	*Memórias póstumas de Brás Cubas* (romance)	*Memórias póstumas de Brás Cubas* (1881)	Macbeth	"uma bruxa de Shakspeare [*sic*] com um serafim de Klopstock" (cap. 15) [Machado usa a ortografia presente na sua coleção das obras completas do autor].
1880, 15 de março a 15 de dezembro (*Revista Brazileira*)	*Memórias póstumas de Brás Cubas* (romance)	*Memórias póstumas de Brás Cubas* (1881)	Como gostais	" 'Que bom que é estar triste e não dizer coisa nenhuma!' — Quando esta palavra de Shakespeare [...]" (cap. 25)
1880, 15 de março a 15 de dezembro (*Revista Brazileira*)	*Memórias póstumas de Brás Cubas* (romance)	*Memórias póstumas de Brás Cubas* (1881)	Hamlet	"Era o caso de Hamlet; ou dobrar-me à fortuna, ou lutar com ela e subjugá-la" (cap. 83)
1880, 15 de março a 15 de dezembro (*Revista Brazileira*)	*Memórias póstumas de Brás Cubas* (romance)	*Memórias póstumas de Brás Cubas* (1881)	Otelo	"Abençoado uso que nos deu *Otelo* e os paquetes transatlânticos!" (cap. 98)
1880, 15 de março a 15 de dezembro (*Revista Brazileira*)	*Memórias póstumas de Brás Cubas* (romance)	*Memórias póstumas de Brás Cubas* (1881)	Geral	"Eis aí o drama, eis aí a ponta da orelha trágica de Shakespeare" (cap. 108)
1880, 15 de março a 15 de dezembro (*Revista Brazileira*)	*Memórias póstumas de Brás Cubas* (romance)	*Memórias póstumas de Brás Cubas* (1881)	Macbeth	"Aquiles passeia à roda de Tróia o cadáver do adversário, e Lady Macbeth passeia à volta da sala a sua mancha de sangue [...] direi que não quisera ser nem Aquiles nem Lady Macbeth" (cap. 129)

Data	Obra de Machado	Em livro	Obra referida	Transcrição
1881, 15 de agosto a 30 de setembro	"A mulher pálida" (conto)	Contos sem data (1956)	Romeu e Julieta	"O nome é que era feio; mas que é um nome? *What is a name?* Como diz a flor dos Capuletos" (58)
1882, setembro	"O espelho" (conto)	Papéis avulsos (1882)	O mercador de Veneza	"casos há, não raros, em que a perda da alma exterior implica a da existência inteira. Shylock, por exemplo" (259)
1882, outubro	"Letra vencida" (conto)	Relíquias de casa velha, vol. 2 (1937)	Romeu e Julieta	"Romeu preparou-se para ir embora; Julieta pediu alguns minutos" (255)
1882, outubro	"Letra vencida" (conto)	Relíquias de casa velha, vol. 2 (1937)	Romeu e Julieta	"Beatriz inclinou-se, e o eterno beijo de Verona conjugou os dois infelizes" (256)
1882, dezembro	"O programa" (conto)	Relíquias de casa velha, vol. 2 (1937)	Hamlet	"Era muito governar os homens, escrever Hamlet; mas por que não reuniria a alma dele ambas as glórias, por que não seria um Pitt e um Shakespeare, obedecido e admirado?" (279)
1883, 14 de abril	Carta a Joaquim Nabuco (correspondência)	Correspondência (1937)	Referência geral ao personagem que dá nome ao clube	"E ainda há poucos dias tive em mão uma remessa mais antiga, um cartão do Falstaff Club" (36)
1883, maio	"Troca de datas" (conto)	Relíquias de casa velha, vol. 2 (1937)	Hamlet	"Por que motivo, digo eu, resiste o capitão Eusebio à proposta de vir ver Cyrilla? *That is the rub*" (325)
1883, junho	"Último capítulo" (conto)	Histórias sem data (1884)	Macbeth, Romeu e Julieta, Antônio e Cleópatra	"não tinha a alma negra de Lady Macbeth, nem a vermelha de Cleópatra, nem a azul de Julieta" (51)
1883, 30 de setembro a 15 de outubro	"Duas juízas" (conto)	Contos sem data (1956)	A tempestade	Uso do nome "Próspero" como pseudônimo.
1883, 16 de outubro	Crônica publicada na Gazeta de Notícias	Crônicas de Lélio (1956)	Geral, Otelo	"Nepa in pavé. Brasil desfalques latecatú. Inglese poeta, Shakespeare, kará: make money; upa lamaré in língua Brasil: *mete dinheiro no bolso!*" (40)
1883, novembro	"Uma senhora" (conto)	Histórias sem data (1884)	Macbeth	"*Out, damned spot! Out!* Mais feliz do que a outra Lady Macbeth viu assim" (176)
1884, junho	"Evolução" (conto)	Relíquias de casa velha (1906)	Romeu e Julieta	"Não é muito, mas é alguma cousa, e está com a filosofia de Julieta: 'Que valem nomes?'" (113)
1884, 15 de julho	Crônica publicada na Gazeta de Notícias	Crônicas de Lélio (1956)	Geral	"Nem Shakespeare, nem João de Barros, nem o nosso jornalista C.B. de Moura, que há trinta e três anos ou mais acompanha assiduamente as evoluções de uma política bastarda" (74)

Data	Obra de Machado	Em livro	Obra referida	Transcrição
1884, 30 de julho	Crônica publicada na *Gazeta de Notícias*	*Crônicas de Lélio* (1956)	Hamlet	"O glorioso artista pretende hoje, no segundo ato do Hamlet, cantar de galo" (87)
1884, novembro	"A cartomante" (conto)	*Várias histórias* (1896)	Hamlet	"Hamlet observa a Horácio que há mais cousas no céu e na terra do que sonha a nossa filosofia" (9)
1884, novembro	"A cartomante" (conto)	*Várias histórias* (1896)	Hamlet	"Foi então que ela, sem saber que traduzia Hamlet em vulgar, disse-lhe que havia muita coisa misteriosa e verdadeira nesse mundo" (10)
1884, novembro	"A cartomante" (conto)	*Várias histórias* (1896)	Hamlet	"A mesma frase do príncipe de Dinamarca reboava-lhe dentro: Há mais cousas no céu e na terra do que sonha a nossa filosofia" (20)
1884, 12 de dezembro	Crônica publicada na *Gazeta de Notícias*	*Crônicas de Lélio* (1956)	Hamlet	"*Alas, poor Yorick!* Não podemos saber nada; isto cá embaixo é tudo anônimo" (187)
1884, 24 de dezembro	Crônica publicada na *Gazeta de Notícias*	*Crônicas de Lélio* (1956)	Hamlet	"'Conheci-o, Horácio. Estes buracos [...] esta hora' No livro, à fresca, em casa, é delicioso. No cemitério, devia ser o diabo" (200)
1885, maio	"1802-1885" (poesia)	*Poesias completas* (1901)	Geral	"E, para coroar esses nomes vibrantes, | Shakespeare, que resume a universal poesia" (398)
1885, novembro	"O cônego" (conto)	*Várias histórias* (1896)	Romeu e Julieta	"se fosse de qualquer pessoa do século, a linguagem seria a de Romeu: 'Julieta é o sol [...] ergue-te lindo sol'" (272)
1886, 31 de maio	"Curta história" (conto)	*Contos fluminenses*, vol. 2 (1937)	Otelo, Romeu e Julieta	"Era um homenzarrão, que uma noite era terrível como Otelo, outra noite meigo como Romeu" (377)
1886, 31 de maio	"Curta história" (conto)	*Contos fluminenses*, vol. 2 (1937)	Romeu e Julieta	"Cecília lia sempre os anúncios, e o resumo das peças que alguns jornais davam. *Romeu e Julieta* encantou-a" (378)
1886, 31 de maio	"Curta história" (conto)	*Contos fluminenses*, vol. 2 (1937)	Hamlet	"Juvêncio, que já tinha ido a uma representação, e que a achou insuportável (era Hamlet)" (378)
1886, 31 de maio	"Curta história" (conto)	*Contos fluminenses*, vol. 2 (1937)	Romeu e Julieta	"Era melhor ouvir Romeu e olhar para ele" (378)
1886, 31 de maio	"Curta história" (conto)	*Contos fluminenses*, vol. 2 (1937)	Romeu e Julieta	"Entrou Romeu, elegante e belo, e toda ela comoveu-se; viu depois entrar a divina Julieta, mas as cenas eram diferentes" (379)

Data	Obra de Machado	Em livro	Obra referida	Transcrição
1886, 31 de maio	"Curta história" (conto)	Contos fluminenses, vol. 2 (1937)	Romeu e Julieta	"Ela ouvia as de Julieta, como se ela própria as dissesse; ouvia as de Romeu, como se Romeu falasse a ela própria. Era Romeu que a amava. Ela era Cecília ou Julieta, ou qualquer outro nome, que aqui importava menos que na peça. 'Que importa um nome?' perguntava Julieta no drama; e Cecília com os olhos em Romeu parecia perguntar-lhe a mesma coisa. 'Que importa que eu não seja a tua Julieta? Sou a tua Cecília; seria a tua Amélia, a tua Mariana, tu é que serias sempre e serás o meu Romeu'" (379-380)
1886, 31 de maio	"Curta história" (conto)	Contos fluminenses, vol. 2 (1937)	Romeu e Julieta	"E a figura de Romeu vinha com ela, viva e suspirando as mesmas palavras deliciosas" (380)
1886, 31 de maio	"Curta história" (conto)	Contos fluminenses, vol. 2 (1937)	Romeu e Julieta	"No carro, em casa, ao despir-se para dormir, era Romeu que estava com ela; era Romeu que deixara a eternidade para vir encher-lhe os sonhos [...]. tudo com Romeu, nenhuma vez com Juvêncio" (380)
1886, 31 de maio	"Curta história" (conto)	Contos fluminenses, vol. 2 (1937)	Romeu e Julieta	E veio, veio à tarde, sem as palavras de Romeu [...], almoçara e jantara com Romeu [...]. Isto quer dizer que todo amado vale um Romeu" (381)
1886, 15 de junho a 15 de junho de 1891 (A Estação)	Quincas Borba (romance)	Quincas Borba (1891)	Otelo	"é assim que lhes chama Otelo, o terrível" (cap. 40)
1886, 15 de junho a 15 de junho de 1891 (A Estação)	Quincas Borba (romance)	Quincas Borba (1891)	Otelo	"como o espectador que se regala das paixões de Otelo e sai do teatro com as mãos limpas da morte de Desdêmona" (cap. 75)
1886, 15 de junho a 15 de junho de 1891 (A Estação)	Quincas Borba (romance)	Quincas Borba (1891)	Otelo	"a natureza é capaz de tudo, amigo e senhor. Inventou o ciúme de Otelo e o do cavaleiro Desgrieux" (cap. 77)
1886, 15 de junho a 15 de junho de 1891 (A Estação)	Quincas Borba (romance)	Quincas Borba (1891)	A tempestade	"Que misterioso Próspero transformava assim uma ilha banal em mascarada sublime? 'Vai Ariel, traze aqui os teus companheiros, para que eu mostre a este jovem casal alguns feitiços da minha feitiçaria'" (cap. 82)
1886, 15 de junho a 15 de junho de 1891 (A Estação)	Quincas Borba (romance)	Quincas Borba (1891)	Hamlet	"Há entre o céu e a terra muitas mais ruas do que sonha a tua filosofia" (cap. 106)

Data	Obra de Machado	Em livro	Obra referida	Transcrição
1886, 15 de junho a 15 de junho de 1891 (*A Estação*)	*Quincas Borba* (romance)	*Quincas Borba* (1891)	*Hamlet*	"Mas eu prefiro a reflexão do velho Polonius, acabando de ouvir uma fala tresloucada de Hamlet: 'Desvario embora, lá tem seu método'" (cap. 109)
1886, 15 de junho a 15 de junho de 1891 (*A Estação*)	*Quincas Borba* (romance)	*Quincas Borba* (1891)	*Otelo*	"Otelo exclamaria, se a visse: 'Oh! Minha bela guerreira!'" (cap. 143)
1886, 15 de junho a 15 de junho de 1891 (*A Estação*)	*Quincas Borba* (romance)	*Quincas Borba* (1891)	*Hamlet*	"Sem conhecer Shakespeare, ele emendou Hamlet: 'Há entre o céu e a terra, Horácio, muitas coisas mais do que sonha a vossa vã filantropia'" (cap. 168)
1886, 15 de junho a 15 de junho de 1891 (*A Estação*)	*Quincas Borba* (romance)	*Quincas Borba* (1891)	*Hamlet*	"mas era o caso de emendar outra vez Hamlet: 'Há entre o céu e a terra, Horácio, muitas coisas mais do que sonha a vossa vã dialética'" (cap. 169)
1886, outubro	"O diplomático" (conto)	*Várias histórias* (1896)	*Otelo*	"O pobre-diabo, feito de devaneio, indolência e afetação, era, em substância, tão desgraçado como Otelo" (188)
1886, outubro	"O diplomático" (conto)	*Várias histórias* (1896)	*Otelo*	"Otelo mata Desdêmona" (188)
1888, 16 de setembro	"Bons dias!" (crônica)	*Diálogos e reflexões de um relojoeiro* (1956)	*Como gostais*	"Não bastando o drama, deram-nos ainda uma comédia de Shakespeare, *As you like it* — ou como diríamos em português, *Como aprouver a Vossa Excelência*" (142)
1889, 21 de janeiro	"Bons dias!" (crônica)	*Diálogos e reflexões de um relojoeiro* (1956)	*Hamlet*	"Tiro o chapéu às caveiras; gosto da respeitosa liberdade com que Hamlet fala à do bobo Yorick" (195)
1889, 21 de janeiro	"Bons dias!" (crônica)	*Diálogos e reflexões de um relojoeiro* (1956)	*Hamlet*	"Quando acaba, diz-nos sempre, parodiando um trecho de Shakespeare: Há entre a vossa e a minha idade, muitas mais coisas do que sonha a vossa vã filosofia" (196)
1891, 31 de dezembro a 31 de janeiro de 1892	"Pobre Finoca" (conto)	*Contos fluminenses*, vol. 2 (1937)	*Macbeth*	"*The table is full*, como em Macbeth; e, como em Macbeth, há um fantasma" (387)
1892, 11 de setembro	"A semana" (crônica publicada na *Gazeta de Notícias*)	*A semana*, vol. 1 (1937)	*O mercador de Veneza*	"Ou estarão sendo desamoedados, como suspeita o governo, ou andam nas mãos de alguma tribo, que pode ser a dos narcotizadores, e também pode ser a de Shylock. Creio antes em Shylock" (120)

Data	Obra de Machado	Em livro	Obra referida	Transcrição
1893, 26 de março	"A semana" (crônica publicada na *Gazeta de Notícias*)	*A semana*, vol. 1 (1937)	*Falstaff*, de Verdi	"Entrou o outono. Despontam as esperanças de ouvir Sarah Bernhardt e *Falstaff*" (259)
1893, 26 de março	"A semana" (crônica publicada na *Gazeta de Notícias*)	*A semana*, vol. 1 (1937)	*Falstaff*, de Verdi	"Vamos ouvir-lhe a prosa e o verso, a paixão moderna ou antiga. Confiemos no grande *Falstaff*. Não é poético, decerto, aquele gordo Sir John" (260)
1893, 26 de março	"A semana" (crônica publicada na *Gazeta de Notícias*)	*A semana*, vol. 1 (1937)	*Falstaff*, de Verdi	"Resignemo-nos ao que algum mau alfaiate houver cortado na capa magnífica de Shakespeare" (261)
1893, 2 de abril	"A semana" (crônica publicada na *Gazeta de Notícias*)	*A semana*, vol. 1 (1937)	*Otelo* [referência a um cavalo de corrida]	"A simpatia, a tradição, o palpite, levam grande parte de umas e outras aos cavalos *King*, *Otelo* ou *Moltke*. Tudo por *Otelo*!" (263)
1893, 2 de abril	"A semana" (crônica publicada na *Gazeta de Notícias*)	*A semana*, vol. 1 (1937)	*Otelo* [idem]	"Então parece-lhe que realmente o *Moltke*, o *King* e *Otelo* deviam perder a corrida?" (264)
1893, 2 de abril	"A semana" (crônica publicada na *Gazeta de Notícias*)	*A semana*, vol. 1 (1937)	*Otelo* [ibidem]	"*King* faz ganhar a *Vespasiano*, como *Otelo* cede o lugar a *Veloz*" (267)
1893, 23 de abril	"A semana" (crônica publicada na *Gazeta de Notícias*)	*A semana*, vol. 1 (1937)	*Hamlet*	"Eu, se tivesse de dar *Hamlet* em língua puramente carioca, traduziria a célebre resposta do príncipe da Dinamarca: *Words, words, words*, por esta: *Boatos, boatos, boatos*" (278)
1893, 23 de abril	"A semana" (crônica publicada na *Gazeta de Notícias*)	*A semana*, vol. 1 (1937)	*Bem está o que bem acaba*, *Júlio César*	"Que é hoje senão o dia aniversário natalício de Shakespeare? [...] Miremos este grande homem; miremos as suas belas figuras, terríveis, heróicas, ternas, cômicas, melancólicas, apaixonadas, varões e matronas, donzéis e donzelas, robustos, frágeis, pálidos, e a multidão forte e movediça, que execra e brada contra César, ouvindo a Bruto, e chora e aclama César, ouvindo a Antônio, toda essa humanidade real e verdadeira. E acabemos aqui; acabemos com ele mesmo, que acabaremos bem. *All is well that ends well*" (282)
1893, 25 de junho	"A semana" (crônica publicada na *Gazeta de Notícias*)	*A semana*, vol. 1 (1937)	*Antônio e Cleópatra*	"A Cleópatra falsa de Sardou pedia pedras verdadeiras; a de Shakespeare contentar-se-ia com pedras falsas, como devem ser as de cena, porque as verdadeiras seriam unicamente ele e tu" (323)

Data	Obra de Machado	Em livro	Obra referida	Transcrição
1893, 25 de junho	"A semana" (crônica publicada na *Gazeta de Notícias*)	*A semana*, vol. 1 (1937)	Antônio e Cleópatra	"O Rangel [...] sem querer saber nem de tratados literários, nem de jóias, nem de Cleópatra, nem de nada" (324)
1893, 2 de julho	"A semana" (crônica publicada na *Gazeta de Notícias*)	*A semana*, vol. 1 (1937)	Hamlet	"É ocasião de emendar Hamlet: 'Há entre o palácio do conde dos Arcos e a rua do Ouvidor muitas bocas mais do que cuida a vossa inútil estatística'" (328)
1893, 23 de julho	"A semana" (crônica publicada na *Gazeta de Notícias*)	*A semana*, vol. 1 (1937)	*Falstaff*, de Verdi	"Compreende-se o pensamento do legislador; é uma combinação de orçamento e *Falstaff*" (342)
1893, 17 de setembro	"A semana" (crônica publicada na *Gazeta de Notícias*)	*A semana*, vol. 1 (1937)	Romeu e Julieta	"Eis aqui agora o que não está. Não está o ódio de família, nem o veneno de Romeu, nem a morte dele e de Julieta, para acabar o quinto ato e a peça. Há peça, mas não há quinto ato. [...] Quando muito, Julieta arguirá o relógio de adiantado" (380)
1893, 29 de outubro	"A semana" (crônica publicada na *Gazeta de Notícias*)	*A semana*, vol. 1 (1937)	Otelo	"Não é bombardeio. É o meu coração que bate. A artilheria do meu amor é extraordinária; não digo única, porque há a de Otelo. Pouco abaixo e Otelo, estamos Fedra e eu" (410)
1893, 19 de novembro	"A semana" (crônica publicada na *Gazeta de Notícias*)	*A semana*, vol. 1 (1937)	Hamlet	"Verdadeiramente, a minha observação é um problema, e, como o de Hamlet, trata da vida e da morte" (423)
1894, maio	"Missa do Galo" (conto)	*Páginas recolhidas* (1899)	Antônio e Cleópatra	"Uma representava Cleopatra; não me recordo o assunto do outro, mas eram mulheres" (100)
1894, 25 de fevereiro	"A semana" (crônica publicada na *Gazeta de Notícias*)	*A semana*, vol. 2 (1937)	A tempestade	"Certo, o teu reino não é como a ilha de Próspero; [...] Mais depressa seria eu o Próspero do poeta [...]. Eu ficaria na ilha, com os bailados e mascaradas. Quando muito, diria à velha política: 'Vai, Caliban, tartaruga, venenoso escravo!' E a Ariel: 'Tu ficas, meu querido espírito.' E não sairia mais da ilha" (46)

Data	Obra de Machado	Em livro	Obra referida	Transcrição
1894, 3 de junho	"A semana" (crônica publicada na *Gazeta de Notícias*)	*A semana*, vol. 2 (1937)	*Hamlet*	"Afinal pus os jornais de lado, e, não sendo tarde, peguei de um livro, que acertou de ser de Shakespeare. O drama era Hamlet. [...] Tive um pesadelo. A princípio, não pude dormir; voltava-me de um lado para outro, vendo as figuras de Hamlet e de Horácio, os coveiros e as caveiras [...]. Sonhei que era Hamlet; trazia a mesma capa negra, as meias, o gibão e os calções da mesma cor [...]. Também não me aterrou de ver, ao pé de mim, vestido de Horácio, o meu fiel criado José Rodrigues [...], enfim, como eu era Hamlet e ele Horácio, tudo aquilo devia ser cemitério [...]. Como na tragédia, deixamos que os coveiros falassem entre si, enquanto faziam a cova de Ofélia" (108)
1894, 3 de junho	"A semana" (crônica publicada na *Gazeta de Notícias*)	*A semana*, vol. 2 (1937)	*Hamlet*	"Faziam trocadilhos, como os coveiros de Shakespeare" (109)
1894, 3 de junho	"A semana" (crônica publicada na *Gazeta de Notícias*)	*A semana*, vol. 2 (1937)	*Hamlet*	"E, pegando nela, como Hamlet, exclamei, cheio de melancolia: — *Alas, poor Yorick!* Eu o conheci, Horácio" (110)
1894, 3 de junho	"A semana" (crônica publicada na *Gazeta de Notícias*)	*A semana*, vol. 2 (1937)	*Hamlet*	"Era o enterro de Ofélia. Aqui o pesadelo foi-se tornando cada vez mais aflitivo [...]. Quando o jovem Laertes saltou dentro da cova, saltei também; ali dentro atracamo-nos, esbofeteamo-nos" (112)
1894, 1º de julho	"A semana" (crônica publicada na *Gazeta de Notícias*)	*A semana*, vol. 2 (1937)	*Antônio e Cleópatra*	"— Notai que ele fala muito do loto e do nenúfar, refere casos do hipopótamo, para enganar os outros, mas confunde Cleópatra com o Kediva" (131)
1894, 1º de julho	"A semana" (crônica publicada na *Gazeta de Notícias*)	*A semana*, vol. 2 (1937)	*Hamlet*	"Antes, muito antes que alguém se lembrasse de pôr em música o Hamlet, já nas assembléias legislativas se cantava o monólogo de indecisão: *To be or not to be, that is the question*. Aquela frase de Hamlet, quando Ofélia lhe perguntou o que está lendo: *Words, words, words*" (134)
1894, setembro	"Um erradio" (conto)	*Páginas recolhidas* (1899)	*Romeu e Julieta*	"Romeu, vê ali no bolso da sobrecasaca" (37)
1894, 21 de outubro	"A semana" (crônica publicada na *Gazeta de Notícias*)	*A semana*, vol. 2 (1937)	*Romeu e Julieta*	"Todos os nomes simbólicos do amor espiritual são assim atados no ramilhete dos séculos, Colombo, Gutenberg, Joana d'Arc, Werther, Julieta, Romeu, Dante e Jesus Cristo" (208)

Data	Obra de Machado	Em livro	Obra referida	Transcrição
1894, 30 de dezembro	"A semana" (crônica publicada na *Gazeta de Notícias*)	*A semana*, vol. 2 (1937)	Geral	"Os espectadores, que também fizeram parte do espetáculo, desempenharam bem o seu papel, mas parece que o haviam aprendido em Shakespeare. [...] Aí Shakespeare cedeu o passo a Lynch, outro trágico, sem igual gênio, mas com a mesma inconsciência do gênio, cujo único defeito é não ter feito mais que uma tragédia em sua vida" (261)
1894, 30 de dezembro	"A semana" (crônica publicada na *Gazeta de Notícias*)	*A semana*, vol. 2 (1937)	Hamlet	"*Outrageous fortune!* Tu és a causa desta preterição" (264)
1895, 13 de janeiro	"A semana" (crônica publicada na *Gazeta de Notícias*)	*A semana*, vol. 2 (1937)	Ricardo III	"Na batalha da vida, como na de Ricardo III, o grito é o mesmo: 'Um cavalo! Um cavalo! Meu reino por um cavalo' 'Um milhão! Um milhão! Meu nome por um milhão!' 'Um castelo! Um castelo! Meu milhão por um castelo!' Tal é a universalidade de Shakespeare" (271)
1895, 13 de janeiro	"A semana" (crônica publicada na *Gazeta de Notícias*)	*A semana*, vol. 2 (1937)	Hamlet	"mas pensivamente postos no chão, repeti o monólogo de Hamlet, perguntando a mim mesmo o que é que nasceu primeiro, se a baixa do câmbio, se o boato" (290)
1895, 9 de junho	"A semana" (crônica publicada na *Gazeta de Notícias*)	*A semana*, vol. 2 (1937)	Hamlet	"Hamlet, indeciso entre o ser e o não ser, tem o único recurso de sair de cena: os deputados podem fazer a mesma coisa" (373)
1895, 16 de junho	"A semana" (crônica publicada na *Gazeta de Notícias*)	*A semana*, vol. 2 (1937)	Hamlet	"Creio que Abílio teve momentos de Hamlet. Uma ou outra vez haverá hesitado e meditado, como o outro: 'Ser ou não ser, eis a questão. Valerá a pena sair da espécie para o indivíduo, passar deste mar infinito a uma simples gota d'água apenas visível, ou não será melhor ficar aqui, como outros tantos que se não deram ao trabalho de nascer? Nascer, viver, não mais. Viver? Lutar, quem sabe?' *It is the rub*, continuou ele em inglês, nos termos do poeta, tão universal é Shakespeare, que os próprios seres futuros já o trazem de cor" (379)

Data	Obra de Machado	Em livro	Obra referida	Transcrição
1895, 30 de junho	"A semana" (crônica publicada na *Gazeta de Notícias*)	*A semana*, vol. 2 (1937)	*Coriolano*	"As folhas públicas de todos os matizes deram-lhe os funerais de Coriolano; os mais fortes adversários puderam dizer, como Tullus, pela língua de Shakespeare: *My rage is gone* | *And I am struck with sorrow*" (386)
1895, 30 de junho	"A semana" (crônica publicada na *Gazeta de Notícias*)	*A semana*, vol. 2 (1937)	*Hamlet*	"Muitas são as melancolias deste mundo. A de Saul não é a de Hamlet, a de Lamartine não é a de Musset" (386)
1895, 30 de junho	"A semana" (crônica publicada na *Gazeta de Notícias*)	*A semana*, vol. 2 (1937)	*Hamlet*	"Um coveiro de *Hamlet* diz que o ofício de coveiro é o mais fidalgo do mundo, por ter sido o ofício de Adão; mas é preciso lembrar que a Empresa Funerária não estava inventada, nem no tempo de Adão, nem sequer no de Hamlet" (387)
1895, 28 de julho	"A semana" (crônica publicada na *Gazeta de Notícias*)	*A semana*, vol. 2 (1937)	*Otelo*	"Sei que a história não se repete. A Revolução Francesa e *Otelo* estão feitos" (405)
1895, 27 de outubro	"A semana" (crônica publicada na *Gazeta de Notícias*)	*A semana*, vol. 3 (1937)	*Hamlet*	"Abriu-se um capítulo de mistérios, de fenômenos obscuros, e concordávamos todos com Hamlet, relativamente à miséria da filosofia" (22)
1895, 24 de novembro	"A semana" (crônica publicada na *Gazeta de Notícias*)	*A semana*, vol. 3 (1937)	*Hamlet*	"Gasparina tem vinte e quatro anos, e desde os quinze pensava já em ir para o convento. Talvez fosse a leitura do *Hamlet* que lhe deu tal resolução: 'Faze-te monja; para que queres ser mãe de pecadores?' Gasparina não fez como Ofélia, obedeceu" (47)
1895, 24 de novembro	"A semana" (crônica publicada na *Gazeta de Notícias*)	*A semana*, vol. 3 (1937)	*Hamlet*	"Eu por mim agradeço à mão de Shakespeare este termo de comparação com a nossa Ofélia de Porto Alegre" (48)
1895, 29 de novembro	"A semana" (crônica publicada na *Gazeta de Notícias*)	*A semana*, vol. 3 (1937)	*Hamlet*	"Que solução se dará ao velho tema? A melhor é ainda a do jovem Hamlet: *The rest is silence*" (72)
1896, 2 de fevereiro	"A semana" (crônica publicada na *Gazeta de Notícias*)	*A semana*, vol. 3 (1937)	*Hamlet*	"Shakespeare põe este trocadilho na boca de Laertes, quando sabe que a irmã morreu afogada no rio: 'Já tens água demais, pobre Ofélia; saberei reter as minhas lágrimas'" (101)

Data	Obra de Machado	Em livro	Obra referida	Transcrição
1896, 26 de fevereiro	"A semana" (crônica publicada na *Gazeta de Notícias*)	*A semana*, vol. 3 (1937)	Geral	"Singular raça esta que produziu os dois varões mais incomparáveis da história política e do engenho humano. O segundo não é preciso dizer que é Shakespeare" (117)
1896, 12 de abril	"A semana" (crônica publicada na *Gazeta de Notícias*)	*A semana*, vol. 3 (1937)	*Ricardo III*	"A companhia, saltando de Racine a Shakespeare, bradará: *A horse! A horse! Sixty contos de réis for a horse!*" (151)
1896, 12 de abril	"A semana" (crônica publicada na *Gazeta de Notícias*)	*A semana*, vol. 3 (1937)	Geral	"'Terminaram as festas de Shakespeare' diz um telegrama de Londres, 24, publicado anteontem, na *Notícia*" (160)
1896, 12 de abril	"A semana" (crônica publicada na *Gazeta de Notícias*)	*A semana*, vol. 3 (1937)	Geral, *A tempestade*, *Ricardo III*, *O mercador de Veneza*, *Antônio e Cleópatra*	"'Terminaram as festas de Shakespeare...' O telegrama acrescenta que 'o delegado norte-americano teve grande manifestação de simpatia'. A doutrina Monroe, que é boa, como lei americana, é cousa nenhuma contra esse abraço das almas inglesas sobre a memória do seu extraordinário e universal representante. Um dia, quando já não houver império britânico nem república norte-americana, haverá Shakespeare; quando se não falar inglês, falar-se-á Shakespeare. Que valerão então todas as atuais discórdias? O mesmo que as dos gregos, que deixaram Homero e os trágicos. | Dizem comentadores de Shakespeare que uma de suas peças, a *Tempest*, é um símbolo da própria vida do poeta e a sua despedida. Querem achar naquelas últimas palavras de Próspero, quando volta para Milão, 'onde de cada três pensamentos um será para a sua sepultura', uma alusão à retirada que ele fez do palco, logo depois. Realmente morreu daí a pouco, para nunca mais morrer. Que valem todas as expedições de Dongola e do Transvaal contra os combates de Ricardo III? Que vale a caixa egípcia ao pé dos três mil ducados de Shylock? O próprio Egito, ainda que os ingleses cheguem a possuí-lo, que pode valer ao pé do Egito da adorável Cleópatra? Terminaram as festas da alma humana" (164-165)

Data	Obra de Machado	Em livro	Obra referida	Transcrição
1896, 3 de maio	"A semana" (crônica publicada na *Gazeta de Notícias*)	*A semana*, vol. 3 (1937)	Hamlet	"Se o motivo fosse outro, é provável que o assassino adiasse o assassinato, repetindo com Hamlet: 'Agora não; seria mandá-lo para o céu'" (166)
1896, 2 de agosto	"A semana" (crônica publicada na *Gazeta de Notícias*)	*A semana*, vol. 3 (1937)	Otelo	"Os conselhos de Iago, note-se bem, serviriam antes ao adolescente Alfredo, que tentou morrer por Laura. Também Roderigo queria matar-se por Desdêmona, que o não ama e desposou Otelo; não era com revólver, que ainda não havia, mas por um mergulho na água. O honesto Iago é que lhe tira a ideia da cabeça" (244)
1896, 20 de setembro	"A semana" (crônica publicada na *Gazeta de Notícias*)	*A semana*, vol. 3 (1937)	Geral	"Nem é crível que tal tragédia se represente às barbas da sombra de Shakespeare, sem que este seja consultado quando menos para lhe pôr a poesia que os relatórios policiais não têm" (284)
1896, 18 de outubro	"A semana" (crônica publicada na *Gazeta de Notícias*)	*A semana*, vol. 3 (1937)	Hamlet	"*words, words, words*, diz ela para também citar alguma coisa. E, não saindo de Hamlet: 'Se o sol pode fazer nascer bichos em cachorro morto...'" (305)
1896, 20 de dezembro	"A semana" (crônica publicada na *Gazeta de Notícias*)	*A semana*, vol. 3 (1937)	Hamlet	"Há mais coisas entre o céu e a terra do que sonha a nossa vã filosofia. É velho este pensamento de Hamlet; mas nem por velho perde" (361)
1896, 27 de dezembro	"A semana" (crônica publicada na *Gazeta de Notícias*)	*A semana*, vol. 3 (1937)	Otelo	"Parece-me erro pôr assim tão embaixo *Otelo* e *Tartufo*" (369)
1897, 10 de janeiro	"A semana" (crônica publicada na *Gazeta de Notícias*)	*A semana*, vol. 3 (1937)	Romeu e Julieta	"Não tem nome de banho público, mas *what's in a name?* Como diz a divina Julieta" (390)
1897, 17 de janeiro	"A semana" (crônica publicada na *Gazeta de Notícias*)	*A semana*, vol. 3 (1937)	Geral	"a vitória de um ou de outro é sempre a vitória da língua inglesa, com mais arcaísmos de um lado ou mais americanismos de outro, Macaulay ou Bancroft, — numa só palavra, Shakespeare" (392)
1897, 25 de abril	Carta a Magalhães de Azeredo (correspondência)	*Correspondência de Machado de Assis com Magalhães de Azeredo* (1969)	Romeu e Julieta, O mercador de Veneza	"Não sei o que serão hoje essa Veneza e essa Verona, que trouxeram para o finado romantismo a imortalidade de Shylock e de Julieta e Romeu" (109)
(ver bibliografia de Galante de Sousa)	"Lágrimas de Xerxes" (conto)	*Páginas recolhidas* (1899)	Romeu e Julieta	[Paráfrase de uma das cenas de Romeu e Julieta]

Data	Obra de Machado	Em livro	Obra referida	Transcrição
1899, 4 de fevereiro	"Garrett" (crítica)	*Crítica literária* (1937)	Geral	"Álvares de Azevedo era o nosso aperitivo de Byron e Shakespeare" (254)
1899	*Dom Casmurro* (romance)	*Dom Casmurro* (1899)	*Mulheres patuscas de Windsor [Merry wives of Windsor]*	"O grotesco, por exemplo, não está no texto do poeta; é uma excrescência para imitar as *Mulheres patuscas de Windsor*. [...] Dizem eles que, ao tempo em que o jovem Satanás compôs a grande ópera, nem essa farsa nem Shakespeare eram nascidos" (cap. 9)
1899	*Dom Casmurro* (romance)	*Dom Casmurro* (1899)	Otelo	"Uma ponta de Iago" (título do cap. 62)
1899	*Dom Casmurro* (romance)	*Dom Casmurro* (1899)	Otelo	"Otelo mataria a si e a Desdêmona no primeiro ato, os três seguintes seriam dados à ação lenta e decrescente de ciúme, e o último ficaria só com as cenas iniciais da ameaça dos turcos, as explicações de Otelo e Desdêmona, e o bom conselho do fino Iago: 'Mete dinheiro na bolsa.'" (cap. 72)
1899	*Dom Casmurro* (romance)	*Dom Casmurro* (1899)	Otelo	*Ela amou o que me afligira,* | *Eu amei a piedade dela.* (cap. 72)
1899	*Dom Casmurro* (romance)	*Dom Casmurro* (1899)	Macbeth	"Há de ser prima das feiticeiras da Escócia: Tu serás rei, Macbeth!" (cap. 100)
1899	*Dom Casmurro* (romance)	*Dom Casmurro* (1899)	Otelo	"Otelo" (título do cap. 135)
1899	*Dom Casmurro* (romance)	*Dom Casmurro* (1899)	Otelo	"De noite fui ao teatro. Representava-se justamente *Otelo* [...], pois não me pude furtar à observação de que um lenço bastou a acender os ciúmes de Otelo e compor a mais sublime tragédia deste mundo [...]. Tais eram as ideias que me iam passando pela cabeça, vagas e turvas, à medida que o mouro rolava convulso, e Iago destilava a sua calúnia [...]. Ouvi as súplicas de Desdêmona, as suas palavras amorosas e puras, e a fúria do mouro, e a morte que este lhe deu entre aplausos frenéticos do público" (cap. 135)
1899	*Dom Casmurro* (romance)	*Dom Casmurro* (1899)	Otelo	"Ainda assim tive ânimo de despejar a substância na xícara, e comecei a mexer o café, os olhos vagos, a memória em Desdêmona inocente" (cap. 136)

Data	Obra de Machado	Em livro	Obra referida	Transcrição
1904	*Esaú e Jacó* (romance)	*Esaú e Jacó* (1904)	Macbeth	"Ao som da música, à vista das galas, ouvia umas feiticeiras cariocas, que se pareciam com as escocesas; pelo menos, as palavras eram análogas às que saudaram Macbeth" (cap. 48)
1904	*Esaú e Jacó* (romance)	*Esaú e Jacó* (1904)	Macbeth	"Enfim, a mulher, como Lady Macbeth, dizia nos olhos o que esta dizia pela boca, isto é, que já sentia em si aquelas futurações" (cap. 48)
1904	*Esaú e Jacó* (romance)	*Esaú e Jacó* (1904)	Hamlet	"Não cantam, como os de *Hamlet*, que temperam as tristezas do ofício com as trovas do mesmo ofício" (cap. 108)
1908	*Memorial de Aires* (romance)	*Memorial de Aires* (1908)	Romeu e Julieta	"Inimizade de famílias não tem impedido que moços se amem, mas é preciso ir a Verona ou alhures. E ainda os de Verona, dizem comentadores que as famílias de Romeu e de Julieta eram antes amigas e do mesmo partido; também dizem que nunca existiram, salvo na tradição ou somente na cabeça de Shakespeare" (14 de janeiro de 1888)
1908	*Memorial de Aires* (romance)	*Memorial de Aires* (1908)	Romeu e Julieta	"Romeu e Julieta aqui no Rio, entre a lavoura e a advocacia — porque o pai do nosso Romeu era advogado na cidade da Paraíba — é um desses encontros que importaria conhecer para explicar" (14 de janeiro de 1888)

Notas

p. 23   "O ser humano pode, sim, desumanizar-se" — Nelson Rodrigues, *O óbvio ululante*, São Paulo: Companhia das Letras, 1997, p. 64.

p. 25   "Recordo essas coisas não porque pense que sejam as chaves para o subconsciente" — Joseph Brodsky, *Less than one: selected essays*, Nova York: Farrar Straus & Giroux, 1986, p. 7.

p. 30   "O autor entregará ao editor o manuscrito da 'Ressurreição' até meado de Novembro do corrente ano" — Ministério da Educação e Saúde, *Exposição Machado de Assis; centenário do nascimento de Machado de Assis, 1839-1939*, Rio de Janeiro: Serviço gráfico do Ministério da Educação, 1939, p. 178.

p. 32   "Minha ideia ao escrever este livro foi pôr em ação aquele pensamento de Shakespeare" — Machado está, provavelmente, citando *Medida por medida* a partir da única coleção das obras completas de Shakespeare que possuía em inglês: *The Handy-volume Shakespeare*, 13 vols., Londres: Bradbury, Evans, and Co., 1868, vol 2, ato 1, cena 5, versos 77-79. As citações da peça e o texto desta edição, em particular, coincidem em praticamente todos os casos. Em pelo menos uma ocasião, Machado adota uma ortografia idiossincrática para o nome do dramaturgo, seguindo o título da coleção, na qual constava "Shakspeare" em vez de Shakespeare.

p. 34   "Naquele dia — já lá vão dez anos! — o Dr. Félix levantou-se tarde, abriu a janela e cumprimentou o sol" — *Ressurreição*, cap. 1. Todas as citações, com indicação dos capítulos dos romances de Machado de Assis, serão feitas a partir de textos fidedignos disponíveis em <http://machadodeassis.net/hiperTx_romances/romances.asp>, após cotejo com os mesmos presentes nas *Edições críticas de obras de Machado de Assis*, edição da Comissão Machado de Assis, 2 ed., 15 vols., Rio de Janeiro: Civilização Brasileira; Instituto Nacional do Livro, 1975-1977, e alterados por mim quando necessário.

p. 39   "Todavia, escapou-lhe, no meio da conversa, não sei que frase de melancólico cepticismo que fez estremecer a moça" — *idem*, cap. 3.

p. 40   "quando Félix chegou a casa, estava plenamente convencido de que a afeição da viúva era uma mistura de vaidade, capricho e pendor sensual" — *idem*, cap. 6.

p. 40   "Quando os olhos da viúva procuravam os do médico, este desviava cautelosamente os seus; mas olhava, digamo-lo, por baixo da pálpebra" — *idem*, cap. 8.

p. 41   "O amor de Félix era um gosto amargo, travado de dúvidas e suspeitas" — *idem*, cap. 9.

p. 41   "Minha querida Lívia, falta-me a primeira condição da paz interior: eu não creio na sinceridade dos outros" — *idem*, cap. 11.

p. 43   "também porque Félix lera pouco antes um livro de Henri Murger, em que achara um personagem com o sestro destas catástrofes prematuras" — *idem*, cap. 1.

p. 43   "é romanesca. Traz a cabeça cheia de caraminholas, fruto naturalmente da solidão em que viveu nestes dous anos, e dos livros que há de ter lido" — *idem*, cap. 1.

p. 44   "Ama, não há dúvida, continuou Félix a dizer entre si; basta ver como lhe brilham os olhos a cada frase do diálogo" — *idem*, cap. 4.

p. 44   "Para alcançar esse resultado, era mister multiplicar as suspeitas do médico, cavar-lhe fundamente no coração a ferida do ciúme" — *idem*, cap. 9.

p. 45   "Meneses concluiu apontando-lhe com as cores que o caso pedia a baixeza do seu procedimento, o desaire que recaía sobre a viúva, e o remorso que o havia de acompanhar a ele" — *idem*, cap. 22.

p. 46 "O remédio [a inocência de Lívia] era antes veneno para a sua alma ulcerada; lembrava-lhe a felicidade que perdera" — *idem*, cap. 22.

p. 46 "alma ulcerada" — Em *Diva*, dr. Amaral confronta Emília, sua amada, sobre a possibilidade de que ela esteja correspondendo às investidas de outros pretendentes: "Mostrei-lhe os versos e contei-lhe tudo quanto soubera na véspera, durante o baile; tímido e balbuciante em princípio, ia-me reanimando à medida que a evocação daquelas cruéis recordações magoava a minha alma ulcerada; o desespero prorrompeu afinal." Afastada a dúvida, Emília e dr. Amaral se casam. José de Alencar, *Diva; perfil de mulher*, Rio de Janeiro: José Olympio, 1955, p. 285.

p. 46 "*Diva* é a exaltação do pudor" — Machado de Assis, *Dispersos de Machado de Assis*, organizado por Jean Michel Massa, Rio de Janeiro: Ministério da Educação e Cultura; Instituto Nacional do Livro, 1965, pp. 178-179, grifo meu.

p. 47 "A dúvida já era bastante para justificar o que fiz" — *Ressurreição*, cap. 22.

p. 48 "verossimilhança [...] é muita vez toda a verdade" — *Dom Casmurro*, cap. 10.

p. 48 "O amor do médico teve dúvidas póstumas" — *Ressurreição*, cap. 24, grifo meu.

p. 48 Helen Caldwell — *The Brazilian Othello of Machado de Assis: a study of Dom Casmurro*, Berkeley: University of California Press, 1960, p. 21.

p. 50 "recapitulou então todos os sucessos dos últimos dias; nunca lhe parecera mais evidente a traição da moça, nem mais cruel a situação do seu espírito" — *Ressurreição*, cap 9.

p. 51 "Uma das melhores amostras de ficção em prosa que nos tem dado ultimamente o Rio de Janeiro é a *Ressurreição* do sr. Machado de Assis" — José Carlos Rodrigues, "Um romance fluminense", *O Novo Mundo*, 23 de dezembro de 1872, p. 46, grifo no original.

p. 53 John Bayley — *The characters of love: a study in the literature of personality*, Londres: Constable, 1960, pp. 3-8.

p. 65 Daniel Dennett — "Conditions of personhood", em *The identities of persons*, organizado por Amélie Oskenberg Rorty, Berkeley: University of California Press, 1976, pp. 177-178.

p. 66 Roberto Schwarz — *Ao vencedor as batatas: forma literária e processo social nos inícios do romance brasileiro*, São Paulo: Livraria Duas Cidades, 1977, pp. 63-72; *Duas meninas*, São Paulo: Companhia das Letras, 1997, p. 9; *Um mestre na periferia do capitalismo: Machado de Assis*, São Paulo: Livraria Duas Cidades, 1990, p. 9.

p. 71 "Pois bem, agora ajoelho-me eu a teus pés, Fernando, e suplico-te que aceites o meu amor, este amor que nunca deixou de ser teu, ainda quando mais cruel ofendia-te" — José de Alencar, *Senhora; perfil de mulher*, São Paulo: Editora Ática, 1987, pp. 214-215.

p. 73 "Era rica e formosa. Duas opulências, que se realçam como a flor em vaso de alabastro; dois esplendores que se refletem, como o raio de sol no prisma do diamante" — *idem*, p. 17.

p. 73 "considerava [...] o ouro um vil metal que rebaixava os homens" — *idem*, p. 18.

p. 74 "Queria que me dissessem os senhores moralistas o que é esta vida senão uma quitanda?" — *idem*, pp. 47 e 49.

p. 74 "a sociedade no seio da qual me eduquei [que] fez de mim um homem à sua feição [...]. *Mas a senhora regenerou-me e o instrumento foi esse dinheiro*" — *idem*, p. 213, grifo meu.

p. 75 "a ação é social na medida em que, em virtude do significado subjetivo atribuído a ela pelo indivíduo (ou indivíduos), leve em consideração o comportamento dos outros e *em relação a eles oriente o seu curso*" — Max Weber, *The theory of social and economic organization*, organizado por Talcott Parsons, Nova York: Free Press, 1964, p. 88, grifo meu. Quando não houver indicação do tradutor para a língua portuguesa, as traduções são de minha autoria.

p. 75 "(1) em termos da orientação racional dentro de um sistema discreto de fins individuais, ou seja, através das expectativas quanto ao comportamento" — *idem*, p. 115.

p. 76 "é a representação não de seres humanos, mas da ação e da vida"; "sem ação a tragédia não pode existir, mas sem personagens ela pode" — Aristóteles, *Poetics*, tradução para a língua inglesa de Richard Janko, Indianápolis: Hackett, 1987, seções 1450a15 e 1450a24.

p. 77 "para esta herdeira bonita, inteligente e cortejada, o dinheiro é rigorosamente a mediação maldita: questiona homens e coisas pela fatal suspeita, a que nada escapa, de que sejam mercáveis" — Roberto Schwarz, *Ao vencedor as batatas*, p. 34.

p. 80 "cuja expressão de curiosidade sonsa e suspeitosa reserva" — *Helena*, cap. 3.

p. 80 "o que a tornava superior e lhe dava probabilidade de triunfo, era a arte de acomodar-se às circunstâncias do momento e a toda a casta de espíritos, arte preciosa, que faz hábeis os homens e estimáveis as mulheres" — *idem*, cap. 4.

p. 81 "Quando li a carta, tive ímpeto de ir ter com ela e esganá-la; mas o ímpeto passou, e a dor desfez-se em reflexões. Poucos dias antes, a bordo, um engenheiro inglês que vinha do Rio Grande para esta Corte, emprestara-me um volume truncado de Shakespeare" — *idem*, cap. 25.

p. 81 "Cometi um erro, e devo expiá-lo. *Enquanto a vergonha vivia só comigo, era possível continuar nesta casa*; eu atordoava-me para esquecê-la" — *idem*, cap. 27, grifo meu.

p. 82 "prefere a miséria à vergonha, e a ideia de que interiormente não a absolvemos, é o verme que lhe fica no coração" — *idem*, cap. 27.

p. 82 "Perdi tudo, padre-mestre!" — *idem*, cap. 28.

p. 86 "Estela, sem levantar a cabeça, olhou ainda de esguelha para ele, como a procurar-lhe na fronte a intenção escondida, se porventura havia alguma" — *Iaiá Garcia*, cap. 10.

p. 92 "a ação é racionalmente orientada a um sistema discreto de fins individuais quando os fins, os meios e os resultados secundários são todos racionalmente considerados e medidos" — Max Weber, *op. cit.*, p. 117.

p. 92 "alguma coisa escapa do naufrágio das ilusões" — *Iaiá Garcia*, cap. 17.

p. 93 "O que está em jogo quando descrevemos o que as pessoas estão fazendo e por que estão fazendo?" — Kenneth Burke, *A grammar of motives*, Berkeley: University of California Press, 1969, p. xv.

p. 96 "pôr por obra uma invenção, quando não fazia mais do que alinhavar as suas reminiscências" — Machado de Assis,

        Contos e crônicas, organizado por R. Magalhães Júnior, Rio de Janeiro: Editora Civilização Brasileira, 1958, pp. 73-74.

p. 97 "Livre do pesadelo, Duarte despediu-se do major jurando a si próprio nunca mais assistir à leitura de melodramas, sejam ou não obras de major. É a moralidade do conto" — *idem*, p. 82.

p. 97 "Duarte acompanhou o major até a porta, respirou ainda uma vez, apalpou-se, foi até a janela. Ignora-se o que pensou durante os primeiros minutos" — Machado de Assis, *Papéis avulsos*, Rio de Janeiro: W. M. Jackson, 1957, pp. 135-136.

p. 101 "ele me fez esquecer" — "José deu ao mais velho o nome de Manassés, 'pois', disse ele, 'Deus me fez esquecer meus trabalhos e toda a família do meu pai'", Gênesis 41:51.

p. 103 "devo ser mais velha do que o senhor que nunca foi nem tão pobre, como eu fui, nem tão rico, como eu sou" — José de Alencar, *Senhora*, p. 30.

p. 105 Roberto Schwarz — *Um mestre na periferia do capitalismo*, p. 29.

p. 106 "nas quais só entra a substância da vida" — *Memórias póstumas de Brás Cubas*, cap. 22.

p. 109 "Vê-se por isto que influência nos costumes, que ação salutar e moralizadora a arte realista, ou a arte crítica, pode exercer" — Eça de Queirós, "A nova literatura: conferência no Casino Lisbonense", em *Literatura e arte: uma antologia*, organizada por Beatriz Berrini, Lisboa: Relógio D'Água Editores, 2000, pp. 24 e 36. Referências a Proudhon e Flaubert podem ser encontradas em diferentes versões da mesma conferência e na extensa correspondência de Eça. Há importantes diferenças entre as três versões de *O crime do padre Amaro*. Machado resenhou a versão de 1878, na qual Amaro de fato mata o próprio filho. Eça reescreveu o capítulo provavelmente após a leitura da resenha; na versão de 1880, a responsabilidade do padre Amaro pela morte da criança é atenuada. Ver Eça de Queirós, *O crime do padre Amaro: 2ª e 3ª versões*, organizado por Carlos Reis e Maria do Rosário Cunha, Lisboa: Imprensa Nacional-Casa da Moeda, 2000.

p. 109 "Para que Luísa me atraia e me prenda, é preciso que as tribulações que a afligem venham dela mesma; seja uma rebelde ou uma arrependida; tenha remorsos ou imprecações; mas, por Deus! dê-me a sua pessoa moral" — Machado de Assis, *Obra completa*, vol. 3, pp. 906-907, 911, grifos meus. Uma visão detalhada e socialmente complexa do universo feminino deste romance encontra-se em Francisco Dantas, *A mulher no romance de Eça de Queiroz*, São Cristóvão, SE: Editora UFS; Fundação Oviêdo Teixeira, 1999. O romance *O primo Basílio* foi publicado no Rio de Janeiro em duas edições piratas, a partir da versão de 1878, ver Ernesto Guerra da Cal, em *Lengua y estilo de Eça de Queiroz: bibliografía queirociana sistemática y anotada e iconografía artística del hombre y la obra*. 5 vols., Coimbra: Universidade de Coimbra, 1975, p. 42, §120-121. Para uma colação entre as duas versões portuguesas, ver Manuel de Paiva Boléo, *O realismo de Eça de Queirós e a sua expressão artística*, 2 ed., Coimbra: Coimbra editora, 1942. Eça não era desconhecido do leitor brasileiro: *As farpas*, publicado em Lisboa em 1871, foi republicado no *Jornal do Recife* sem permissão do autor ainda no mesmo ano; ver Guerra da Cal, pp. 179--192, §§649-675. Para uma interpretação da recepção deste texto no Nordeste, bem como de sua difusão com intenção antimonarquista, ver *Eça de Queiroz, agitador no Brasil*, 2 ed., São Paulo: Companhia Editora Nacional, 1966. Em 1878, uma versão não autorizada de uma das primeiras edições de uma obra em que Eça figurava como coautor, *O mistério da estrada de Sintra* (1870), foi publicada no Rio de Janeiro; ver Guerra da Cal, p. 14, §15.

p. 110 Richard Wollheim *On the emotions*, New Haven; Londres: Yale University Press, 1999, pp. 148-224. A propósito, as seguintes interpretações filosóficas sobre a constituição das emoções morais foram relevantes para minha análise da imaginação literária: Elizabeth S. Belfiore, *Tragic pleasures: Aristotle on plot and emotion*, Princeton: Princeton University Press, 1992, pp. 226-253; R. Jay Wallace, *Responsibility and the moral sentiments*. Cambridge: Harvard University Press, 1998, pp. 18-50.

p. 111 "romance chegou a criar aqui uma verdadeira mania, uma doença: o *basilismo*" — Brito Broca, *Naturalistas, parnasianos e decadistas: vida literária do realismo ao pré-modernismo*, Campinas: Editora da Unicamp, 1991, p. 75.

p. 114 "Ergueu-se hirto [Amaro], com os cabelos eriçados. A criança gemia" — Eça de Queirós, *op. cit.*, p. 968. Fragmentos da primeira versão de *O crime do padre Amaro (Revista do Ocidente*, 1875; primeira edição portuguesa 1876) foram publicados entre 1876 e 1878 em São Paulo, nos números 3 a 5 da *República das Letras*. Uma edição pirata da versão de 1876 saiu no Rio de Janeiro em 1878; ver Guerra da Cal, *op. cit.*, p. 27, §60-61.

p. 117 Walter Scott — Harry E. Shaw, *The forms of historical fiction: Sir Walter Scott and his successors*, Ithaca: Cornell University Press, 1983.

p. 117 John R. Searle — "The logical status of fictional discourse", em *Expression and meaning: studies in the theory of speech Acts*, Nova York: Cambridge University Press, 1997, p. 73.

p. 119 "o fim da interpretação na arte é tornar os fatos e os sentimentos inteligíveis" — Machado de Assis, *Dispersos de Machado de Assis*, p. 179.

p. 123 David Hume — *Essays: moral, political, and literary*, London: Oxford University Press, 1963. Ver os ensaios "Of the delicacy of taste and passion", p. 5; "On the standard of taste", pp. 239-240; e "Of tragedy", p. 221.

p. 129 "região da dissimilitude" — Platão, *The collected dialogues of Plato*, organizado por Edith Hamilton e Huntington Cairns, Princeton: Princeton University Press, 1989.

p. 130 "*Defluxi abs te ego et erravi, deus meus, nimis devius ab stabilitate tua in adulescentia, et factus sum mihi regio egestatis*" — Agostinho, *Confessions*, edição em inglês e latim organizada por James Joseph O'Donnell, 3 vols., Oxford; Nova York: Clarendon Press; Oxford University Press, 1992, livro 2, §18.

p. 131 José Luís Jobim e Jean-Michel Massa — *A biblioteca de Machado de Assis*, Rio de Janeiro: Academia Brasileira de Letras; Topbooks, 2001.

p. 131 Herbert Morris — *On guilt and innocence: essays in legal philosophy and moral psychology*, Berkeley: University of California Press, 1979, pp. 59-63.

p. 134 "Minha consciência valsara tanto na véspera" — *Memórias póstumas de Brás Cubas*, cap. 51.

p. 136 "Não é meu intento criticar nenhum fôlego vivo, mas a mim somente, em quem descubro muitos senões" — *Revista Brazileira*, dirigida por Nicolau Midosi, vol. 3, Rio de Janeiro: 1880, p. 353. A epígrafe foi reproduzida em nota de rodapé ao primeiro capítulo do romance, nas *Edições críticas de obras de Machado de Assis*, p. 1n.

p. 138 "*You have a nimble wit; I think 'twas made of Atlanta's heels. Will you sit down with me and we two will rail against our mistress the world and all our misery?*" — William Shakespeare, *As you like it*, organizada por Agnes Latham, The Arden Shakespeare, Londres: Methuen, 1975, ato 3, cena 2, versos 271-274.

p. 139 "Renunciei tudo; tinha o espírito atônito. Creio que por então é que começou a desabotoar em mim a hipocondria, essa flor amarela, solitária e mórbida, de um cheiro inebriante e sutil. 'Que bom que é estar triste e não dizer cousa nenhuma!'" — *Memórias póstumas de Brás Cubas*, cap. 25.

p. 139 "*Why, 'tis good to be sad and say nothing*" — Shakespeare, *As you like it*, ato 4, cena 1, verso 8.

p. 142 "firme propósito de governar sua casa e *dirigir suas ações* como entendesse" — José de Alencar, *Senhora*, pp. 17 e 19, grifo meu.

p. 142 "Esquece que desses dezenove anos, dezoito os vivi na extrema pobreza e um no seio da riqueza para onde fui transportada de repente" — *idem*, p. 30, grifo meu.

p. 144 "Mas o que você me dá em paga? Um lugar na Câmara? Uma pasta de ministro?" — *A mão e a luva*, cap. 19, grifo meu.

p. 144 "Ânimo, meu filho! disse ele" — *Helena*, cap. 28, grifo meu.

p. 145 "No primeiro aniversário da morte de Luís Garcia, Iaiá foi com o marido ao cemitério, a fim de depositar na sepultura do pai uma coroa de saudades" — *Iaiá Garcia*, cap. 17, grifo meu.

p. 146 "ruga sardônica" — Augusto Meyer, "De Machadinho a Brás Cubas". *Revista do Livro* 11 (1958): 9.

p. 147 "Tua mãe é quem tem razão, bradava uma voz interior; ias descer a uma aliança indigna de ti" — *Iaiá Garcia*, cap. 4.

p. 147 "irremediável conflito das coisas humanas" — *idem*, cap. 7.

p. 148 "Nunca lhe pesara tanto a fatalidade da posição" — *idem*, cap. 6.

p. 151 "De onde vem a voz de Brás Cubas?" — Augusto Meyer, *op. cit.*, p. 13.

p. 151 "E foi assim que cheguei à clausura dos meus dias; foi assim que me encaminhei para o *undiscovered country* de Hamlet" — *Memórias póstumas de Brás Cubas*, cap. 1. Machado traduziu o monólogo de Hamlet "To be or not to be" e publicou-o no número do dia 22 de fevereiro de 1873 do *Arquivo Contemporâneo*. A tradução em verso foi coligida no seu poemário *Ocidentais*, publicado pela primeira vez em livro nas *Poesias completas* (1901).

p. 152 "é possível que o leitor não me creia, e todavia é verdade. Vou expor-lhe sumariamente o caso. Julgue-o por si mesmo" — *Memórias póstumas de Brás Cubas*, cap. 1.

p. 153 "Agora, porém, que era livre, dispunha de si mesmo, dos braços das pernas" — *idem*, cap. 68.

p. 156 "Haverá aí alguma verdade moral?" — Machado de Assis, *Crítica literária*, p. 156.

p. 159 "As *Memórias póstumas de Brás Cubas* são um romance?" — a pergunta de Capistrano de Abreu parece ter sido colocada em um pequeno artigo que noticiava a publicação de *Memórias póstumas* na seção "Livros e Letras", da *Gazeta de Notícias* do Rio de Janeiro, em 30 de janeiro e 1º de fevereiro de 1881. Ver José Galante de Sousa, *Fontes para o estudo de Machado de Assis*, 2 ed., Rio de Janeiro: Ministério da Educação e Cultura; Instituto Nacional do Livro, 1969, p. 4.

p. 159 "era romance para uns e não o era para outros" — *Memórias póstumas de Brás Cubas*, "Ao leitor" e Prólogo.

p. 160 Antonio Candido — "Esquema de Machado de Assis", em *Vários escritos*, São Paulo: Livraria Duas Cidades, 1970, pp. 15-16.

p. 160 "Sílvio Romero foi, a falarmos com rigor, o primeiro grande crítico e fundador da crítica no Brasil" — Antonio Candido, *O método crítico de Sílvio Romero*, São Paulo: Edusp, 1988, p. 9.

p. 161 "leva[ndo] o povo de Aracaju a depor o presidente Calasans" — Sílvio Rabelo, *Itinerário intelectual de Sílvio Romero*, Rio de Janeiro: José Olympio, 1944, pp. 251-252.

p. 162 "verdadeira catástrofe do ponto de vista crítico" — Antonio Candido, "Introdução", em *Sílvio Romero: teoria, crítica e história literária*, Rio de Janeiro: Livros Técnicos e Científicos Editora, 1978, p. xviii.

p. 164 "Qual? Não é outro o ponto controverso, e depois de ter refutado todas as teorias, o sr. Sílvio Romero conclui que a nova intuição literária nada conterá [de] dogmático" — Machado de Assis, *Crítica literária*, pp. 187-188.

p. 165 "não pode esquivar-se às condições do meio; afirmar-se-á pela inspiração pessoal" — *idem*, p. 189.

p. 165 "não falta quem conjugue o ideal político e o ideal estético, e faça de ambos um só intuito" — *idem*, p. 184.

p. 167 "fisionomia própria ao pensamento nacional"— *idem*, p. 129.

p. 167 "a que só reconhece espírito nacional nas obras que tratam de assunto local" — *idem*, p. 135.

p. 167 "uma literatura, sobretudo uma literatura nascente, deve principalmente alimentar-se dos assuntos que lhe oferece a sua região" — *idem, ibidem*.

p. 168 Antonio Candido — *O método crítico de Sílvio Romero*, p. 17.

p. 169 "como um espírito de transição entre os românticos e os sectários das recentes teorias" — Sílvio Romero, *Machado de Assis: estudo comparativo de literatura brasileira*, Campinas: Editora da Unicamp, 1992, p. 29.

p. 170 "Machado de Assis é um dos ídolos consagrados em vida do nosso beatério letrado" — *idem*, p. 32.

p. 171 "Tive o azar de ler o livro de Sílvio Romero" — citado em Edson G. Prata, *Machado de Assis, o homem e a obra vistos*

    por todos os ângulos, Rio de Janeiro: Livraria São José, 1968, p. 136.
p. 171 "grosso embuste" — Lafayette Rodrigues Pereira, *Vindiciae; o sr. Sylvio Romero, critico e philosopho*, organizado por Mário Matos, 3 ed., Rio de Janeiro: José Olympio, 1940, p. 3.
p. 171 "é hoje o mais eminente representante da nossa literatura" — José Veríssimo, "Machado de Assis", em *Estudos de literatura brasileira*, organizado por Melânia Silva Aguiar, vol. 6, São Paulo; Belo Horizonte: Editora Itatiaia; Edusp, 1977, p. 103.
p. 173 "é a fotografia exata do seu espírito, de sua índole psicológica indecisa" — Sílvio Romero, *op. cit.*, p. 122.
p. 175 "resultado de uma lacuna do romancista nos órgãos da palavra" — Sílvio Romero, *op. cit.*, p. 122.
p. 175 "o desequilíbrio estético trazia para o plano da forma uma tensão histórica existente" — Roberto Schwarz, *Um mestre na periferia do capitalismo*, p. 179.
p. 175 "narrador desacreditado e pouco estimável" — *idem*, p. 176.
p. 175 "O narrador volúvel é técnica literária, é sinal da futilidade humana" — *idem*, p. 185.
p. 176 "se o romance pretende permanecer fiel à sua herança realista" — Theodor W. Adorno, "The position of the narrator in the contemporary novel", em *Notes to literature*, organizado por Rolf Tiedemann, vol. 1, Nova York: Columbia University Press, 1991, p. 32.
p. 176 "contra a mentira da representação, na verdade contra o próprio narrador" — *idem*, p. 34.
p. 181 "Mas na minha memória, de que longamente falei, vivem ainda as imagens de obscenidades que o hábito inveterado lá fixou" — Agostinho, *Confissões*, traduzido por J. Oliveira Santos e A. Ambrósio de Pina, São Paulo: Editora Nova Cultural, 2004, p. 287.
p. 183 "*Sine me, obsecro, et da mihi circuire praesenti memoria praeteritos circuitos erroris mei et immolare tibi hostiam iubilationis*" — Agostinho, *Confessions*, livro 4, §1. O termo "autobiographia" foi registrado no léxico da língua portuguesa pela primeira vez em 1841 no primeiro volume do *Dicionário da língua portuguesa* da Academia das Ciências de Lis-

boa. Trinta anos depois, o adjetivo "autobiographico" aparece no *Grande diccionário portuguez ou thesouro da língua portugueza,* de Frei Domingos Vieira, que em 1873 também registrou o termo "memorialista".

p. 184   Aristóteles — *op. cit.,* seções 1453a7-16; 1454b9.

p. 184   George Steiner — *The death of tragedy,* New Haven: Yale University Press, 1996.

p. 187   "É perfeitamente verdadeiro, como dizem os filósofos, que a vida deve ser entendida retrospectivamente" — Kierkegaard, citado em Richard Wollheim, *The thread of life,* New Haven: Yale University Press, 1999, p. 1.

p. 191   "E a linguagem era também diversa, rotunda e copiosa"— *Quincas Borba,* pp. 155-156.

p. 193   "A verossimilhança propriamente dita" — Antonio Candido et al., *A personagem de ficção,* 3 ed., São Paulo: Perspectiva, 1972, p. 75, grifo no original.

p. 194   Nelson Rodrigues — *op. cit.,* p. 64.

p. 194   "a necessidade da máscara como uma constante era um fato relativamente novo na história da ficção brasileira" — Alfredo Bosi et. al., *Machado de Assis,* São Paulo: Editora Ática, 1982, p. 439.

p. 195   "uma humanidade maior, uma realidade mais viva" — José Veríssimo, "Um irmão de Braz Cubas: o 'Dom Casmurro' do sr. Machado de Assis", *op. cit.,* p. 25.

p. 198   "olhos entraram desvairados, foram à dama, e rasgaram-lhe o xale, enquanto o coração ia batendo a *marselhesa* do amor" — *Quincas Borba,* volume de Apêndice, na coleção *Edições críticas de obras de Machado de Assis,* 2 ed., Rio de Janeiro: Civilização Brasileira; Instituto Nacional do Livro, 1977, p. 22.

p. 198   "Arrenego de um autor que me diz tudo, que nao me deixa colaborar no livro, com a minha própria imaginação. A melhor página não é só a que se relê, é também a que a gente completa de si para si" — citado em Augusto Meyer, "*Quincas Borba* em variantes", em *A chave e a máscara,* Rio de Janeiro: Edições O Cruzeiro, 1964, p. 175.

p. 202   "A sua técnica consiste essencialmente em sugerir as coisas mais tremendas da maneira mais cândida" — Antonio Candido, "Esquema de Machado de Assis", p. 23.

p. 204 "Mas o que parece gerar dificuldade é isto, que a consciência sendo interrompida sempre pelo esquecimento" — John Locke, *An essay concerning human understanding*, organizado por A. D. Woozley, Nova York: New American Library, 1974, livro 2, cap. 27, seção 10.

p. 205 "A *pessoa*, como eu a tomo, é o nome para este eu" — *idem*, livro 2, cap. 27, seção 26.

p. 209 "Foi então que os bustos pintados nas paredes" — *Dom Casmurro*, cap. 2.

p. 211 Helen Caldwell — *op. cit.*, pp. 11-20.

p. 211 "Um agregado (capítulo de um livro inédito)" — ver José Galante de Sousa, *Bibliografia de Machado de Assis*, pp. 665-667. O texto pode ser encontrado no apêndice ao volume de *Dom Casmurro*, na coleção *Edições críticas de obras de Machado de Assis*, pp. 263-267.

p. 211 "Venho até aqui, meu querido" — Machado de Assis e Carlos Magalhães de Azeredo, *Correspondência de Machado de Assis com Magalhães de Azeredo*, p. 137, grifo no original. Na década que se segue imediatamente à publicação de *Memórias póstumas*, entre 1881 e 1890, o número de contos publicados por Machado nos periódicos da época atingiu, em 1883, a cifra dos 25 contos, com uma média superior a oito contos publicados por ano. Na década de 1890, esse número cai drasticamente para menos de dois por ano; em 1896, 1899 e 1900 Machado não chegou a publicar sequer um único conto.

p. 212 "Estou acabando um livro" — *idem*, pp. 148 e 155. A 28 de julho de 1899, Machado finalmente revela o título do seu novo trabalho a Magalhães de Azeredo: "Também lá [em Paris] se está imprimindo o livro de que já lhe falei, *Dom Casmurro*; [...] é inédito; veremos o que sairá impresso. Já devolvi as provas dos últimos capítulos, *mas tendo de ler segundas provas do livro, conforme mandei pedir, não creio que antes de novembro possa ser exposto ao público*. Agora não sei quando poderei escrever outro; o trabalho administrativo, especial e dobrado que trago sobre mim, veda empreendê-lo. Por outro lado, é preciso ir contando os anos, e cumprindo as advertências da natureza, que é pessoa despótica.

Mas é possível que em me sentindo mais aliviado de outras obrigações, tente alguma cousa", pp. 181-182, grifo meu. Finalmente, no ano em que Machado conclui a redação de *Dom Casmurro*, suas queixas aos amigos mais próximos se intensificam. No dia 13 de fevereiro de 1899 ele comenta a Joaquim Nabuco: "A vida que levo, entregue pela maior parte à administração, não me permitiu conversar com os amigos da *Revista* [*Brazileira*] mais que duas vezes, mas logo achei a candidatura provável do [Afonso] Arinos, e dei--lhe o meu voto." Em março do mesmo ano, fazendo planos para a Academia, diz a Nabuco: "Não quero dizer se ainda viver, posto que na minha idade e com o meu organismo, cada ano vale por três", Machado de Assis, *Correspondência*, Rio de Janeiro: W. M. Jackson, 1957, pp. 42-43.

p. 212 "da Academia Brasileira" — Ministério da Educação e Saúde, *Exposição Machado de Assis; centenário do nascimento de Machado de Assis,* 1839-1939, Rio de Janeiro: Serviço gráfico do Ministério da Educação, 1939, p. 200; carta de 8 de outubro de 1899.

p. 213 "Nós esperaremos *Dom Casmurro* na data em que o senhor anunciou" — *idem*, p. 201; carta de 19 de dezembro de 1899. Ver carta de 12 de janeiro de 1900, p. 202; e Galante de Sousa, *op. cit.*, p. 98. Este último nota no colofão da segunda tiragem o registro "Pariz. — Typ. Garnier Irmãos, 6, rue des Saints-Pères. 319.4.1900". Os números indicam a ordem do início da composição tipográfica da obra: um número baixo provavelmente aponta uma reedição cedo naquele mesmo ano; possivelmente em abril, ou seja, "4.1900".

p. 213 "Dom Casmurro, depois de muita demora apareceu, e foi surpresa para toda a gente" — Machado de Assis e Magalhães de Azeredo, *op. cit.*, p. 195.

p. 214 Galante de Sousa — *op. cit.*, pp. 92-93.

p. 214 "figuras que vi ou imaginei, ou simples ideias que me deu na cabeça reduzir a linguagem" — *Páginas recolhidas*, Rio de Janeiro: W. M. Jackson, 1957, p. 7.

p. 215 "Sinhá Rita, com a cara em fogo e os olhos esbugalhados, instava pela vara" — *idem*, p. 11, ver também p. 23.

p. 215 "Um erradio"— publicado em 1894, apresenta a história de um amigo que se casara com uma mulher cuja aspiração era instilar no marido o fervor e a ambição intelectual característicos da sua juventude. O plano fracassa por causa do abrandamento do espírito, antes inquieto, do marido, e a esposa passa a sentir-se culpada pelo soçobro dos sonhos de ambos. Curiosamente, o narrador insiste em desmenti-la e, tal como Bento Santiago, adota uma solução essencialista para explicar esta mudança. Já em "Eterno!", de 1887, um estudante, incumbido de interceder junto a uma baronesa casada em favor do seu amigo, acaba casando-se com o objeto do seu "pacto imoral". Apesar das evidências contrárias, todos os pares românticos no conto juram amor eterno, muito embora o desenlace apresente um protagonista sem remorsos pela traição que inicialmente julgava ter realizado.

p. 215 Em "Um erradio" — "Quando saímos, e fomos até à muralha, descobrindo o mar e parte da cidade, Elisário fez-me viver dois séculos atrás. [...] A imaginação evocativa era a grande prenda desse homem, que sabia dar vida às coisas extintas e realidade às inventadas." "Elisário entrou no bote, que se afastou logo, os remos feriram a água, e lá se perdeu na noite e no mar o meu professor de latim e explicador de matemáticas." "[Os olhos de Elisário] olhavam mais para dentro que para fora, e quando olhavam para fora derramava-se por toda a parte." "A figura do Elisário, qual a recompus depois, não me aparecia por esse tempo com a significação verdadeira." "Apertou-me a mão com tanta força [a esposa de Elisário], que me deixou abalado. Os dedos tremiam-lhe; parecia um aperto de namorada." "— Não é verdade? Disse ela chegando-se a mim, com os olhos cheios de fogo." E em "Eterno!": "Não ouvi o resto; fui mergulhando em mim mesmo, ao zunzum do cocheiro. Quando dei por mim, estava na rua da Glória. O demônio continuava a falar; paguei, e desci até a praia da Glória, meti-me pela do Russell e fui sair à do Flamengo. O mar batia com força. Moderei o passo, e pus-me a olhar para as ondas que vinham ali bater e morrer. Cá dentro, ressoava, como um trecho musical, a pergunta que fizera ao cocheiro: O que é eterno? As ondas, mais discretas que ele, não me contaram os seus particulares, vinham vindo, morriam, vinham vindo, morriam", Machado de Assis, *Páginas recolhidas*, pp. 43, 47, 51, 52, 60, 61-62, 86-87. Nos demais contos deste livro, Machado insiste em temas que voltariam a estar presentes em *Dom Casmurro*: "Idéias de canário" (1895) pode ser lido como uma fábula sobre um tipo específico de solipsismo, onde os limites do mundo e da linguagem coincidem com os limites da cognição e dos desejos do próprio indivíduo. "Lágrimas de Xerxes", o único texto da coletânea para o qual não se conhece a data de sua primeira publicação, reescreve um possível diálogo entre Romeu, Julieta e Frei Lourenço na iminência do casamento do par, revelando uma Julieta impaciente no seu amor e ávida pelo matrimônio.

p. 216 "Nunca pude entender a conversação que tive com uma senhora, há muitos anos, contava eu dezessete, ela trinta. Era noite de Natal" — Machado de Assis, *op. cit.*, p. 91.

p. 219 "Quanto ao romance que me anuncia, digo-lhe que o assunto é realmente inexplorado e tentador" — Machado de Assis e Magalhães de Azeredo, *op. cit.*, p. 138. Graça Aranha leu as provas de *Dom Casmurro* por uma "infidelidade" do portador Nabuco, que as levara a Paris para a Editora Garnier. Por ter comentado a sua leitura com o próprio autor, Machado impôs a ele, Graça Aranha, um silêncio epistolar de quase um ano. Graça Aranha, Machado de Assis e Joaquim Nabuco, p. 119.

p. 220 Turguêniev — ver Ivan Sergeevich Turguêniev, *Pères et enfants*, traduzido por Prosper Mérimée, Paris: Charpentier, 1898. O tempo narrativo de *Dom Casmurro* se inicia em 1857, quando Bentinho tinha 15 anos, precisamente dentro da cronologia que Machado havia encontrado tanto em Turguêniev quanto nos planos de Azeredo, cuja intenção, tal como declarada em carta a Machado, era escrever seu primeiro romance sobre "o conjunto da geração que hoje nos governa — isto é a gente que, andando agora [em 1897] pelos 40 ou 45 anos, e tendo entrado na maturidade ao proclamar-se a República, tomou conta do Brasil, não graças à superioridade [...], mas unicamente graças à idade", Machado de Assis e Magalhães de Azeredo, *op. cit.*, p. 133. Em 1897, Bentinho teria 55 anos, Machado tinha 58.

p. 225 Helen Caldwell — *op. cit.*, pp. 1, 176n. A autora, entretanto, nunca apresentou a lista de referências; inventariei a presença de Shakespeare na obra de Machado no apêndice.

p. 227 "uma orgia da imaginação, sem fim algum moral, antes em seu dano" — citado em Décio de Almeida Prado, *O drama romântico brasileiro*, São Paulo: Editora Perspectiva, 1996, p. 14.

p. 228 "é o drama; e o drama [do real], que funde num mesmo sopro o grotesco e o sublime" — Victor Hugo, *La préface de Cromwell*, organizado por Maurice Anatole Souriau, Genebra: Slatkine Reprints, 1973, p. 213.

p. 229 Gonçalves de Magalhães — Décio de Almeida Prado, *op.cit.*, pp. 20-21, sugere que o ecletismo moralizante de Gonçalves de Magalhães foi influenciado por Almeida Garrett e Martinez de la Rosa, que também foram os responsáveis pela introdução do drama romântico em seus respectivos países; o primeiro, em Portugal, e o segundo, na Espanha.

p. 229 Jean-François Ducis — *Othello; ou le more de Venise*, Paris, Chez Maradan Librairie, 1793; Jean-François Ducis, *Othelo; ou o mouro de Veneza*, traduzido por Gonçalves de Magalhães, Rio de Janeiro, Tipografia Imparcial de F. Paula Brito, 1842. Ver Celuta M. Gomes, *William Shakespeare no Brasil; bibliografia*, Rio de Janeiro: Biblioteca Nacional, 1961, pp. 71-107.

p. 230 "teria a vantagem de não revoltar os olhos do público e, sobretudo, os das mulheres" — J-F. Ducis, *Othello; ou le more de Venise*, p. vi.

p. 230 "Estou convencido de que enquanto os ingleses podem observar tranquilamente as manobras de tal monstro" — *idem*, p. v.

p. 231 Décio de Almeida Prado, *João Caetano: o ator, o empresário, o repertório*, São Paulo: Editora Perspectiva, 1972, p. 27.

p. 231 "Lembro-me ainda que quando me encarreguei do papel de Otelo" — citado em Eugênio Gomes, *Shakespeare no Bra-*

sil, Rio de Janeiro: Ministério da Educação e Cultura, 1961, p. 15.

p. 232 Victor Hugo — *La préface de Cromwell*, p. 223. Sobre a relação entre a cultura literária romântica e Shakespeare, especificamente no que se refere a Hugo, ver Jonathan Bate, *The romantics on Shakespeare*, Londres; Nova York: Penguin Books, 1991, pp. 225-231.

p. 232 "dialética do ciúme — a alternância furiosa entre o amor e o ódio" — Décio de Almeida Prado, *op. cit.*, pp. 28-29. Álvares de Azevedo foi provavelmente um dos primeiros românticos brasileiros a utilizar Victor Hugo para ir ao Shakespeare original, em inglês. Encantado com o poder da fantasia e com a comédia shakespeariana, seu prefácio à própria peça *Macário* manifesta diretamente tal afiliação.

p. 233 Gonçalves Dias — *Leonor de Mendonça*, p. 89, ato 1, quadro 2, cena 8.

p. 233 "O duque é bem cruel e todavia eu sou como ele, sou talvez pior do que ele, e morrerei!" — *idem*, p. 111, ato 3, quadro 5, cena 1, grifo no original.

p. 234 "Imprudentemente me prodigalizais impropérios e convívios" — *idem*, p. 117, ato 3, quadro 5, cena 7. Não se deve esquecer que, em 1822, o Brasil havia passado de colônia a Império dentro da mesma família real, cuja linhagem incluía a descendência dos Bragança. O Poder Moderador e a proibição do tráfico escravo, em 1850, também oferecem elementos históricos importantes para a compreensão de uma peça que enfatiza, insistentemente, relações de subordinação atenuadas por uma espécie de "despotismo esclarecido".

p. 236 "ao lado de Otelo, que é a noite, há Iago, que é o mal" — Victor Hugo, *William Shakespeare*, traduzido para o inglês por Melville B. Anderson, Chicago: A. C. McClurg and Company, 1887, pp. 324-325.

p. 238 "mais importante [crítico teatral] do período, o que melhor documentou a reforma realista implementada pelo Ginásio" — João Roberto Faria, *O teatro realista no Brasil, 1855--1865*, p. 158. Sobre o período em questão, ver Décio de Almeida Prado, *O drama romântico brasileiro*, p. 196; e Sérgio Buarque de Holanda, *Raízes do Brasil*, 17 ed., Rio de Janeiro: José Olympio, 1984, p. 42.

p. 238 "Mutilado ele, que pretende fazer da mesquinha Desdêmona?" — Machado de Assis, *Teatro*, Rio de Janeiro: W. M. Jackson, 1957, p. 142, cena 7.

p. 239 Alexandre Dumas Filho — *Suplício de uma mulher*, em Machado de Assis, *idem*, pp. 404-405, ato 3, cena 3. Sobre a educação moral do público, ver Machado de Assis, *Crítica teatral*, Rio de Janeiro: W. M. Jackson, 1957, p. 185; Anco Márcio Tenório Vieira, "A crítica teatral de Machado de Assis", São Paulo: Edusp; Editora Perspectiva, 1993, pp. 42-43.

p. 239 "moralidade de uma obra consiste nos sentimentos que ela inspira" — Machado de Assis, *Teatro*, p. 429.

p. 240 Roberto Schwarz — *Ao vencedor as batatas*, cap. 1. Sobre os costumes da família patriarcal no palco, há o interessante caso de *O demônio familiar* (1857), de José de Alencar, que, de acordo com João Roberto Faria, "não chega a ser propriamente propaganda contra a escravidão, mas uma crítica contundente a um costume da velha família brasileira. Manter a domesticidade escrava era um anacronismo que uma família moderna [...] não podia mais aceitar", *op. cit.*, p. 171. Embora Alencar tenha sido um grande entusiasta do realismo teatral, inspirado pelo modelo de Dumas Filho, ele permaneceu um autor romântico na sua produção em prosa.

p. 242 "Pelo que respeita à análise de paixões e caracteres são muito menos comuns os exemplos que podem satisfazer à crítica" — Machado de Assis, *Crítica literária*, p. 138.

p. 245 "a edição original deve chegar brevemente, e vem encontrar os ânimos já dispostos e ansiosos" — Machado de Assis, "Victor Hugo", *Diário do Rio de Janeiro*, 15 de março de 1866. Ver Victor Hugo, *Les travailleurs de la mer*, 2 vols., Paris, J. Hetzel, s.d. O prefácio de Victor Hugo ao romance encontra-se datado "Hauteville, mars de 1866", o mesmo mês em que o *Diário do Rio de Janeiro* iniciou a serialização da tradução de Machado, que se realizou entre 15 de março e 29 de julho de 1866.

p. 245 Charles Dickens — para uma interpretação das traduções, principalmente as francesas, de Machado, ver Jean-Michel

Massa, Dumanoir e Léon Gozlan, *Machado de Assis, traducteur. Appendice. Os burgueses de Paris. Tributos da mocidade*, Rennes, 1969, p. 36. Em outro trabalho, J-M. Massa argumenta que a tradução machadiana de Dickens, além de interrompida a meio caminho, teria sido realizada a partir de uma versão francesa: Machado de Assis, *Dispersos de Machado de Assis*, pp. 264-413.

p. 247 "a estas três fatalidades que envolvem o homem [os dogmas religiosos, os preconceitos sociais e as interdições do elemento natural], junta-se a fatalidade interior, o *ananke* supremo, o coração humano" — Victor Hugo, *Os trabalhadores do mar*, traduzido por Machado de Assis, Rio de Janeiro: Abril Cultural, 1971, p. 11. O romance de Hugo era linguisticamente um desafio aos tradutores, pois, além da prosa exuberante, o texto incluía palavras colhidas pelo autor do dialeto ilhota, que fundia o inglês com o francês. Ademais, o tema da narrativa — a modernização da vida de uma comunidade marinha — faz do livro um verdadeiro compêndio vocabular de técnicas navais não raro escritas em francês arcaico. A tradução machadiana — um *tour de force* em língua portuguesa — provavelmente lhe rendeu, anos mais tarde, o convite para participar na comissão de redação do *Dicionário marítimo brasileiro*, publicado pelo Governo Imperial em 1877.

p. 248 "Causa náuseas beber perpetuamente a impostura" — Victor Hugo, *op. cit.*, pp. 181-183.

p. 252 "Em certos pontos, a certas horas, contemplar o mar é sorver um veneno" — *idem*, p. 45. "O serviço prestado pelo mar complicava-se com esta dissimulação. Parece que o mar, obrigado a obedecer, teve uma segunda tenção", e outras referências à relação entre o olhar, o mar e a mulher, ver, pp. 271, 279 e 287.

p. 252 "gigante da grande arte de todos os tempos" — Victor Hugo, *The toilers of the sea*, traduzido por W. Moy Thomas, Nova York: E. P. Dutton & Co., Inc., 1952, p. viii.

p. 252 "Ponhamos, a modo de exemplo, esses dois poetas, Homero e Ésquilo" — Victor Hugo, *William Shakespeare*, p. 125.

p. 253   "She was false as water"— William Shakespeare, *Othello*, organizado por E. A. J. Honigmann, 3 ed., Londres: Thomas Nelson & Sons Ltd., 1997, ato 5, cena 2, verso 1322.

p. 253   "Pérfida como a onda, diz Otelo" — Machado de Assis, *Contos e crônicas*, p. 111.

p. 253   Alfred de Vigny — ver Helen Caldwell, *op. cit.*, pp. 167-177.

p. 254   "tripla pulverização" — citado em Helen Caldwell, *op. cit.*, p. 176. Sobre a recepção de *Othello; ou le more de Venise*, de Ducis, e as encenações de João Caetano, ver Celuta M. Gomes, *William Shakespeare no Brasil*, Rio de Janeiro: Biblioteca Nacional, 1961, pp. 101-107.

p. 254   "Amava Shakespeare, e daí vem que [Azevedo] nunca perdoou a tosquia que lhe fez Ducis" — Machado de Assis, *Crítica literária*, p. 110.

p. 255   "Os olhos obrigados a baixar-se têm muitas vezes destes olhares oblíquos" — Victor Hugo, *Os trabalhadores do mar*, p. 182.

p. 255   Alfredo Bosi — *Machado de Assis: o enigma do olhar*, São Paulo: Editora Ática, 1999.

p. 256   "Sentimos em Alencar a percepção complexa do mal" — Antonio Candido, *Formação da literatura brasileira*, 7 ed., 2 vols., São Paulo: Editora Itatiaia, 1993, vol. 2, p. 209.

p. 256   Roberto Schwarz — *Ao vencedor as batatas*, pp. 13-28.

p. 259   "Aurélia não gostava de Byron, embora o admirasse. Seu poeta querido era Shakespeare" — José de Alencar, *Senhora*, pp. 196-197.

p. 259   "multiplicar as suspeitas do médico [Félix], cavar-lhe fundamente no coração a ferida do ciúme" — *Ressurreição*, cap. 9.

p. 260   "*Look to her, Moor, if thou hast eyes to see;* | *She has deceived her father, and may thee*" — William Shakespeare, *Othello*, ato 1, cena 3, versos 293-294.

p. 260   Eça de Queirós — "O primo Basílio", ver Machado de Assis, *Crítica literária*, p. 171.

p. 260   "Otelo de Shakespeare está presente na trama de vinte oito contos, peças e artigos"— Helen Caldwell, *op. cit.*, p. 1.

p. 261   Eugênio Gomes — no capítulo intitulado "Uma influência francesa (Victor Hugo)", o autor argumenta que uma filosofia negativa da vida presente em Hugo, caracterizada estilisticamente pela intensa visualidade, marcou momentos decisivos da poética machadiana, fazendo-se sentir em sua prosa, particularmente no capítulo do delírio de *Memórias póstumas*. Eugênio Gomes, *Machado de Assis; influências inglesas*, Rio de Janeiro: Pallas Editora e Distribuidora, 1976, pp. 103-123.

p. 261 "Machado de Assis bebeu muito do manancial de Shakespeare, em cujo culto nenhum outro escritor o excederia no Brasil do seu tempo" — Eugênio Gomes, *Shakespeare no Brasil*, p. 185.

p. 261 "As citações de Shakespeare nas crônicas de Machado de Assis" — Celuta M. Gomes, *William Shakespeare no Brasil; bibliografia*, p. 230.

p. 262 Helen Caldwell e a intenção machadiana — ver Abel Barros Baptista. "O legado de Helen Caldwell ou o paradigma do pé-atrás", *Santa Barbara Portuguese Studies* 1 (1994): 145-177. A respectiva resposta a tal crítica se encontra em John Gledson, "Dom Casmurro: realism and intentionalism revisited", *Machado de Assis: reflections on a Brazilian master writer*, organizado por Richard Graham, Austin: University of Texas Press, 1999, pp. 1-22.

p. 265 Leon Tolstoi — *What is art? and essays on art*, Tolstoy Centenary Edition, vol. 18, Londres: Oxford University Press for the Tolstoy Society, 1929, p. 154.

p. 266 "De noite fui ao teatro. Representava-se justamente *Otelo*" — *Dom Casmurro*, cap. 135.

p. 268 "E... quê? Sabes o que é que trocariam mais" — *idem*, cap. 62.

p. 268 "Santiago" — sobre as implicações simbólicas dos nomes neste romance, ver Helen Caldwell, *op. cit.*, pp. 32-61.

p. 273 Shakespeare nos romances da primeira fase — ver *Ressurreição*, cap. 9; *A mão e a luva*, cap. 2; *Helena*, cap. 25; *Iaiá Garcia*, "Out, damned spot!", cap. 6.

p. 274 "espectador que se regala das paixões de Otelo, e sai do teatro com as mãos limpas da morte de Desdêmona" — *Quincas Borba*, cap. 75.

p. 275 "Ciúmes?" — *idem*, cap. 77.

p. 277 Helen Caldwell — *op. cit.*, pp. 21-31.

p. 279 "Quando Brabâncio pleiteia sua causa ao doge, não é apenas um pai ultrajado que demanda justiça" — William Shakespeare, *Roméo et Juliette; Hamlet; Othello*, traduzido para o francês por Émile Montégut, em *Oeuvres Complètes*, 10 vols., Paris: Librairie Hachette, 1872, vol. 9, pp. 340-341.

p. 279 "É a mais tocante e a mais interessante, porém não a mais pura e mais casta das heroínas de Shakespeare" — *idem*, p. 352. E sobre a representação da tragédia na vida íntima burguesa, ver p. 327.

p. 280 "A gratidão de quem recebe um benefício é sempre menor que o prazer daquele que o faz" — Machado de Assis, *Histórias românticas*, Rio de Janeiro: W. M. Jackson, 1957, p. 107.

p. 283 "Agora, porque é que nenhuma dessas caprichosas me fez esquecer a primeira amada do meu coração?" — *Dom Casmurro*, cap. 148.

p. 284 "Não tenhas ciúmes de tua mulher para que ela não se meta a enganar-te com a malícia que aprender de ti" — compare-se a tradução adotada por Machado com a versão bíblica moderna: "Não tenhas ciúmes de tua amada esposa, para não lhe ensinares o mal contra ti."

p. 286 "A intuição do caráter singular da pessoa amada resiste até mesmo à conversão do amor em ódio" — Alfredo Bosi, *Machado de Assis: o enigma do olhar*, São Paulo: Editora Ática, 1999, pp. 33-34.

p. 287 "ela é má por natureza" — "'*He is evil* by nature' *simply means that being evil applies to him considered in his species; not that this quality may be inferred from the concept of his species ([i.e.] from the concept of a human being in general, for then the quality would be necessary), but rather that, according to the cognition we have of the human being through experience, he cannot be judged otherwise, in other words, we may presuppose evil as subjectively necessary in every human being, even the best. Now, since this propensity must itself be considered morally evil, hence not a natural predisposition but something that human beings can be held accountable for, conse-*

quently must consist in maxims of the power of choice contrary to the law and yet, because of freedom, such maxims must be viewed as accidental, a circumstance that would not square with the universality of the evil at issue unless their supreme subjective ground were not in all cases somehow entwined with humanity itself and, as it were, rooted in it: so we can call this ground a natural propensity to evil, and, since it must nevertheless always come about through one's own fault, we can further even call it a radical innate evil in human nature (not the less brought upon us by ourselves)". Immanuel Kant, "Religion within the boundaries of mere reason", em *Religion and rational theology*, organizado por Allen W. Wood e George Di Giovanni, Nova York: Cambridge University Press, 1996, p. 80.

p. 287 "[e]m Capitu, há um fundo vertiginoso de amoralidade que atinge as raias da inocência animal" — Augusto Meyer, *Machado de Assis, 1935-1958*, 4 ed., Rio de Janeiro: José Olympio; Academia Brasileira de Letras, 2008, p. 121.

p. 289 "Finalmente, [há] o paralelo da vida com uma ópera proposto pelo velho tenor aposentado, Marcolini, a Bentinho: a partitura fora escrita por Satanás [...] e o libreto, por Deus" — Benedito Nunes, "Machado de Assis e a filosofia," em *No tempo do niilismo e outros ensaios*, São Paulo: Editora Ática, 1993, p. 142.

p. 292 "Mas de verdade acho que a culpa é dos maridos" — William Shakespeare, *Othello*, ato 4, cena 3, versos 85-102.

p. 293 "Primeiro, ambas as peças envolvem uma perturbação no poder de conhecer a existência do outro" — Stanley Cavell, *Disowning knowledge in six plays of Shakespeare*, Cambridge, Nova York: Cambridge University Press, 1987, p. 125.

p. 294 "Falem de mim como sou. Nada esgotado" — William Shakespeare, *Othello*, ato 5, cena 2, versos 340-349.

p. 295 "Passados cem anos da morte de Machado de Assis, a crítica especializada já nos dá elementos bastantes para aprofundar a investigação desse *futuro abolido*" — Pedro Meira, Monteiro, "O futuro abolido: anotações sobre o tempo no *Memorial de Aires*", em *Machado de Assis em linha* 1 (2008):

16, junho de 2008, <http://www.machadodeassis.net/download/O futuro abolido.pdf/>, grifo no original.

p. 298 "qualquer mal cometido por alguém é mal sofrido por alguém. Fazer o mal é fazer alguém sofrer" — Paul Ricoeur, *Evil: a challenge to philosophy and theology*, traduzido para o inglês por John Bowden, Londres: Continuum, 2007, pp. 5-6; ver, também, *The symbolism of evil*, traduzido para o inglês por Emerson Buchanan, Boston: Beacon Press, 1969, p. 66.

p. 299 "a provocação de Jacobina (e de Machado) é que o horror de se olhar no espelho" — Dain Borges, "The relevance of Machado de Assis", em *Imagining Brazil*, organizado por Jessé Souza e Valter Sinder, Oxford: Lexington Books, 2005, pp. 237 e 245-246.

p. 300 "Embora certo tipo de conhecimento esteja em geral associado à perda da inocência" — Herbert Morris, *On guilt and innocence*, p. 143.

p. 301 Gilberto Velho — *Projeto e metamorfose: antropologia das sociedades complexas*, Rio de Janeiro: Jorge Zahar, 1994, pp. 11-30.

p. 301 "Sendo uma transição reversível entre aspectos contrastantes do mesmo ser, a metamorfose traz consigo os opostos como aspectos alternantes de entidades inteiriças" — Francisco Vaz da Silva, *Metamorphosis: the dynamics of symbolism in European fairy tales*, Nova York: Peter Lang, 2002, p. 6.

p. 305 "O meu poeta do trem ficará sabendo que não lhe guardo rancor" — *Dom Casmurro*, cap. 1.

p. 306 "Há livros que apenas terão isso [o título] dos seus autores; alguns nem tanto" — *idem, ibidem*.

p. 306 "atar as duas pontas da vida" — *idem*, cap. 2.

p. 307 "Noite em casa da família Santos, sem voltarete. Falou-se na cabocla do Castelo" — *Esaú e Jacó*, cap. 7.

p. 310 "Conheci um homem que adoeceu velho" — *idem*, cap. 106.

p. 310 "vocação de descobrir e encobrir" — *idem*, cap. 98.

p. 310 "Alonguei-me fugindo e morei na soedade" — *idem*, cap. 32.

p. 317 "Inexplicável é o nome que podemos dar aos artistas que pintam sem acabar de pintar" — *idem*, cap. 34.

p. 322   "rato roedor das cousas" — *idem*, cap. 21.
P. 322   "tecido invisível em que se pode bordar tudo", *idem*, cap. 22.
p. 323   "a ocasião faz o furto, o ladrão nasce feito" — *idem*, cap. 75.
p. 324   "Se alguém quiser explicar este fenômeno pela lei da hereditariedade" — *idem*, cap. 74.
p. 324   "Ai, duas almas no meu seio moram!" — *idem*, cap. 78.
p. 325   "inquietação" e "conservação" — *idem*, cap. 115.
p. 325   "Todos os contrastes estão no homem" — *idem*, cap. 35.
p. 326   "Nem sempre os filhos reproduzem os pais" — *idem*, cap. 29.
p. 326   "Creiam-me, o menos mal é recordar" — *Memórias póstumas de Brás Cubas*, cap. 6.
p. 326   "pai que não foi, que teria sido" — *Esaú e Jacó*, cap. 44; ver, também, caps. 12 e 53.
p. 333   "Um dia, quando já não houver império britânico nem república norte-americana, haverá Shakespeare" — Machado de Assis, *A semana (1895-1900)*, Rio de Janeiro: W. M. Jackson, 1957, p. 164.

Bibliografia

Adorno, Theodor W. "The position of the narrator in the contemporary novel". *Notes to literature*. Organizado por Rolf Tiedemann. Vol. 1. Nova York: Columbia University Press, 1991. pp. 30-36.

Agostinho. *Confissões*. Traduzido por J. Oliveira Santos e A. Ambrósio de Pina. São Paulo: Nova Cultural, 2004.

_____. *Confessions*. Organizado por James Joseph O'Donnell. 3 vols. Oxford; Nova York: Clarendon Press; Oxford University Press, 1992.

Alencar, José Martiniano de. "Como e por que sou romancista". *Obra completa*. 1870. Vol. 1. Rio de Janeiro: Editora J. Aguilar, 1958. pp. 125-155.

_____. *Lucíola; um perfil de mulher; Diva; perfil de mulher*. 3 ed. Rio de Janeiro: José Olympio, 1955.

_____. *Obra completa*. 4 vols. Rio de Janeiro: Editora J. Aguilar, 1958.

_____. *Senhora; perfil de mulher*. 1875. 15 ed. São Paulo. Editora Ática, 1987.

Anscombe, G. E. M. *Intention*. 2 ed. Cambridge: Harvard University Press, 2000.

Aranha, Graça. *Machado de Assis e Joaquim Nabuco; commentarios e notas à correspondencia entre estes dous escriptores*. São Paulo: Monteiro Lobato, 1923.

Aristóteles. *Poetics*. Traduzido por Richard Janko. Indianápolis: Hackett, 1987.

Auerbach, Eric. *Mimesis: the representation of reality in Western literature*. Princeton, Nova Jersey: Princeton University Press, 1953.

Axthelm, Pete. *The modern confessional novel*. New Haven: Yale University Press, 1967.

Azevedo, Aluísio. *O mulato*. 2 ed. São Paulo: Editora Ática, 1978.

Balzac, Honoré de. *La comédie humaine*. Organizado por Pierre-Georges Castex. 12 vols. Paris: Gallimard, 1976.

Baptista, Abel Barros. "O legado de Helen Caldwell ou o paradigma do pé-atrás". *Santa Barbara Portuguese Studies* 1 (1994): 145-177.

_____. *Em nome do apelo do nome: duas interrogações sobre Machado de Assis*. Lisboa: Litoral Edições, 1991.

Barbosa, João Alexandre. "A volúpia lasciva do nada: uma leitura de *Memórias póstumas de Brás Cubas*". *Revista USP* 1 (1989): 107-120.

Barthes, Roland. *The rustle of language*. Nova York: Hill and Wang, 1986.

Bate, Jonathan. *The romantics on Shakespeare*. New Penguin Shakespeare Library. Londres; Nova York: Penguin Books, 1991.

Bayley, John. *The characters of love: a study in the literature of personality*. Londres: Constable, 1960.

Becker, George Joseph. *Documents of modern literary realism*. Princeton: Princeton University Press, 1963.

Belfiore, Elizabeth S. *Tragic pleasures: Aristotle on plot and emotion*. Princeton: Princeton University Press, 1992.

Benjamin, Walter. "The author as a producer". *Reflections: essays, aphorisms, autobiographical writing*. Organizado por Peter Demetz. Nova York: Schocken Books, 1986. pp. 220-238.

Boléo, Manuel de Paiva. *O realismo de Eça de Queirós e a sua expressão artística*. 2 ed. Coimbra: Coimbra Editora, 1942.

Booth, Wayne C. *The company we keep: an ethics of fiction*. Berkeley: University of California Press, 1988.

Borges, Dain. "The relevance of Machado de Assis". *Imagining Brazil*. Organizado por Jessé Souza e Valter Sinder. Oxford: Lexington Books, 2005. pp. 235-250.

Bosi, Alfredo. *Machado de Assis: o enigma do olhar*. São Paulo: Editora Ática, 1999.

_____. *Brás Cubas em três versões: estudos machadianos*. São Paulo: Companhia das Letras, 2006.
Bosi, Alfredo et al. *Machado de Assis*. São Paulo: Editora Ática, 1982.
Bourdieu, Pierre. *The field of cultural production: essays on art and literature*. Organizado por Randal Johnson. Cambridge: Polity Press, 1993.
Broca, Brito. *Naturalistas, parnasianos e decadistas: vida literária do realismo ao pré-modernismo*. Campinas: Editora da Unicamp, 1991.
_____. *A vida literária no Brasil, 1900*. Coleção Documentos Brasileiros. Vol. 108. 2 ed. Rio de Janeiro: José Olympio, 1960.
Brodsky, Joseph. *Less than one: selected essays*. Nova York: Farrar Straus & Giroux, 1986.
Buell, Lawrence. "In Pursuit of Ethics". *PMLA* 114.1 (1999): 7-19.
Burke, Kenneth. *A grammar of motives*. Berkeley: University of California Press, 1969.
_____. *The rhetoric of religion: studies in logology*. Berkeley: University of California Press, 1970.
Caldwell, Helen. *The Brazilian Othello of Machado de Assis: a study of Dom Casmurro*. Berkeley: University of California Press, 1960.
Cameron, Sharon. *Thinking in Henry James*. Chicago: University of Chicago Press, 1989.
Candido, Antonio. "Eça de Queirós, passado e presente". *O albatroz e o chinês*. Rio de Janeiro: Ouro sobre Azul, 2004.
_____. "Esquema de Machado de Assis". *Vários escritos*. São Paulo: Livraria Duas Cidades, 1970. pp. 13-32.
_____. *Formação da literatura brasileira; momentos decisivos*. 7 ed. 2 vols. São Paulo: Editora Itatiaia, 1993.
_____. "Introdução". *Sílvio Romero: teoria, crítica e história literária*. Rio de Janeiro: Livros Técnicos e Científicos Editora, 1978. pp. ix-xxx.
_____. *O método crítico de Sílvio Romero*. São Paulo: Edusp, 1988.
Candido, Antonio et al. *A personagem de ficção*. 3 ed. São Paulo: Perspectiva, 1972.
Cavalcanti, Paulo. *Eça de Queiroz, agitador no Brasil*. 2 ed. São Paulo: Companhia Editora Nacional, 1966.

Cavell, Stanley. *Disowning knowledge in six plays of Shakespeare*. Cambridge; Nova York: Cambridge University Press, 1987.

Chalhoub, Sidney. "Dependents play chess: political dialogues in Machado de Assis". *Machado de Assis: reflections on a Brazilian master writer*. Organizado por Richard Graham. Austin: University of Texas Press, 1999. pp. 51-84.

Cohn, Dorrit. *Transparent minds: narrative modes for presenting consciousness in fiction*. Princeton: Princeton University Press, 1978.

Dantas, Francisco J. C. *A mulher no romance de Eça de Queiroz*. São Cristóvão, SE: Editora UFS; Fundação Oviêdo Teixeira, 1999.

Davidson, Donald. *Essays on actions and events*. Oxford: Clarendon Press, 1986.

Dennett, Daniel. "Conditions of personhood". *The identities of persons*. Organizado por Amélie Oskenberg Rorty. Berkeley: University of California Press, 1976. pp. 175-196.

Dias, Gonçalves. *Leonor de Mendonça*. Antologia do teatro brasileiro. Organizado por Flávio Aguiar. 2 vols. Vol. 1. São Paulo: Editora Senac, 1998.

Dixon, Paul. *O chocalho de Brás Cubas: uma leitura das Memórias póstumas*. São Paulo: Nankin; Edusp, 2009.

_____. *Retired dreams: Dom Casmurro, myth and modernity*. West Lafayette: Purdue University Press, 1989.

Ducis, Jean-François. *Othello; ou le more de Venise*. Paris: Chez Maradan Librairie, 1793.

_____. *Othelo; ou o mouro de Veneza*. Traduzido por Gonçalves de Magalhães. Rio de Janeiro: Tipografia Imparcial de F. Paula Brito, 1842.

Fanger, Donald. *Dostoevsky and romantic realism: a study of Dostoevsky in relation to Balzac, Dickens, and Gogol*. Chicago: University of Chicago Press, 1967.

Faria, João Roberto. *O teatro realista no Brasil, 1855-1865*. São Paulo: Edusp; Editora Perspectiva, 1993.

Franchetti, Paulo. "Eça e Machado: críticas de ultramar". *Cult: Revista Brasileira de Literatura* 38 (2000): 48-53.

Fuchs, Elinor. *The death of character; perspectives on theater after Modernism*. Bloomington: Indiana University Press, 1996.

Fuentes, Carlos. "Machado the miraculous: writing with a playful pen and melancholy ink". *Los Angeles Times,* 7 de junho de 1998, sec. Book Review. pp. 8-9.

_____. *Valiente mundo nuevo: épica, utopía y mito en la novela hispanoamericana.* México: Fondo de Cultura Económica, 1990.

Gardner, John. *On moral fiction.* Nova York: Basic Books, 1978.

Gledson, John. "Dom Casmurro: realism and intentionalism revisited". *Machado de Assis: reflections on a Brazilian master writer.* Organizado por Richard Graham. Austin: University of Texas Press, 1999. pp. 1-22.

_____. *Machado de Assis: ficção e história.* Rio de Janeiro: Paz e Terra, 1986.

_____. *Por um novo Machado de Assis.* São Paulo: Companhia das Letras, 2006.

Gomes, Celuta Moreira. *William Shakespeare no Brasil; bibliografia.* Rio de Janeiro: Biblioteca Nacional, 1961.

Gomes, Eugênio. *Machado de Assis; influências inglesas.* Rio de Janeiro: Pallas Editora e Distribuidora, 1976.

_____. *Shakespeare no Brasil.* Rio de Janeiro: Ministério da Educação e Cultura, 1961.

Goodman, Nelson. *Languages of art: an approach to a theory of symbols.* 2 ed. Indianápolis: Hackett, 1976.

Grieco, Agrippino. *Viagem em torno a Machado de Assis.* São Paulo: Martins, 1969.

Guerra da Cal, Ernesto. *Lengua y estilo de Eça de Queiroz: bibliografía queirociana sistemática y anotada e iconografía artística del hombre y la obra.* 5 vols. Coimbra: Universidade de Coimbra, 1975.

Guimarães, Hélio de Seixas. *Os leitores de Machado de Assis: o romance machadiano e o público de literatura no século XIX.* São Paulo: Nankin Editorial; Edusp, 2004.

Hagberg, Garry. *Art as language: Wittgenstein, meaning, and aesthetic theory.* Ithaca: Cornell University Press, 1995.

Holanda, Sérgio Buarque de. *Raízes do Brasil.* Coleção Documentos Brasileiros, vol. 1. 17 ed. Rio de Janeiro: José Olympio Editora, 1984.

Hugo, Victor. *La préface de Cromwell.* Organizado por Maurice Anatole Souriau. Genebra: Slatkine Reprints, 1973.

_____. *Les travailleurs de la mer*. 2 vols. Paris: J. Hetzel, 1866.
_____. *Os trabalhadores do mar*. 1866. Traduzido por Machado de Assis. Rio de Janeiro: Abril Cultural, 1971.
_____. *The toilers of the sea*. Traduzido por W. Moy Thomas. Nova York: E. P. Dutton & Co., Inc., 1952.
_____. *William Shakespeare*. Traduzido por Melville B. Anderson. Chicago: A. C. McClurg and Company, 1887.
_____. *William Shakespeare*. Paris: Librairie Internationale, 1864.
Hume, David. *Essays: moral, political, and literary*. Londres: Oxford University Press, 1963.
Jakobson, Roman. *Language in literature*. Organizado por Krystyna Pomorska e Stephen Rudy. Cambridge: Belknap Press, 1987.
Janaway, Christopher. *The Cambridge companion to Schopenhauer*. Nova York: Cambridge University Press, 1999.
Jobim, José Luís, Jean-Michel Massa e Academia Brasileira de Letras. *A biblioteca de Machado de Assis*. Rio de Janeiro: Academia Brasileira de Letras; Topbooks, 2001.
Kant, Immanuel. "Religion within the boundaries of mere reason". *Religion and rational theology*. Organizado por Allen W. Wood e George Di Giovanni. Nova York: Cambridge University Press, 1996. pp. 39-216.
Kristal, Efraín. *Temptation of the word: the novels of Mario Vargas Llosa*. Nashville: Vanderbilt University Press, 1998.
Kumar, Shiv Kumar. *Bergson and the stream of consciousness novel*. Westport: Greenwood Press, 1979.
Locke, John. *An essay concerning human understanding*. Organizado por A. D. Woozley. Nova York: New American Library, 1974.
Lukács, György. *Studies in European realism: a sociological survey of the writings of Balzac, Stendhal, Zola, Tolstoy, Gorki, and others*. Londres: Merlin Press; Hillway Pub. Co., 1972.
Machado de Assis, Joaquim Maria. *Contos e crônicas*. Organizado por R. Magalhães Júnior. Rio de Janeiro: Editora Civilização Brasileira, 1958.
_____. *Contos fluminenses*. Edições críticas de obras de Machado de Assis. 2 ed. Rio de Janeiro: Instituto Nacional do Livro; Civilização Brasileira, 1977.

_____. *Correspondência*. Obras completas de Machado de Assis. Vol. 31. 31 vols. Rio de Janeiro: W. M. Jackson, 1957.
_____. *Crítica literária*. Obras completas de Machado de Assis. Vol. 29. 31 vols. Rio de Janeiro: W. M. Jackson, 1957.
_____. *Crítica teatral*. Obras completas de Machado de Assis. Vol. 30. 31 vols. Rio de Janeiro: W. M. Jackson, 1957.
_____. *Dispersos de Machado de Assis*. Organizado por Jean-Michel Massa. Rio de Janeiro: Ministério da Educação e Cultura; Instituto Nacional do Livro, 1965.
_____. *Edições críticas de obras de Machado de Assis*. Comissão Machado de Assis. 2 ed. 15 vols. Rio de Janeiro: Civilização Brasileira; Instituto Nacional do Livro, 1975-1977.
_____. *Histórias românticas*. Obras completas de Machado de Assis. Vol. 11. 31 vols. Rio de Janeiro: W. M. Jackson, 1957.
_____. "Memorias posthumas de Braz Cubas". *Revista Brazileira*. Organizado por Nicolau Midosi. Vol. 3. Rio de Janeiro, 1880.
_____. *Obra completa*. Organizado por Afrânio Coutinho. 2 ed. 3 vols. Rio de Janeiro: J. Aguilar, 1962.
_____. *Obras completas*. 31 vols. Rio de Janeiro: W. M. Jackson, 1957.
_____. *Páginas recolhidas*. Obras completas de Machado de Assis. Vol. 15. 31 vols. Rio de Janeiro: W. M. Jackson, 1957.
_____. *Papéis avulsos*. Obras completas de Machado de Assis. Vol. 12. 31 vols. Rio de Janeiro: W. M. Jackson, 1957.
_____. *A semana (1895-1900)*. Obras completas de Machado de Assis. Ary de Mesquita. Vol. 28. 31 vols. Rio de Janeiro: W. M. Jackson, 1957.
_____. *Teatro*. Obras completas de Machado de Assis. Vol. 19. 31 vols. Rio de Janeiro: W. M. Jackson, 1957.
_____. "Victor Hugo". *Diário do Rio de Janeiro*, 15 de março de 1866.
Machado de Assis, Joaquim Maria e Carlos Magalhães de Azeredo. *Correspondência de Machado de Assis com Magalhães de Azeredo*. Rio de Janeiro: Instituto Nacional do Livro, 1969.
MacNicoll, Murray Graeme. "Sílvio Romero and Machado de Assis: a one-sided rivalry (1870-1914)". *Inter-American Review of Bibliography* 31 (1981): 366-377.

Massa, Jean-Michel, Dumanoir e Léon Gozlan. *Machado de Assis, traducteur. Appendice. Os burgueses de Paris. Tributos da mocidade*. Rennes, 1969.

Meyer, Augusto. "De Machadinho a Brás Cubas". *Revista do Livro* 11 (1958): 9-18.

_____. "*Quincas Borba* em variantes". *A chave e a máscara*. Rio de Janeiro: Edições O Cruzeiro, 1964. pp. 171-188.

_____. *Machado de Assis, 1935-1958*. 4 ed. Prefácio de Alberto da Costa e Silva. Rio de Janeiro: José Olympio Editora; Academia Brasileira de Letras, 2008.

Meyer, Marlyse. *Folhetim: uma história*. São Paulo: Companhia das Letras, 1996.

Ministério da Educação e Saúde. *Exposição Machado de Assis; centenário do nascimento de Machado de Assis, 1839-1939*. Rio de Janeiro: Serviço gráfico do Ministério da Educação, 1939.

Morris, Herbert. *On guilt and innocence: essays in legal philosophy and moral psychology*. Berkeley: University of California Press, 1979.

Murdoch, Iris. *Metaphysics as a guide to morals*. Nova York: Allen Lane Penguin Press, 1993.

_____. *The sovereignty of good*. 1970. Londres; Nova York: Routledge, 1991.

Muricy, Katia. *A razão cética: Machado de Assis e as questões de seu tempo*. São Paulo: Companhia das Letras, 1988.

Nabuco, Joaquim. *Minha formação*. Apresentação de Alfredo Bosi. São Paulo: Ed. 34, 2012.

Nunes, Benedito. "Machado de Assis e a filosofia". *No tempo do niilismo e outros ensaios*. São Paulo: Editora Ática, 1993. pp. 129-144.

Nussbaum, Martha Craven. *Love's knowledge: essays on philosophy and literature*. Nova York: Oxford University Press, 1990.

Paleólogo, Constantino. *Eça de Queirós e Machado de Assis*. Rio de Janeiro: Edições Tempo Brasileiro, 1979.

Parreira, Marcelo Pen. *Realidade possível: dilemas da ficção em Henry James e Machado de Assis*. São Paulo: Ateliê Editorial, 2012.

Passos, Gilberto Pinheiro. *As sugestões do conselheiro: a França em Machado de Assis; Esaú e Jacó e Memorial de Aires*. São Paulo: Editora Ática, 1996.

_____. *O Napoleão de Botafogo: presença francesa em Quincas Borba de Machado de Assis*. São Paulo: Annablume, 2000.

_____. *A poética do legado: presença francesa em Memórias póstumas de Brás Cubas*. São Paulo: Annablume, 1996.

Passos, José Luiz. *Machado de Assis' library: drama and deception in the rise of Brazilian realism*. Berkeley: Doe Library University of California, 1999.

_____. "Brazil". *The encyclopedia of the novel*. Organizado por Peter Logan. Londres: Wiley-Blackwell, 2011. pp. 97-105.

_____. "O mal e a metamorfose em Machado de Assis". *Luso-Brazilian Review* 46.1 (2009): 57-74.

_____. "Othello, Hugo and moral emotions in Machado de Assis". *Latin American Shakespeares*. Organizado por Bernice W. Kliman e Rick Santos. Rutherford, Nova Jersey: Farleigh Dickinson UP, 2005. pp. 166-182.

_____. "*Esaú e Jacó* e os fins do humano". *Investigações: linguística e teoria literária* 17.1 (2004): 51-68.

_____. "Realism and moral reasoning: an analysis of Machado de Assis' criticism of Eça de Queiroz". *Estudos portugueses e africanos* 36 (2000): 5-20.

_____. "Crítica engajada e texto engasgado: Machado de Assis e Sílvio Romero na autonomização do campo literário brasileiro". *Chasqui; revista de literatura latino-americana* 26.1 (1997): 3-16.

_____. "A sintaxe da vida: ação e dissimulação em *Senhora* e *Iaiá Garcia*". *Espelho: Revista Machadiana* 3 (1997): 89-105.

Passos, José Luiz e Efraín Kristal. "Machado de Assis e a questão da identidade nacional brasileira". *Brasil: uma identidade em construção*. Organizado por Carmen Nava e Ludwig Lauerhass, Jr. São Paulo: Editora Ática, 2007. pp. 27-38.

Pereira, Astrojildo. *Interpretações*. Rio de Janeiro: Casa do Estudante do Brasil, 1944.

Pereira, Lafayette Rodrigues. *Vindiciae; o sr. Sylvio Romero, critico e philosopho*. Organizado por Mário Matos. 3 ed. Rio de Janeiro: José Olympio, 1940.

Pimentel, A. Fonseca. *A presença alemã na obra de Machado de Assis*. Rio de Janeiro: Livraria São José, 1974.

Platão. *The collected dialogues of Plato*. Organizado por Edith Hamilton e Huntington Cairns. Princeton: Princeton University Press, 1989.

Prado, Décio de Almeida. *João Caetano: o ator, o empresário, o repertório*. São Paulo: Editora Perspectiva, 1972.

_____. *O drama romântico brasileiro*. São Paulo: Editora Perspectiva, 1996.

Prata, Edson G. *Machado de Assis, o homem e a obra vistos por todos os ângulos*. Rio de Janeiro: Livraria São José, 1968.

Queirós, Eça de. "A nova literatura: conferência no Casino Lisbonense". *Literatura e arte: uma antologia*. Organizado por Beatriz Berrini. Lisboa: Relógio D'Água Editores, 2000. pp. 21-39.

_____. *O crime do padre Amaro: 2ª e 3ª versões*. Orgs. Carlos Reis e Maria do Rosário Cunha. Lisboa: Imprensa Nacional-Casa da Moeda, 2000.

Rabelo, Sílvio. *Itinerário intelectual de Sílvio Romero*. Rio de Janeiro: José Olympio, 1944.

Rama, Ángel. "La modernización literaria latinoamericana (1870-1910)". *Hispamérica* 36 (1983): 3-19.

Ricoeur, Paul. *Evil: a challenge to philosophy and theology*. Traduzido por John Bowden. Londres: Continuum, 2007.

_____. *The symbolism of evil*. Traduzido por Emerson Buchanan. Boston: Beacon Press, 1969.

Rocha, João Cezar de Castro. *Machado de Assis: por uma poética da emulação*. Rio de Janeiro, Civilização Brasileira, 2013.

Rodrigues, José Carlos. "Um romance fluminense". *O Novo Mundo*, 23 de dezembro de 1872. p. 46.

Rodrigues, Nelson. *O óbvio ululante*. Coleção das obras de Nelson Rodrigues. Organizado por Ruy Castro. São Paulo: Companhia das Letras, 1997.

Romero, Sílvio. *Machado de Assis: estudo comparativo de literatura brasileira*. Campinas: Editora da Unicamp, 1992.

Rosa, Alberto Machado da. *Eça, discípulo de Machado? Formação de Eça de Queirós (1875-1880)*. Rio de Janeiro: Editora Fundo de Cultura, 1963.

Rouanet, Sérgio Paulo. *Mal-estar na modernidade; ensaios*. São Paulo: Companhia das Letras, 1993.

_____. *Riso e melancolia*. São Paulo: Companhia das Letras, 2007.

Santiago, Silviano. "Retórica da verossimilhança". *Uma literatura nos trópicos: ensaios sobre dependência cultural*. São Paulo: Editora Perspectiva, 1978. pp. 29-48.
Scarry, Elaine. *On beauty and being just*. Princeton: Princeton University Press, 1999.
Schopenhauer, Arthur. *The world as will and idea*. 3 vols. Londres: Routledge & K. Paul, 1948.
Schwarz, Roberto. *Ao vencedor as batatas: forma literária e processo social nos inícios do romance brasileiro*. São Paulo: Livraria Duas Cidades, 1977.
_____. *Duas meninas*. São Paulo: Companhia das Letras, 1997.
_____. *Um mestre na periferia do capitalismo: Machado de Assis*. São Paulo: Livraria Duas Cidades, 1990.
Searle, John R. "The logical status of fictional discourse". *Expression and meaning: studies in the theory of speech acts*. Nova York: Cambridge University Press, 1997. pp. 58-75.
Sena, Jorge de. "Algumas palavras sobre o realismo, em especial o português e o brasileiro". *Estudos de cultura e literatura brasileira*. Lisboa: Edições 70, 1988.
Senna, Marta de. *Alusão e zombaria: citações e referências na ficção de Machado de Assis*. 2 ed. Rio de Janeiro: Edições Casa de Rui Barbosa, 2008.
_____. *O olhar oblíquo do Bruxo: ensaios machadianos*. 2 ed. Rio de Janeiro: Língua Geral, 2008.
Senna, Marta de e Hélio de Seixas Guimarães (orgs.). *Machado de Assis e o outro: diálogos possíveis*. Rio de Janeiro: Móbile, 2012.
Serra, Tânia Rebelo Costa. *Antologia do romance-folhetim, 1839 a 1870*. Brasília: Editora UnB, 1997.
Shakespeare, William. *The handy-volume Shakespeare*. 13 vols. Londres: Bradbury, Evans, and Co., 1868.
_____. *The plays of William Shakespeare in eight volumes, with the corrections and illustrations of various commentators; to which are added notes by Sam Johnson*. Organizado por Samuel Johnson. 8 vols. Londres: Printed for J. and R. Tonson etc., 1765.
_____. *Roméo et Juliette; Hamlet; Othello*. Traduzido por Émile Montégut. Oeuvres Complètes. Vol. 9. 10 vols. Paris: Librairie Hachette, 1872.

_____. *Othello*. Organizado por E. A. J. Honigmann. The Arden Shakespeare. 3 ed. Londres: Thomas Nelson & Sons Ltd, 1997.

_____. *As you like it*. Organizado por Agnes Latham. The Arden Shakespeare. 2 ed. Londres: Methuen, 1975.

Shaw, Harry E. *The forms of historical fiction: Sir Walter Scott and his successors*. Ithaca: Cornell University Press, 1983.

Silva, Francisco Vaz da. *Metamorphosis: the dynamics of symbolism in European fairy tales*. Nova York: Peter Lang, 2002.

Sodré, Nelson Werneck. *O naturalismo no Brasil*. Rio de Janeiro: Editora Civilização Brasileira, 1965.

Sousa, José Galante de. *Bibliografia de Machado de Assis*. Rio de Janeiro: Ministério da Educacão e Cultura, 1955.

_____. *Fontes para o estudo de Machado de Assis*. Ampliada, 2 ed. Rio de Janeiro: Ministério da Educação e Cultura; Instituto Nacional do Livro, 1969.

Souza, João Mendonça de. *Sílvio Romero, o crítico e o polemista*. Rio de Janeiro: Emebê, 1976.

Steinberg, Erwin Ray. *The stream-of-consciousness technique in the modern novel*. Port Washington: Kennikat Press, 1979.

Steiner, George. *The death of tragedy*. New Haven: Yale University Press, 1996.

Tolstoi, Leon. *What is art? and essays on art*. Tolstoy Centenary Edition. Vol. 18. Londres: Oxford University Press for the Tolstoy Society, 1929.

Trilling, Lionel. "Manners, morals, and the novel". *Essentials of the theory of fiction*. Organizado por Michael J. Hoffman e Patrick D. Murphy. 2 ed. Durham: Duke University Press, 1996. pp. 77-91.

Turguêniev, Ivan Sergeevich. *Pères et enfants*. Organizado por Prosper Mérimée. Paris: Charpentier, 1898.

Tysdahl, B. J. *Literature and Ethics: Proceedings from the Symposium "Skjønn litteratur og etikk", held at the Norwegian Academy of Science and Letters, Oslo, 23-24 April 1992*. Oslo: Norwegian Academy of Science and Letters; Dept. of British and American Studies University of Oslo, 1992.

Valente, Luiz Fernando. "Machado's wounded males". *Hispania* 84.1 (2001): 11-19.

Velho, Gilberto. *Projeto e metamorfose: antropologia das sociedades complexas*. Rio de Janeiro: Jorge Zahar Editor, 1994.
Venâncio Filho, Paulo. *Primos entre si: temas em Proust e Machado de Assis*. Rio de Janeiro: Nova Fronteira, 2000.
Veríssimo, José. "Machado de Assis". *Estudos de literatura brasileira*. Organizado por Melânia Silva Aguiar. Vol. 6. São Paulo; Belo Horizonte: Editora Itatiaia; Edusp, 1977. pp. 103-108.
_____. "Um irmão de Braz Cubas: o 'Dom Casmurro' do Sr. Machado de Assis". *Estudos de literatura brasileira*. Organizado por Oscar Mendes. Vol. 3. São Paulo; Belo Horizonte: Editora Itatiaia; Edusp, 1977. pp. 25-30.
Vieira, Anco Márcio Tenório. "A crítica teatral de Machado de Assis". *Luso-Brazilian Review* 35.2 (1998): 69-86.
Wallace, R. Jay. *Responsibility and the moral sentiments*. Cambridge: Harvard University Press, 1998.
Watt, Ian P. *The rise of the novel: studies in Defoe, Richardson and fielding*. Berkeley: University of California Press, 1967.
Weber, Max. *Max Weber: the theory of social and economic organization*. Organizado por Talcott Parsons. Nova York: Free Press, 1964.
Wittgenstein, Ludwig. "Lecture on ethics". *Philosophical Review* 74.1 (1965): 3-11.
_____. *Lectures and conversations on aesthetics, psychology, and religious belief*. Organizado por Cyril Barrett. Berkeley: University of California Press, 1967.
Wollheim, Richard. *On the emotions*. New Haven; Londres: Yale University Press, 1999.
_____. *The thread of life*. New Haven: Yale University Press, 1999.

Este livro foi impresso
pela Geográfica para a
Editora Objetiva em
abril de 2014.